中國學術思想 研究輯刊

三一編

林慶彰 主編

第 6 冊

《論語》、《孟子》的德行涵養
——以仁、義爲進路

楊子昇 著

花木蘭文化事業有限公司

國家圖書館出版品預行編目資料

《論語》、《孟子》的德行涵養——以仁、義為進路／楊子昇 著
— 初版 — 新北市：花木蘭文化事業有限公司，2020〔民 109〕
目 4+200 面；19×26 公分
（中國學術思想研究輯刊 三一編；第 6 冊）
ISBN 978-986-485-996-2（精裝）
1. 論語 2. 孟子 3. 研究考訂
030.8   109000230

ISBN-978-986-485-996-2

9 789864 859962

中國學術思想研究輯刊
三一編　第六冊   ISBN：978-986-485-996-2

《論語》、《孟子》的德行涵養
——以仁、義爲進路

作　　者　楊子昇
主　　編　林慶彰
總 編 輯　杜潔祥
副總編輯　楊嘉樂
編　　輯　許郁翎、張雅淋　美術編輯　陳逸婷
出　　版　花木蘭文化事業有限公司
發 行 人　高小娟
聯絡地址　235 新北市中和區中安街七二號十三樓
　　　　　電話：02-2923-1455／傳眞：02-2923-1452
網　　址　http://www.huamulan.tw 信箱 hml810518@gmail.com
印　　刷　普羅文化出版廣告事業
封面設計　劉開工作室
初　　版　2020 年 3 月
全書字數　202736 字
定　　價　三一編 25 冊（精裝）新台幣 50,000 元

《論語》、《孟子》的德行涵養
——以仁、義爲進路

楊子昇　著

作者簡介

楊子昇，男，1989 年生，現居臺灣新北市，先後於天主教輔仁大學哲學系取得學士、碩士及博士學位，主要研究領域：倫理學、中國哲學、儒家哲學。現職爲耕莘健康管理專科學校講師，並曾獲中華民國斐陶斐榮譽學會 100、103、108 年榮譽會員、方東美國學獎學金、財團法人鄭茂根文教基金會研讀原文原著獎助金、輔仁書卷獎（97、98、99 學年度）及教學評量績優獎等。

提　要

　　以「讀經」（或言「經典閱讀」）作爲一種教育途徑或德育方法，此乃是人類自古即有的行爲表現，然而對於「讀經」的價值與問題爭辯，至今不僅仍未有所定論，且在王財貴所提倡的讀經運動、老實讀經當中，亦存在啓人疑竇之處，而筆者認爲，以「義理」爲向度的經典閱讀，應能較爲完善的建立起古籍文獻和個人及社會間之連結，並對「讀經」一事，提供另番思考進路。而就《論語》、《孟子》之思想內容來說，以義理爲主的閱讀活動，方才能避免讀者陷入邏輯謬誤，產生相關的誤讀、誤行、誤信等舉止活動，而在結構上，其所論之有德者，其成就／達致不僅須倚靠人的後天作爲，且又以「（立）志」爲關鍵要素，因爲「志」乃關係著自我對於生命的覺察和決定，影響並引導著人之能力與作爲。故在「讀經」層面上，讀者當「爲己立志」，思考自身與所讀之物的關係爲何，從中釐清自我定位之問題，而欲使讀經成爲德育之法，此亦即是其所不容忽視之課題；另在《論》、《孟》的學說層次上，其不僅標示著「人」擁有獨特的精神生命，且具有能變、可變等能力／可能，因此強調爲人者應當以「內省」作爲首要之人生態度，思考在此種「無法自存於世」的存在條件下，「自己當成爲什麼樣的人？」。

目

次

圖目錄

表目錄

第一章 緒 論

第一節 研究動機

誠如《天主教大學憲章》〔註1〕所言：「知識要爲人服務。」〔註2〕標明「天主教大學」應當成爲「個人、社會及在文化進步上，日益有效的工具」〔註3〕，要能：「…帶領人們追求眞理，也把知識傳給年輕人，使之學習謹慎思考，並以正確的行動，完善地爲人類服務。」〔註4〕及「鼓舞學生追求一種把『卓越人文』與『文化發展』及『專業訓練』結合在一起的教育。」〔註5〕因此，筆者作爲一中國哲學研究者，並又同爲「輔仁大學學校財團法人輔仁大學」（文後簡稱「輔仁大學」）之學生，故希冀能在「古籍文獻」和「社會發展」間，探詢其中的交會可能，而此也對應於筆者經常自省之問題──「我的專業如何能與現今社會相接軌？」。

〔註1〕近代關於天主教大學辦學理念與實踐指南的教育文獻共有《天主教教育宣言》（1965年公布）及《天主教大學憲章》，本文僅以後者爲例；《天主教大學憲章》爲教宗若望保祿二世於1990年8月15日所頒布之文告，是天主教大學的治理規則與目標綱領，全篇共分爲「緒論」、「身分與使命」、「一般規定」及「結語」等四部份，內容除闡明理性與信仰之整合應爲天主教大學及教友之重要使命外，亦對天主教大學之身分性質及服務使命進行界定與說明，另也對天主教大學之管理方式進行具體性的規範。

〔註2〕教宗若望保祿二世：《天主教大學憲章（精簡版）》，台北縣：輔仁大學出版社，1998，頁9，後僅標註書名及頁碼。

〔註3〕《天主教大學憲章（精簡版）》，頁17。

〔註4〕《天主教大學憲章（精簡版）》，頁2。

〔註5〕《天主教大學憲章（精簡版）》，頁12。

　　然「古籍文獻」作為一種極具時代／歷史性的文本、書籍，其如何能與現今看似病態，〔註6〕且充斥「向『錢』看」之價值思維的社會進行連結？亦或說，「古籍文獻」能否為此社會產生療癒性的效能？對此，筆者認為王財貴所倡導的「讀經運動」應是一可行之舉，畢竟「古籍文獻」作為被動、無意識的外在客體，其需經由「人的閱讀」方才會有發揮價值之可能，另外，則因「社會」乃是由「個人」所群聚而成，〔註7〕故「讀經」雖看似歸屬個人之事，但當中實也蘊藏著改變社會的契機，誠如柴松林說：「從書中所學到的…是一種信念、理想、氣質、靈性、使命。分別言之，從書中學到的，是獨一無二的人格。」〔註8〕馬信行言：「要改變一個的行為可從改變他的信念或態度著手，信念主導著行為。」〔註9〕所以總的來說，「讀經」可謂蘊含「教育」意義，是種教育活動之表現形式，而「讀經運動」所指向的，即是欲憑藉「古籍文獻」的內容背誦來化育君子、成德成人，並循此來獲取社會的卓越、優化，也就是期能倚靠「聖賢智慧」，以達撥亂反正、改行遷善之功。

　　論及近年有關「讀經」（或稱「經典閱讀」）的推廣要角——王財貴，其乃以「兒童讀經」為主軸，致力將「讀經」一事推廣至臺灣、大陸、新加坡、馬來西亞等華人地區，然為使「讀經運動」的理念倡導及施作得更加便捷，王氏另撰寫《兒童讀經教育說明手冊》（文後簡稱《讀經手冊》），以供後世參考仿照；而針對「讀經」的發源與重要，王氏指出：「面對近百年來中國人心的敗壞，家國的殘破，吾人以為唯振起文化，以回歸理、性方能救難而解懸。而欲振起文化，當以讀書為初階…而今日的中國人普遍喪失其閱讀古典文獻的能力。所以，恢復閱讀古文的能力以成為本時代文化工作之急務，於是『讀經』之觀念漸漸成型。」〔註10〕因此，「讀經」對「人」所具有的匡正

〔註6〕台灣社會生病了嗎？筆者以為，不論是爐渣屋、職棒假球、官員收賄、街頭隨機傷（殺）人等社會案件，又或是過期食（藥）品的改標販售、工業原物料的非法添加等食安風暴，此接續發生的種種負面情事，應皆意謂著「社會生病了」這一事實。

〔註7〕如同尤煌傑所述：「…事實上『社會』只是一個由眾人組成的一種關係，它只是一個抽象的集合名詞。」（尤煌傑：〈人與世界：從中國的人性論談起〉，《哲學與文化》，第19卷第4期，哲學與文化月刊雜誌社，1992年04月，頁344～351）。

〔註8〕柴松林：《讀聖賢書所學何事》，臺北市：台灣省訓練團，1988，頁2。

〔註9〕馬信行：《行為改變的理論與技術》，台北市：桂冠圖書，1996，頁171。

〔註10〕王財貴：〈讀經通訊發刊辭——謹獻給第三屆當代新儒學國際學術會議〉，《鵝湖月刊》，第20卷第6期總號第234期，台北市：鵝湖月刊社，1994年12月，頁54～56。

和啓蒙作用當是王氏所肯定無疑的，據此主張，故在現今的「德行」培養／養成活動上，各教育從業人員亦常擇此策略，以爲求得「效聖法賢、定慧等持、成德又成事」之成果。

另綜觀《讀經手冊》，可知王財貴不僅將「救助文化，扶持人心」〔註11〕、「啓發理性，開拓見識，陶冶性情」〔註12〕視爲「成人讀經」與「兒童讀經」的活動效益，且在實施理念、教材及教法等問題上，也有所闡釋和說明；但在以「經典閱讀」作爲一種「教育活動」來說，王氏有別於現今教學過程中對於「理解」之看重，而僅將焦點置於經典內容的「反覆朗誦」〔註13〕，也就是視「義理」爲次要的認識與學習對象，強調藉由反覆的朗誦以達「背」和「熟讀」，進而取得個人生活／生命的優化或卓越，對此，筆者認爲其背後所隱含的教育原理，應是以「模仿」作爲重要的學習途徑，亦即聚焦於「聖賢」的崇拜及言行仿效，近似現今所常言之「典範學習」、「觀察學習」。〔註14〕

〔註11〕 王財貴：《兒童讀經教育說明手冊》，國立台中師範學院語文教學研究中心、全球讀經教育基金會、華山書院聯合出版，2005（1995 年 5 月初版），頁 16，後僅標註書名及頁碼。

〔註12〕 《兒童讀經教育說明手冊》，頁 18。

〔註13〕 《兒童讀經教育說明手冊》中說：「成人讀經的要訣是：先不管懂不懂，只要相信『書讀百遍，其義自現』，就這樣讀起來！因爲一切語言學習最有效的方法就是多『接觸』，而文化教養最直截的方法也是多『薰習』而已。」（頁 24）、「兒童的經典教育總括地說，只有兩個重點，即是：從教材說，自小就讓他接觸『最有價值的書』，『永恒之書』，只要有價值，不管艱深不艱深。從教法說，就是要他多唸多反覆乃至於會背誦！只要能背，不管懂不懂。」（頁 32）、「兒童讀經的教學基本原理很簡單，就是找機會讓他多接觸，多念多背，指此一訣，別無他技巧…老師唸一句，學生跟著唸一句，唸完一段了，再帶一次或兩次或多次，然後教學生自己念一遍，在唸一遍或兩遍或多變，然後獲全體一起唸，或部分人一起唸，或個人唸，你念他唸，再跟著唸，再一齊唸…總之，就是反覆再反覆的多唸，最後是把這些內容背起來，這樣的方式是人人都會教得來的，而且也是人人都學得來的，這裡有很多的唸，只有很少講解，或甚至不講解。」（頁 45）。

〔註14〕 Elisabeth Paice, Shelley Heard & Fiona Moss (2002), How important are role models in making good doctors?, *British Medical Journal, 325,* 707-710：「做爲倫理教育的典範學習（role modeling），是透過對於角色典範（role models）之行爲的觀察、反思與抽象來完成概括化與行爲改變的學習。角色典範是一些我們可以認同的人，他們有我們希望擁有的道德行爲特質及希望達到的狀態（position）。角色典範的行爲表現，爲學習者提供了一個未來可追求的道德理想行爲模式，或是被學生視爲他們成長和發展的楷模（exemplary model）。」（轉引自林文琪：〈寓教於祭的倫理教育劇場——儒家祭祀禮典儀式中展開的典範學習活動析論〉，《漢學研究集刊》，第 25 期，雲林：國立雲

　　然在此脈絡下，如肯定藉由「古籍文獻」或「經典」的閱讀和背誦即能達到個人「德行」或生命的充實，此不就暗示著「人」僅需倚靠「記憶能力」便可完成心、性的淨化與卓越，但現實生活所呈顯的結果卻並非如此的毫無二致、近乎人意，因爲即便是「公民與社會」或「經典默背」等考試優異者，此也不能等同或確證此應考者就是位好公民、好人或善人，畢竟中間涉及由「知」化「行」之歷程，況且應考者所答覆之內容，有時也僅是爲了符應命題者之所想，而並非出自其本身的認同或瞭解，除此之外，在領讀者的聘任標準上，王財貴認爲凡曾聽過演講或閱讀過《讀經手冊》者皆可擔當，〔註15〕對此，筆者也有感疑慮。

　　承上所述，故對於「讀經」或「讀經運動」的檢討與爭辯，可說一直存在於社會當中，多方學者、專家皆對其意義及價值提出相關見解，但綜觀輔仁大學和全台各哲學研究所之博、碩士學位論文，至今對此問題的回應可說相當匱乏，且即便憑藉著「背誦經典」就能對「個人」或「社會」產生正向的效益，但筆者以爲，經由對其「義理」之認識和思考，此或許能更加有效的將「古籍文獻」與「社會」進行連結，並落實、深化其影響力。

　　據此，故本論文之「研究動機」，可以圖 1-1 表示，並歸結爲以下三點：

　　1. 因現今對於「讀經」一事的看法仍存在著分歧，尚無定論，且由王財貴所推動「讀經運動」，其相關界說亦讓人心生芥蒂，故筆者認爲，對於「如何進行經典閱讀」的辨析乃存在著必要性。

　　2. 另外，輔仁大學作爲一所極具歷史及代表性之綜合型大學，但至今觸及「讀經議題」的相關學位論文卻相當缺乏，著實可惜，且就全臺各哲學領域之學位論文而言，亦鮮少在此問題上有所發揮，此皆深化了筆者之研究動機。

　　3. 最後，因對一般社會大眾來說，「儒家」乃是較爲熟悉之對象，且其「古籍文獻」也常被應用於「讀經」一事當中，故筆者選擇以《論語》、《孟子》作爲主要的研究對象／文本，期能強化本論文之實用價值。

　　林科技大學漢學資料整理研究所，2017 年 12 月，頁 117～155）張淑娟亦提及：「在教育上常用『模範生』來引發見賢思齊的教育作用，這就是所謂的觀察學習。」（張淑娟、易博士編輯部：《圖解教育學》，台北市：易博士文化，2012，頁 60）。

〔註15〕《兒童讀經教育說明手冊》，頁 55～56。

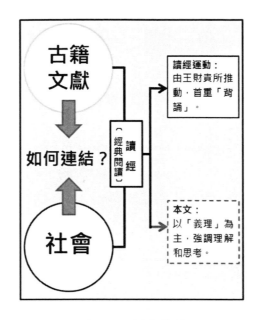

圖 1-1　研究動機

第二節　研究方法、範圍與架構

一、研究方法

　　「研究方法」是一個研究成果能否可靠、有效之重要關鍵，因為隨著不同的主題與內容，「方法」的使用乃會有著合宜性上的差異，故為有利及便於「研究目的」的達致，適當、可行之「方法選擇」即是其必要條件，誠如李賢中說：「『方法』是為了達成『目的』的，有不同的研究目的就會有不同的研究方法，有時為了達到特殊的研究目的，必須交互使用各種不同的研究方法。」〔註 16〕而本論文所欲採取的研究方法為「文獻分析法」與「創造詮釋法」。

（一）文獻分析法

　　「文獻分析法」是一種注重客觀、系統和量化的研究方法，其內容主要涉及「蒐集」、「分析」等兩部分／步驟：

　　1.「蒐集」是從事學術研究的開端及必要途徑，其效用在於對某論題之現

〔註 16〕李賢中：〈中國哲學研究方法之省思〉，《哲學與文化》，第 34 卷第 4 期，臺北：哲學與文化月刊雜誌社，2007 年 04 月，頁 7～24。

狀與發展進行了解，故筆者欲先依據研究論旨，設定相關聯之重要詞彙，如：《論語》、《孟子》、仁、義、讀經…等，大量蒐羅第一、二手研究資料，含括原典、研究專書及各式論文（包含期刊、會議及學位論文）等，以確立研究主題的適宜性，同時構建本論文之研究架構，此外，隨著數媒科技與網路的進步和普及，各式「線上電子資料庫」亦是現今不容忽略的寫作工具，例如：臺灣博碩士論文知識加值系統、Airiti Library 華藝線上圖書館、CNKI 中國知識資源總庫等，〔註 17〕其皆有助於文獻資料的尋找與例證蒐集，得促使研究成果能更趨全面、充實。

2. 而在「蒐集」後，則需對所獲之結果進行「分析」，亦即辨識各資料的權威信、可靠度，並依據與研究論旨之適宜性，進行謹慎且客觀的取捨、歸納及彙整使用，期使本研究得以滿足「了解過去、洞察現在、預測將來」〔註 18〕之成效。

（二）創造詮釋法

本論文雖亦是關乎古籍文獻或經典的「閱讀」一事，但卻是以「義理」作爲核心理念，強調對其之認識、理解及思考，故在研究歷程上，便涉及對原典的「詮釋」問題；所謂「詮釋」，其基本意涵爲「對文字解釋或指解釋的文字」〔註 19〕，然從「詮釋學」（Hermeneutics, 或稱「解釋學」）之字源結構來說，Hermeneutics 乃與希臘神話中的 Hermes 有關，「相傳 Hermes 乃爲天神之信使，負責將眾神之訊息傳遞給世人，但因諸神與凡人所使用的語言並不相同，因此將神的語言翻譯成人間語言以完成傳遞即是 Hermes 之任務與職

〔註 17〕 「臺灣博碩士論文知識加值系統」原爲「全國博碩士論文資訊網」（2010 年 06 月更名），是教育部高教司委託國家圖書館所執行之計畫，其爲國內唯一計畫性收錄全國各大專校院學位論文之專業資料庫；「Airiti Library 華藝線上圖書館」爲整合台灣及大陸學術資源之重要資料庫，收錄內容涵蓋人文、社會、自然科學…等主題之期刊與會議論文；「CNKI 中國知識資源總庫」爲整合中國學術期刊網路出版總庫、中國優秀碩士學位論文全文資料庫、中國優秀博士學位論文全文資料庫、中國重要會議論文資料庫等之大型網路服務平台。

〔註 18〕 葉至誠、葉立誠：《研究方法與論文寫作》，台北市：商鼎，2011，頁 140。

〔註 19〕 見於教育部《重編國語辭典修訂本》網路版（網址：https://goo.gl/XY1n2o），另外《國語辭典簡編本》（網址：https://goo.gl/DnBCXX）中對「詮釋」的解釋爲「詳細深入的解釋、闡明」；而就此二部辭典之適用對象來說，《重編國語辭典修訂本》較爲適用於語文教學者、歷史語言有興趣之研究者或一般民眾，而《國語辭典簡編本》則較適用於國中小學生及華語學習者，故此二者對「詮釋」之解釋，應僅是基本意義。

責。」〔註20〕據此而論，Hermes 的工作便是「『理解神意』並『解釋予人』」，所以就其特徵來說，「詮釋」或「詮釋學」即是「『個人』的理解與解釋」，如同潘德榮指出：「詮釋學是文本意義的理解與解釋之方法論及其本體論基礎的學說。」〔註21〕。

　　而本論文所欲使用的「創造詮釋法」，乃是始自傅偉勳所提之哲學方法——「創造的詮釋學」（Creative Hermeneutics），而其要旨在於爲構建一種兼具「考據之學」、「義理之學」、「批判的繼承」與「創造的發展」等特徵的詮釋學；〔註22〕所謂「創造的詮釋學」，其共內含有五個不得隨意越等或跳級的辯證層次，即「實謂」、「意謂」、「蘊謂」、「當謂」與「必謂」，而此相互連貫的五層次／步驟所欲處理的問題分別爲：

1. 實謂：「原思想家（或原典）實際上說了什麼？」
2. 意謂：「原思想家想要表達什麼？」或「他所說的意思到底是什麼？」
3. 蘊謂：「原思想家可能要說什麼？」或「原思想家所說的可能蘊涵是什麼？」
4. 當謂：「原思想家（本來）應當說出什麼？」或「創造的詮釋學者應當爲原思想家說什麼？」
5. 必謂：「原思想家現在必須說出什麼？」或「爲了解決原思想家未能完成的思想課題，創造的詮釋學者現在必須踐行什麼？」

　　據此，故吾人應可略將「創造的詮釋學」歸結爲兩要點：1.須以相對客

〔註20〕參見洪漢鼎：《當代哲學詮釋學導論》，台北市：五南圖書出版社，2008，頁 1〜3。本文採用 Hermeneutics 與 Hermes 有關之論點，然另有一說指出，Hermeneutics 乃是以亞里斯多德邏輯學爲基礎所發展的科學理論，但因對於 Hermeneutics 的起源爲何之問題討論並非本文之核心，因此不予深究。
〔註21〕潘德榮：《西方詮釋學史》，台北市：五南圖書出版社，2015，頁 16。
〔註22〕傅偉勳：〈創造的詮釋學及其應用——中國哲學方法論建構試論一〉，《從創造的詮釋學到大乘佛教：「哲學與宗教」四集》，台北市：東大出版，1990 年，頁 1〜46；「創造的詮釋學」之提出，乃出於傅偉勳對「詮釋學」本身意義的反省，傅氏認爲：「眞實的詮釋學探討（必須）永遠帶有辯證開放的學術性格，也（必須）不斷地吸納適時可行的新觀點、新進路，形成永不枯竭的學術活泉⋯眞正具有學術研究的進步性、無涯性而又完全免於任何框框教條的詮釋學，必須常恆不斷地統合我國傳統以來的「考據之學」與「義理之學」，也必須自我提昇之爲極具「批判的繼承」（繼往）與「創造的發展」（開來）⋯。」而有關「創造的詮釋學」的論述，亦見於傅偉勳：《學問的生命與生命的學問》，台北市：正中，1993，頁 220〜258。

觀的方式對原典內容及思想家的意向進行校勘、分析與考察,試圖還原或了解可能的思想蘊涵;2.除歸結出最具信度之義理外,詮釋者亦可對其進行反省、批判,甚至超越,也就是說,原思想已在詮釋者的思維中進行了「自我轉化」,「詮釋」也由單純的「思想的繼承」走向「創造發展/創造性思維」。

　　因此,誠如張鼎國說:「…因此詮釋者與經典文獻的關係,詮釋者面對文本時自我的理解定位與詮釋取向的問題,就不只是一個知識論上的方法運作的考量,更且涵蘊著存有學上的思想深度,也明白指陳出我們對於人類存在的現狀反省,以及可以共同期許、可以齊力實現的未來景況。」〔註23〕而本論文所使用的「創造詮釋法」,即是欲先藉由相關注釋與文獻資料的考察,已達對原典/文本內容的客觀認識,而後再對其進行省思,以探究古籍文獻、經典或其思想對於今人所能造就之作用、啓發或影響。

二、研究範圍

　　本論文之研究範圍主要可略分爲「古籍文獻」(指《論語》、《孟子》)與「讀經」(或稱「經典閱讀」)兩部分,其中,關於後者之問題探究,筆者除以王財貴的《兒童讀經教育說明手冊》爲首要外,〔註24〕另參酌多方

〔註23〕 張鼎國:〈「較好地」還是「不同地」理解:從詮釋學論爭看經典註疏中的詮釋定位與取向問題〉,《中國文哲研究通訊》,第9卷第3期,台北市:中央研究院中國文哲研究所,1999年09月,頁87～109。

〔註24〕 王財貴(1949年～迄今,字季謙,現任財團法人台北市全球教育基金會董事長)爲牟宗山之弟子,其長年致力於「讀經(運動)」、「兒童讀經(教育)」之推廣,並以「有中國人的地方就有人讀經」爲目標;而王氏之理念深受林琦敏之感動與贊同,特讓其於「華山講堂」(創於1990年,2001年升格爲「華山書院」)下成立「讀經推廣中心」(1994年開始運作),然爲使讀經的理念與教育成效能更加普遍、深遠與永續,故於2006年成立「財團法人台北市全球教育基金會」。而對於王氏之評價,黃盛雄說:「王財貴兄推廣兒童讀經多年,我在友人口傳及媒體的報導中得知他的抱負與理念,除了佩服她的眼光與毅力,也十分欣賞他的看法與做法…不論在理論或實例,都說明財貴兄讀經的理念值得支持,值得大家共同來推行。」(《兒童讀經教育說明手冊》,頁2,宏願的落實——代序)郭齊家、徐梓與薛仁明則分別言:「王財貴博士博學多才,大智大勇,追求眞理,廓然大公,胸懷瀟落,光風霽月…王財貴宣導的『全民讀經』並非偶然,是百餘年來先進的中國人對中華文化深沉的憂患意識與強烈的復興追求的繼續和發展,實際上是期望能夠在新的歷史條件下,全球華人一齊努力實現先進的中國人復興中華文化的百年夢想。」、「當下正蓬勃開展的讀經運動,雖說是時運所至,是各種機緣共同促成的,但也有王

學者針對「讀經」一事所持之正、反意見，以俾利進行相關研析及價值評斷；而對於《論》、《孟》之篇章理解上，因其成書年代久遠，且在概念的使用上，又存在「多義」之特性，〔註 25〕故爲求得較爲客觀的思想把握，研究過程除輔以前人的研究成果，同時亦著重注釋／解本的選用，以下將對此分列說明：

（一）《論語》〔註 26〕

現今吾人所常見之《論語》，主要是承襲自鄭玄（127 年～200 年，

財貴先生的始倡、引領和推動之功。如果要爲這場運動找到一個旗手，確定一個領袖式的人物，那非先生莫屬。」、「文化之事，細水長流；文化的重建，也得文火慢燉。十幾年來，兩岸做這事的有心之人，不算少，其中，成績斐然卻又一逕淡泊的，有位王財貴先生。」（王財貴編：《讀經通訊》，第 78 期，新北市：財團法人台北市全球教育基金會，2014 年 07 月，《讀經二十年》三序）其中，徐梓亦指出：「1994 年，王財貴教授來到大陸推廣讀經，二十多年來，吸引了眾多社會上的有識之士，特別是有一定文化素養的家長們，推動開辦了一批全日制的私塾和書院。在推動新一輪傳統文化教育興起和喚起全社會對傳統文化教育的重視方面，王教授有著始倡、引領之功。我高度評價王教授的這一貢獻。」（孫昕：〈讓「傳統文化教育」成爲教育——北京師範大學徐梓教授談傳統文化教育熱點問題〉，《中國教師》，2016 年第 21 期，北京：北京師範大學，2016 年 11 月，頁 19～23）。

〔註 25〕李賢中說：「中國哲學中所使用的概念，往往具有多義性與流動性；必須配合前後文的脈絡、作者的思維情境、以及作者所處的時代背景、學術氛圍等等相關因素，做出合宜的視域調整，才能體會中國哲學文字後的深刻意含，進而把握其人文精神。」（李賢中：〈中國哲學人文精神的直覺方法〉，《中西哲學的人文意蘊學術研討會議論文集》，新北市：輔大書坊，2013 年 11 月，頁 73～99）。

〔註 26〕《論語》所載錄的內容，是以孔子與其弟子間之對談爲主，而據《漢書·藝文志》所載：「《論語》者，孔子應答弟子時人及弟子相與言而接聞於夫子之語也。當時弟子各有所記。夫子既卒，門人相與輯而論纂，故謂之《論語》。」趙岐說：「七十子之疇，會集夫子所言以爲《論語》。《論語》者，五經之錧鎋，六藝之喉衿也。」故吾人應可斷言《論語》是由孔子之弟子整編修錄而成，另依鄭玄所述：「仲弓、子游、子夏等撰定。論者，綸也，輪也，理也，次也，撰也。」朱熹則引程子言：「論語之書，成於有子曾子之門人，故其書獨二子以子稱。」據此，故學界一般認爲，《論語》是由曾子與其弟子子思（孔伋）共同編輯而成，成書時間則推測在西元前 436 年至西元前 400 年間（即春秋戰國之際）。（〔漢〕班固：《漢書》，「中國哲學書電子化計劃」網站，網址：http://ctext.org/han-shu/zh、〔清〕焦循撰，沈文倬點校：《孟子正義（上）·孟子題辭》，北京：中華書局，1987，頁 14、〔魏〕何晏注，〔宋〕邢昺疏，朱漢民整理：《論語注疏》，台北市：台灣古籍，2001，頁 2、〔宋〕朱熹：《四書章句集注·論語集注》，北京：中華書局，2011，頁 46）。

字康成）以《魯論語》爲本所編撰、注釋而成的版本，〔註27〕其共存 20 篇（總計 492 章），是當今從事儒學研究時的重要文獻及立論依循；而爲瞭解《論》中之章句意涵，本研究除擇以《論語注疏》（〔魏〕何晏集解，〔宋〕邢昺疏）與《四書章句集注・論語集注》（〔宋〕朱熹）作爲主要參考文本外，另亦使用《論語正義》（〔清〕劉寶楠）和《論語新解》（錢穆）等予以輔助，然各注本因受其成書背景之影響，故在詮釋上乃各有特色，例如：《四書章句集注》著重義理的闡釋、《論語正義》則偏重文字的訓詁與考證，但大體來說，此皆無害其在學術研究上所佔有之權威性及參考價值，筆者則欲藉注、釋本的詮釋與觀點探究，希冀能降低對各章句內容的誤讀可能。

〔註27〕現今吾人所見之《論語》，乃是流變、整合之結果，而除鄭玄所採之《魯論語》外，漢代時另有《古論語》及《齊論語》等版本的存在，《論語注疏》中載：「以其口相傳授，故經焚書而獨存也。漢興，傳者則有三家，《魯論語》者，魯人所傳，即今所行篇次是也。常山都尉龔奮、長信少府夏侯勝、丞相韋賢及子玄成、魯扶卿太子太傅夏侯建、前將軍蕭望之並傳之，各自名家。《齊論》者，齊人所傳，別有《問王》、《知道》二篇，凡二十一篇，其二十篇中，章句頗多於《魯論》，昌邑中尉王吉、少府朱畸、琅邪王卿、御史大夫貢禹、尚書令五鹿充宗、膠東庸生並傳之，唯王吉名家。《古論語》者，出自孔氏壁中，凡二十一篇，有兩《子張》篇，次不與《齊》、《魯論》同，孔安國爲傳，後漢馬融亦注之。安昌侯張禹受《魯論》于夏侯建，又從庸生、王吉受《齊論》，擇善而從，號曰『張侯論』，最後而行於漢世。禹以《論》授成帝，後漢包咸、周氏並爲章句，列於學官。鄭玄就《魯論》張、包、周之篇章考之《齊》、《古》，爲之注焉。魏吏部尚書何晏集孔安國、包咸、周氏、馬融、鄭玄、陳群、王肅、周生烈之說，並下己意，爲《集解》，正始中上之，盛行於世。今以爲主焉。」（〔魏〕何晏注，〔宋〕邢昺疏，朱漢民整理：《論語注疏》，台北市：台灣古籍，2001，頁 2～3）據此可知，此三《論》在篇目與章節上是有所差異的：然一般認爲與《古論》同爲失傳的《齊論》，已在 2017 年時發現於中國江西南昌的西漢海昏侯墓當中，其判斷根據在於同一竹簡之兩面分別載錄「智道」與「孔子智道之易也，易易雲者，三日。子曰：此道之美也，莫之禦也。」等字句，而在「智」、「知」相通的情況下，故研判此即爲《齊論》之〈知道〉篇，然因其仍處於掃描分析與釋讀階段，因此本研究範圍尚未包含於此。（參見楊軍、王楚寧、徐長青：〈西漢海昏侯劉賀墓出土《論語・知道》簡初探〉，《文物》，2016 年第 12 期，北京：文物出版社，2016 年 12 月，頁 72～75、中國文物保護基金會：〈海昏侯墓出土竹書「論語」或爲失傳 1800 年「齊論」〉，「中國文物保護基金會」網站，網址：ttps://goo.gl/G79hz1）。

（二）《孟子》〔註28〕

　　唐代著名文學家——韓愈（768 年～824 年，字退之）曾言：「堯以是傳之舜，舜以是傳之禹，禹以是傳之湯，湯以是傳之文、武、周公，文、武、周公傳之孔子，孔子傳之孟軻，軻之死，不得其傳焉。」〔註 29〕此不僅標示著孔、孟間乃具有思想上的承繼關係外，背後另可謂隱含有視孟子爲「正／道統」之意義，然話雖如此，但《孟子》卻並非一開始便是受世人所關注之

〔註28〕 關於《孟子》之作者，實有以下三種觀點：1.「孟子自著」——趙歧說：「此書，孟子之所作也，故總謂之《孟子》…孟子亦自知遭蒼姬之訖錄，值炎劉之未奮。進不得佐興唐虞雍熙之和，退不能信三代之餘風，恥沒世而無聞焉。是故垂憲言以詒後人。仲尼有云：『我欲託之空言，不如載之行事之深切著明也。』於是退而論集所與高第弟子公孫丑、萬章之徒難疑答問，又自撰其法度之言，著書七篇，二百六十一章三萬四千六百八十五字。包羅天地，撥敘萬類，仁義道德性命禍福粲然靡所不載。」（〔清〕焦循撰，沈文倬點校：《孟子正義（上）‧孟子題辭》，北京：中華書局，1987，頁 3、10～13，後僅標註書名、篇名及頁碼）、2.「孟子之弟子著」——林慎思說：「孟子七篇非軻自著書，而弟子共記其言，不能盡軻意。因傳其說演而續之。今觀其書十四篇，大抵因孟子之言推闡以盡其義，獨其不自立論而必假借姓氏，類乎莊列之寓言。」（〔唐〕林慎思：〈續孟子二卷〉，王雲五主編，《四庫全書珍本》，台北市：商務，1981，無頁碼標示）此外，韓愈亦言：「孟軻之書，非軻自著，軻既歿，其徒萬章、公孫丑相與記軻所言焉耳。」（〔唐〕韓愈著，劉眞倫、岳珍校注：《韓愈文集彙校箋注‧答張籍書》，北京：中華書局，2010，頁 553，後僅標註書名、篇章及頁碼）、3.「孟子與其弟子合著」——《史記‧孟子荀卿列傳》載：「孟軻乃述唐、虞、三代之德，是以所如者不合。退而與萬章之徒序詩書，述仲尼之意，作孟子七篇。」（〔漢〕司馬遷：《史記》，「中國哲學書電子化計劃」網站，網址：http://ctext.org/shiji/zh，後謹標註書名及篇名）而此三種觀點中，又以「孟子與其弟子合著」的可信度爲高：另外，《孟》在篇目內容上亦有眞僞問題之討論，如上述趙歧、林慎思與司馬遷所言皆提及「《孟子》七篇」一事，其中趙氏更指出：「又有外書四篇，〈性善〉、〈辯文〉、〈說孝經〉、〈爲正〉，其文不能弘深，不與內篇相似，似非孟子本眞，後世依放而託之者也。」（《孟子正義（上）‧孟子題辭》，頁 15）然《漢書‧藝文志》中言：「《孟子》十一篇。」（〔漢〕班固：《漢書》，「中國哲學書電子化計劃」網站，網址：http://ctext.org/han-shu/zh）《風俗通義》亦載：「孟軻受業於子思…退與萬章之徒序《詩》、《書》、仲尼之意，作書中、外十一篇。」（〔漢〕應劭，王利器校注：《風俗通義校注（下）‧窮通》，北京：中華書局，2010，頁 318～319）但梁啓超斷言：「正如孟子書，《史記》本傳僅言七篇，而本〈志〉有十一篇，後經趙岐鑑別，乃知原止七篇，餘四篇乃僞書也。」（梁啓超：《中國古代學術流變研究》，山西：山西人民出版社，2014，附：考〈諸子略〉以外之現存子書）而「七篇」也較爲現今學界之共識。

〔註29〕 《韓愈文集彙校箋注‧原道》，頁 4。

書，甚至更難以和《論語》相齊名，而其地位／價值乃是在朱熹（1130 年～1200 年，字元晦）以《論》、《孟》、《中庸》、《大學》爲「四書」後，方才算是獲得了提升與確立；〔註 30〕而本研究有關《孟子》章句之意涵理解，欲參考《孟子注疏》（〔漢〕趙岐注，〔宋〕孫奭疏）、《四書章句集注・孟子集注》（〔宋〕朱熹）與《孟子正義》（〔清〕焦循）等傳世古籍，其中，劉瑾輝認爲，焦氏的著作具有對趙注的申義、補注、正誤與存疑之特色，說：「申趙而不盲從；補趙蓋屬必要之處；正在要處，正之有據；不能斷其是者，存疑待考，其學風可推。」〔註 31〕而其他學者亦對《孟子正義》持有正面評價，如：「新疏家模範作品」〔註 32〕、「《孟子》研究集大成之作」〔註 33〕等言說所示，另外，傅佩榮、楊伯峻與史次耘等人對於《孟》之解讀、註譯，亦是筆者所選用之輔助資料。

三、研究架構

本研究論旨主要欲在以「背誦」爲主的「讀經運動」之外，另指出一條

〔註30〕據趙岐所言：「孝文皇帝欲廣遊學之路，《論語》、《孝經》、《孟子》、《爾雅》皆置博士，後罷傳記博士，獨立五經而已。」（《孟子正義（上）・孟子題辭》，頁 17）故漢朝時，《孟子》實曾與《論語》相提且並列爲傳，更立傳記博士，而此時之博士除承襲「博學於文」的傳統外，徐復觀指出：「設置博士的原來目的，在使其以知識參與政治，而不在學術發展。」（徐復觀：《中國經學史的基礎》，台北市：台灣學生，1982，頁 71，後僅標註書名及頁碼）但此階段之博士地位仍尚未穩固，武帝時即遭取消，錢大昕說：「《漢書》贊武帝云：『孝武初立，卓然罷黜百家，表章六經。』以本紀攷（考）之，建元五年置五經博士，則傳記博士之罷當在其時矣。」（〔清〕錢大昕撰，王雲五主編：《潛研堂文集》，臺北市：臺灣商務，1979，頁 86）徐復觀則言：「對五經的地位，過去是由私人、由社會所自由評定的；至此則五經取得政治上的法定權威地位。過去博士僅以其知識而存在，至此則主要以所代表之典籍而存在，而每一博士所代表者僅唯一經，勢不得不走向與『博學』相反的『專經』之路。」（《中國經學史的基礎》，頁 76）。

〔註31〕劉瑾輝：〈焦循《孟子正義》的疏証特色〉，《江蘇師範大學學報（哲學社會科學版）》，2007 年第 2 期，江蘇：江蘇師範大學，2007 年 05 月，頁 70～75、劉瑾輝：〈《孟子正義》：新疏家模範作品〉，《揚州大學學報（人文社會科學版）》，2006 年第 3 期，江蘇：江蘇師範大學，2006 年 05 月，頁 30～35。

〔註32〕梁啓超：《中國近三百年學術史》，北京：中國書店，1985，頁 196。

〔註33〕董洪利：《孟子研究》，江蘇：江蘇古籍出版社，1997，頁 347。

以「義理」之理解、認識與思考爲主的「經典閱讀」（或言「讀經」一事），然筆者之意，並非是以指責、批判「背誦經典」爲要務，而是欲標明在「讀經」當中，乃非僅有或僅止於「背誦」，吾人與「經典」的關係建立，應當還有其他途徑可供參照；故在研究架構上，除涉及「讀經」（或稱「經典閱讀」），另一部分則著眼在《論語》、《孟子》之德行概念和其系統釐清，筆者以爲，此舉應有助於古籍文獻與現今社會之連結與對話。

　　另誠如文天祥之傳世名言：「孔曰成仁，孟曰取義。」故對於《論語》及《孟子》之研析，筆者將分別以「仁」、「義」爲始點，探究其豐富意蘊，進而從中得出，不論是「仁者」、「義者」或「有德者」，其「成就」需以「人能」〔註34〕作爲重要倚靠，換言之，「有德者」在孔、孟之思想／主張中皆非是天生而成的，然此「人能」則又與人者的內在之「志」有關，因「志」所象徵的即是目標、方向，其具有導引「人能」之作用，所以總的來說，此處之研究架構，當可以圖 1-2 爲表示。

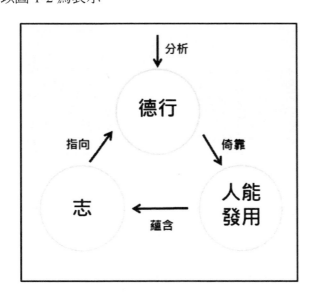

圖 1-2　研究架構

　　綜上所言，故本文欲採用五章之方式行文，而各章之安排策略及內容，如表 1-1 所示。

〔註34〕筆者所謂「人能」，乃源自「人的能力」一語之簡述，用作對「人的後天作爲」的指稱與標示。

表 1-1　章節安排與內容彙整表

第一章　緒論	
內容	本章除對研究動機、方法、範圍與目的予以說明外，另亦針對論文結構進行相關闡釋。
第二章　文獻探討	
內容	因本論文涉及「讀經」和「《倫》『仁』、《孟》『義』」等兩部分，故此章內容可歸結爲三部分：1.以各式期刊論文、專書等文獻資料爲本，對「讀經」之字義、史源與問題進行探究、2.以「學位論文」爲範圍，對蘊含關鍵詞——「讀經」之研究成果進行量化與質化的彙整分析、3.分別以《倫》「仁」、《孟》「義」爲核心，蒐羅相關研究和詮釋成果，以論其價值與內涵。
第三章　《論語》之「仁」與人能的發用	
內容	以《論語》之「仁（德）」爲本，梳理及證成其豐富意蘊，並從中覺察後天的「人能發用」，乃是此德行或道德理念得以順利運作之重要關鍵，故接續分以「學」、「志」爲對象，析論其意義與價值。
第四章　《孟子》之「義」與人能的發用	
內容	以「義」作爲《孟子》之研究起點，試析其深厚內涵，並由「端」所指涉的「未完成」狀態獲悉，「養」、「志」應是孟子之「義學理論」得以完善的關鍵要素，故後分以其爲梳理對象。
第五章　結論	
內容	本章將總結前文之研究成果，並對研究目的進行回應，同時亦對《論語》、《孟子》之「讀」，提出筆者的相關見解與價值評述。

　　此外，因中國哲學思想具有極高的整體性與系統性，對於某概念／範疇的界定，必定與另一概念／範疇的主張或假說有關，如同沈清松所提及之「融貫一致原則」〔註35〕，所以，楊祖漢說：「從對經典的閱讀與深入了解的過程，也可以體會到中國哲學的哲學性，即才能了解中國哲學經典中本來含有的精深之思辨。」〔註36〕故從「整體」而非「部分」之視野來看待此番哲學思想

〔註35〕沈清松指出，「文意內在原則」、「融貫一致原則」、「最小修改原則」與「最大的閱讀原則」等，皆是閱讀文本時所需遵循的原則，而所謂「融貫一致原則」即指「基於讀者主觀的善意，與文本客觀上的價值，一個哲學家著作之所以值得讀，一定是有其內在一貫的想法。所謂融貫一致，在消極上要能避免自相矛盾或相互對立的歧見；積極上則文本種所含的觀念與命題，必須能環環相扣，形成一個內在融貫的義理體系。」（沈清松：〈從「方法」到「路」——項退結與中國哲學的方法論問題〉，《哲學與文化》，第 32 卷第 9 期，台北市：哲學與文化月刊雜誌社，2005 年 09 月，頁 61～78）。

〔註36〕楊祖漢：〈中華經典的易讀與難讀〉，《鵝湖月刊》，第 41 卷第 11 期總號第 491 期，新北市：鵝湖月刊社，2016 年 06 月，頁 9～17。

或相關著作，則應較能正確理解、體悟與獲悉其精隨，而本文以「德行涵養」為名，用意即在於指出「德行」乃非為獨立存在之概念，「人能」與「志」也就是其所關乎之要素。

第三節　研究目的

　　現今在「讀經」（或言「經典閱讀」）的實務操作上，依循王財貴之《讀經手冊》乃是較為普遍之作法，因此，「讀經」即被視為一種「經『反覆朗誦』以達記憶背誦、改行遷善」的教育活動，故在「德行」的教育／培養層面上，則表現為——「藉由古籍文獻中有關『德行』的內容背誦，以達成對聖賢生活／生命之學習、仿效，使『人』得以朝向良善的發展」，而相似之論述，亦出現於歐陽教對於現今道德判斷與道德教育的觀察，其指出：「人們所談的道德內涵，十之八九都是獨斷的誡命或教條；而道德教育也往往偏狹地濃縮為斯巴達式的、或非講理式的行為訓練。」〔註37〕。

　　承上所述，故現今對於「經典閱讀」的施行模式，其與備受討論的「填鴨式教學法」應是有所相近的，也就是僅以「權威」抑或「知其然而不知其所以然」的視角來看待古籍文獻與其思想，即藉「教條」之方式來處理「應該做什麼？」等倫理命題，另外，黃政傑還說：「…傳統上，國內外各級學校的品格教育，多以『真善美聖』的最高道德境界作為目標，這種好高騖遠的理想，通常是導致失敗的主因。」〔註38〕此言實可作為吾人在提倡「模仿聖賢」或「經典閱讀」時之警訊，如同歐陽教指出：「道德教學的目的，是在積極地發展自律的道德理性。要使每一個人都能站在自己的腳跟上作獨立的道德判斷。在權威式的道德教育中，最缺乏或最被忽視的，就是鼓勵開放性的道德思考之道德教學，在古代如此，在現代也是這樣。」〔註39〕竹立家亦言：「對於個體的人來說，原則是可以學會的，但原則的決定則是必須由自己作出的。」〔註40〕所以筆者認為，上述關於經典、先聖先賢的認知及對其內容、

〔註37〕歐陽教：《道德判斷與道德教學》，台北市：文景書局，1996，序，後僅標註書名及頁碼。

〔註38〕黃政傑編：《新品格教育——人性是什麼？》，台北市：五南圖書，2008，序一。

〔註39〕《道德判斷與道德教學》，頁2。

〔註40〕竹立家：《道德價值論》，北京：中國人民大學出版社，1998，頁152。

行為所秉持之（不假思索的）遵循態度，不僅可能侷限了「古籍文獻」所能帶給今人之價值啓發，同時也有礙於「人」之思辨與反省能力的發揮，換言之，此種關於「德行」的養成或價值觀的形塑教育，其僅是一種「灌輸行為」的履踐，是對於生命的「壓縮」，而非是眞正的引領或朝向生命的超拔。

另外筆者以為，因文字、古籍應僅是「思想」的載體，是為了傳達與闡釋某種觀點或主張，故在閱讀經典時，吾人理應設法探尋隱藏於其背後的義理、精神或結構，而《論語》及《孟子》等儒學典籍，其內容論述皆具有一定之關聯、整體與系統性，也就是其中所論之「德行」，絕非是單獨存在之概念，因此如僅將「德行」獨立於外來進行認識，而忽略其在某種思想脈絡下之意蘊或內涵，此將可能造成理解上的片段甚至誤解，所以，依循古籍文獻所具有之「義理結構」來進行閱讀，此不僅能使讀者對其產生較為整全的認識，同時運用「德行」所隱含的命題或假設，亦能促發個人對於自身之意義與價值的思辨，進一步思考「我為什麼應該這麼做？」或「我應該怎麼做？」等，故本研究目的之一，即是欲在「讀經（養德）」之事情／活動上，指出應非僅有或僅止於「背誦」途徑，其應還能從「義理」的層面進入，導引「讀（經）者」進行自我的認識、釐清與定位，亦或言「成德」。

最後，因就「學位論文」的層次來說，迄今涉及「讀經運動」之相關博、碩士論文共計有 112 篇，〔註41〕而歷史悠久、研究生數眾多且又可被視為綜合型私立大專校院代表的其一代表──輔仁大學，乃僅有 1 篇碩士學位論文觸及「讀經」一事（佔 0.89%，出自「宗教學系碩士班」），於此而言，其數量可說是相當欠缺，另外，如再以「哲學」為名稱之各大研究所來說，〔註42〕迄今亦僅有 1 篇與「讀經」相關的學位論文產出（佔 0.89%，出自「華梵大學哲學系碩士班」），此亦令人深感意外，畢竟對於經典內容的思想闡發，乃是「哲學」之事，而于斌說：「哲學研究所不能只為學術界服務，它也應該關心

〔註41〕 此「112 篇」之數據為筆者自行統計分析之結果：筆者於「臺灣博碩士論文知識加值系統」（網址：https://ndltd.ncl.edu.tw）中以「精準查詢模式」進行操作（2017 年 11 月），並設定「論文名稱」與「關鍵詞」為檢索範圍，而符合「讀經」條件之論文共計有 154 篇，然此結果涵蓋與本研究較無相關的「工讀經驗」、「閱讀經驗」…等，故經筆者自行檢視刪除後確認為 112 篇，其中博士學位論文僅 1 篇，碩士學位論文則有 111 篇。

〔註42〕 此指國立政治、清華、臺灣、中央、中山、中正、陽明大學等 7 校，及私立東海、輔仁、東吳、文化、華梵大學等 5 校，共計 12 個碩士班、4 個碩士在職專班與 7 個博士班。

社會大眾的想法，應該適時予以開導，引其走入正道。」〔註43〕因此，筆者希冀能經此研究，而使古籍文獻不但能與現今社會相接軌，且又能爲社會之事開展出相關貢獻。

綜上所述，故本論文之「研究目的」可略歸結爲以下二點：

1. 以「讀經」及其「德育」一事爲源，說明以「義理」爲向度之《論語》、《孟子》閱讀，藉此對輔仁大學、哲學系（所）甚至社會做出拋磚引玉之貢獻。

2. 運用《論》、《孟》所具有之系統性論述，以較爲整全，而非單篇／章閱讀的視野釐清「經典」中之「德行」概念，並又以對「志」之梳理爲終點，突顯個人「對己」之認識與定位的重要。

〔註43〕 于斌：〈輔仁大學哲學研究對中國社會的責任〉，《哲學論集》，第 7 期，台北縣：輔仁大學出版社，1976 年 06 月，頁 1～11。

第二章　文獻探討

第一節　辨析「讀經」一事

一、「經典」與「讀經」

關於「讀經」之實施目的，概略而言，即是「藉由對經典的接觸，使讀者獲得性情上的陶冶及理性或潛能之啓發，同時促進讀書風氣，落實文化教育」，而此種對於「經典」的注重，自古皆是人類所共有之現象，而其原因莫過源於經典所具有／呈顯之「典範性」，始能對「人」產生教育學習、理念啓發、生活仿效等用途，然此種對於「經典」的認知與立場預設，似乎也就早已決定了閱讀經典時之走向／態度，故以下筆者欲先進行「經典」與「讀經」概念的梳理，而後再針對讀經之「發展問題」進行闡釋，期能建立較爲適切的「讀經」概念。

（一）論「經典」

一般而言，生活中吾人常將「經典」一詞與各式事物進行連結，以形容其特殊或代表性，如：經典電影、經典台詞、經典書籍、經典畫作…等，而現今對於「經」之理解，主要有兩大進路：

1.「經」（「織布時的直線」）、「緯」（「織布時的橫線」）交織成布，而因在織布時，「經線」是預先設定且固定不動的，故「經」被引申爲「生活中的常理常道」，即視爲具「恆常」、「不變」等意義。

2. 依據「經」之字構，其可分爲「糸」〔註1〕與「巠」等兩部分，而許慎說：「巠，水脈也。」〔註2〕故在與「糸／絲」的相結合下，「經」即被視爲編織之理路，後則引申爲規律、次序之「理」概念。

然依段玉裁所述可知，「經」與「布帛（的編織）」相關應是肯定無疑的，其言：「織從絲也…古謂橫直爲衡從…字本不作縱，後人妄以代之。…織之從絲謂之經，必先有經而後有緯，是故三綱五常六藝謂之天地之常經。」〔註3〕而「織」乃是「布帛之總名也。布者麻縷所成，帛者絲所成，作之皆謂之織…經與緯相成曰織。」〔註4〕「緯」則是指「織衡絲也，衡各本作橫。」〔註5〕因此，「織」、「經」與「緯」之關係略可以圖2-1表示，並從中歸結出「經——從——直」與「緯——衡——橫」等兩組相對應之概念。〔註6〕

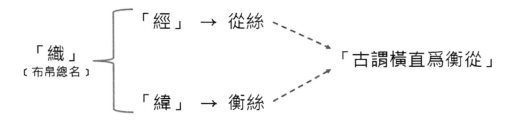

圖2-1　「經」與「織」、「緯」關係圖

承上所言，故如以「經——從——直」來看，「直」之義爲「正見也」〔註7〕，亦即與人之目視、視覺有關，而「從」乃指「隨行也…從，逐也，逐亦隨也…釋詁曰，從，自也。」〔註8〕故筆者推測，所謂「直」或「從」，其應皆隱含有「發於己身」或「與人有關」的意思，亦指某種奠基於人的方向性，

〔註1〕《說文解字注》載：「細絲也。絲者，蠶所吐也。」故「糸」同「絲」。（〔漢〕許慎著，〔清〕段玉裁注：《說文解字注》，「說文解字」網站，網址：http://www.shuowen.org/，〈糸〉，後謹標註書名及詞條名）。

〔註2〕《說文解字注》，「巠」。

〔註3〕《說文解字注》，「經」。

〔註4〕《說文解字注》，「織」。

〔註5〕《說文解字注》，「緯」。

〔註6〕因爲「縱」字從「糸」，故有一說認爲「縱」與「經——從——直」是可相互表示的，然而《說文解字注》除明言此舉是錯誤的（「妄以代之」）以外，亦指出：「縱，緩也，一曰捨也…捨者、釋也。」換言之，如以今人之「縱向」（上、下）概念對比於「橫向」（左、右），此應是有所疑慮的。

〔註7〕《說文解字注》，「見」。

〔註8〕《說文解字注》，「從」。

易言之，所謂「經」或「從絲」即標示為一種依順於人之正見／視方向的絲，據此，所以「必先有經而後有緯」之原因，或許即始自此種視覺方向的優先性、先在性或導引性，同時亦具有「恆常不變性」，而「三綱五常六藝謂之天地之常經」則表露出「三綱、五常、六藝」〔註9〕乃是先在／優先於其他律則之理，而此種對於「經」之評析，乃有別於因為「『經線』的固定不動」又或是由「『經』之字構」所產生之推論。

因此總的來說，關於「經典」之「經」，其義即為「具恆常性、不變性、先在性與導引性之『理』或『道』」，如同鄭玄所述：「經者，不易之稱。」〔註10〕劉勰也說：「三極彝訓，其書言經。經也者，恒久之至道，不刊之鴻教也。故象天地，效鬼神，參物序，制人紀，洞性靈之奧區，極文章之骨髓者也。」〔註11〕而此與熊十力所言之「經為常道不可不讀」〔註12〕亦相互符應。

另就「經典」之「典」來說，吾人常將其與「書」相等同，然許慎言：「五帝之書也。從冊在丌上，尊閣之也。莊都說，典，大冊也。」〔註13〕而「書」乃是指「著也…著於竹帛謂之書。」〔註14〕故「典」原初應是專指「五帝之著作」〔註15〕，誠如《博物志》載：「文籍考聖人制作曰經，賢者著述曰傳、曰章句、曰解、曰論、曰讀。」〔註16〕《爾雅·釋言》指出：「典，經也。」〔註17〕王符亦說：「先聖之智，心達神明，性直道德，又造經典以遺後人。試

〔註9〕 所謂「三綱」乃指「君為臣綱，父為子綱，夫為妻綱」，「五常」則是指「仁、義、禮、智、信」，「六藝」即為「禮、樂、射、禦、書、數」。

〔註10〕 孝經鄭氏解序，轉引自陳鐵凡：《孝經學源流》，台北市：國立編譯館，1986，頁27。

〔註11〕 〔清〕劉勰著，國立臺灣師範大學出版中心編輯：《文心雕龍·宗經第三》，台北市：師大出版中心，2012，頁4。

〔註12〕 熊十力：《讀經示要》，台北市：明文書局，1984，第一講題；此外，熊氏還言：「夫常道者，包天地，通古今，無時而不然也。無地而可易也。以其恆常，不可變改，故曰常道。夫此之所宗，而彼無是理，則非常道。經之道不如是也。古之傳說，而今可遮撥，則非常道，經之道不如是也。」（頁19～20）。

〔註13〕 《說文解字注》，「典」。

〔註14〕 《說文解字注》，「書」。

〔註15〕 「五帝」常與「三皇」並稱，而此「三皇五帝」乃被視為傳統之聖王、聖人，是人格的理想境界與表率，然因其存在年代過於久遠，且相關資料紀載亦與傳說內容相互混雜，故認定上存有各式相異之說法，而依《史記》所載，「五帝」乃是指「黃帝、顓頊、嚳、堯、舜」。

〔註16〕 〔晉〕張華，祝鴻杰譯注：《博物志新譯·文籍考》，上海：上海大學出版社，2010，頁147。

〔註17〕 不詳：《爾雅》，「中國哲學書電子化計劃」網站，網址：http://ctext.org/er-ya/zh。

使賢人君子，釋於學問，抱質而行，必弗具也，及使從師就學，按經而行，聰達之明，德義之理，亦庶矣。是故聖人以其心來造經典，後人以經典往合聖心也，故修經之賢，德近於聖矣。」〔註18〕綜而言之，「典」乃不同於「書」，因其承載了聖人的思想、智慧，是出於對生活、生命之經驗或體悟，而「經」、「典」之所以能融通／通用，其原因或許就在於二者皆涉及「道」、「理」或「智慧」之向度上。

　　承上所言，故苑舉正將「文字所作」視爲「經典」的形式定義之一，〔註19〕此主張乃應有其適宜性，而「經典」之所以特殊，其原因或許即建立在與「聖人」之關係上，也就是說，「聖人之智慧」即是「經典」之所以重要且可貴之因素，而「經」也就常與「聖」相連結；然當吾人僅將「經典」之形成問題置於「聖人」時，此種對於「經典」的界定亦將面臨挑戰和質疑，如苑氏指出：「『經典』，是人爲的，是約定俗成的，是歷經長期歲月而逐漸形成的認知。」〔註20〕邊家珍也說：「經典的神聖權威性不是先驗決定的，而是在共同體的文化生活中歷史地實現的，是在人與人、人與歷史的關係中建立起來的，更是在文化交往、語言交往和禮儀實踐中建立起來的。」〔註21〕故所謂「經典」，其價值乃會受傳統、時空等因素之干擾，進而產生差異與「相對性」之認定，而此「相對性」乃是在談論「經典」時所最常遭遇的困境。

　　換言之，對於「經典」的界定與問題討論，其癥結乃攸關於「人」之認知與價值判斷，如同對伊斯蘭教的信奉者而言，其可能認爲《古蘭經》（Quran，或譯爲《可蘭經》）才可稱之爲「經典」，但在基督宗教教徒眼中，《聖經》（Bible）才是信仰的依歸，而在「獨尊儒術」的背景下，漢朝時期之「經典」，則往往指涉「儒」之著作，誠如《漢書‧蓋諸葛劉鄭孫毌將何傳》載：「周公上聖，

〔註18〕〔漢〕王符撰，〔清〕汪繼培箋：《潛夫論箋‧讚學》，台北縣：漢京文化，2004，頁 13。

〔註19〕苑舉正認爲「文字所作」與「廣受好評」乃是「經典」的形式定義，而針對前者，其言：「…有可能是事前人留下來的『斷簡殘篇』，有可能是歷代常人所累積的『生活智慧』，有可能是某位思想家的『個人著作』，也有可能是一群人對生活的『檢討反省』。」（參見苑舉正：〈經典之現代意義與應用〉，《T&D飛訊》電子月刊，第 129 期，台北市：國家文官學院，2011 年 10 月，頁 1～18，後僅標註作者、篇名與刊名）。

〔註20〕苑舉正：〈經典之現代意義與應用〉，《T&D飛訊》電子月刊。

〔註21〕邊家珍：《經學傳統與中國古代學術文化形態》，北京：人民出版社，2010，頁 69，後僅標註書名及頁碼。

召公大賢。尚猶有不相說，著於經典，兩不相損。」〔註22〕但承上所述，藉文字所承載、表露的「（聖人）智慧」應才是「經典」之要旨，而筆者以為，此番先聖思維，其更是因「能與現世產生連結」，以致才得以被稱為「經典」，如苑舉正說：「所謂的『經典』，就是後人能夠從前人的著作中，不斷閱讀、詮釋、理解以及消化的『文字』，然後能夠從中擷取智慧的來源。」〔註23〕所以，「與現世之連結」或許方才是「經典」的必要條件，但又如邊家珍予人之警惕，言：「…經學思維方式作為一種權威導向的認知價值取向，使認知主體陷入了一種不敢稍有異想的虛妄的信仰情感之中，對聖人和經典的非理性的盲目崇拜，使人們只能做迷信聖人的奴隸。」〔註24〕故此處所言之「現世連結」，絕非僅在於依從、歸順或服從，其更重要的乃在於「人者」對其之思辨、省思。

　　綜上所述可知，所謂「經典」，其原初意義乃應與策、書等「文字著作」有關，而現今對於「經典」的使用（如：經典電影、經典台詞、經典書籍、經典畫作），多來自其恆常、不變及導引性質之衍生，然「經典」雖是以「（聖人）智慧」為核心，但其價值卻奠基在「與現世之連結」，亦即能對個人的生活、生命甚至整體社會產生影響，故筆者認為，在「『經典』的認知」問題上，吾人應可引卡爾維諾之看法為小結，其言：「『你的』經典是你無法漠視的書籍，你透過自己與它的關係來定義自己，甚至是以與它的對立關係來定義自己。」〔註25〕而此不僅指向「志」之所立，且亦是吾人在以《論》、《孟》為讀本時，所應省思的問題。

（二）論讀經之「讀」

　　承上所言，故在「讀經運動」上，王財貴雖以「四書」、「五經」作為推薦教材，但仍採用較為廣義之方式，將讀經教材界定為「最有價值的書」，並強調個人之喜好與認定方才是最為重要之選材標準，據此，故憑藉「經典」的不同選擇結果，以致「讀經」乃存在著狹義與廣義的分別。〔註26〕

〔註22〕〔漢〕班固：《漢書》，「中國哲學書電子化計劃」網站，網址：http://ctext.org/han-shu/zh。

〔註23〕苑舉正：〈經典之現代意義與應用〉，《T&D飛訊》電子月刊。

〔註24〕《經學傳統與中國古代學術文化形態》，頁127。

〔註25〕〔義〕卡爾維諾（Italo Calvino）著，李桂蜜譯：《為什麼讀經典》，台北市：時報文化，2005，頁6。

〔註26〕所謂狹義之讀經，即是以諸子百家之典籍、文學名著或宗教性經文為範疇之

　　而關於「讀」，其作爲古籍文獻與個人、社會的聯通管道，以及被視爲一教育方式或管道，其意蘊究竟爲何？依許愼所指：「讀，誦書也。」然段玉裁注：「籀書也。籀各本作誦，此淺人改也，今正。…籀，讀書也…讀，抽也…抽繹其義蘊至於無窮，是之謂讀…諷謂背其文。籀謂能繹其義…諷誦亦可云讀。而讀之義不止於諷誦。諷誦止得其文辭。讀乃得其義蘊。」〔註27〕故「讀」與「書」、「籀」、「諷」、「誦」等概念皆應是有所關連的，而爲達致對「讀」之理解，以下試從對此四字之概念釐清作爲研究進路：

　　1.「書」——如前文所述，「書」之本義乃在於「箸」，而「箸」即表示爲寫或記載，故「書」亦可引申有「字體」之意義，如：「能篆書，工草隸。尤善畫，爲當時之妙。」（《隋書》）〔註28〕。

　　2.「籀」——依《說文解字》所載：「籀，讀書也。」段玉裁注：「讀籀書也…尉律學僮十七巳上始試，諷籀書九千字，乃得爲吏。試字句絕，諷籀連文，謂諷誦而抽繹之，滿九千字皆得六書之恉，乃得爲吏也，此籀字之本義…讀抽也…抽皆籀之假借，籀者抽也。」〔註29〕故由「抽繹」、「六書」〔註30〕等詞可推知，「籀」所指涉／強調的應是在於對「（文）義」之探究。

　　3.「諷」、「誦」——關於「諷」，段玉裁說：「誦也…倍文曰諷…倍同背，謂不開讀也，誦則非直背文，又爲吟詠以聲節之。」〔註31〕而「誦」則指「諷也」〔註32〕，故此即指出「諷」、「誦」雖有關係、可連用，但意涵上卻實有差異存在；所謂「諷」乃指「倍／背文」（即「不開讀」），亦即現代一般所言之「背書／課文」，而「誦」則是與聲節、吟詠有關，著重於「聲音的表達」。

　　而由段玉裁對「讀」所釋之內容可知，其認爲「以『誦』釋『讀』」乃是「淺人」之「妄改」，〔註33〕因此，「讀」所示之意義，應有廣義與狹義上的

讀經運動，而廣義之讀經則是狹義讀經之拓展結果，其可包含音樂讀經、美術讀經、數理讀經、母語讀經…等。（參見王財貴等著：《讀經教育理論與實務》，台北市：洪葉文化，2015，頁 37～41、205）。

〔註27〕《說文解字注》，「讀」。

〔註28〕〔唐〕魏徵：《隋書・閻毗》，台北市：宏業書局，1974，頁 1594。

〔註29〕《說文解字注》，「籀」。

〔註30〕「六書」爲漢字結構之理論或造字法則，而今人對「六書」之認識，主要是選自許愼之論點，其包含：象形、指事、會意、形聲、轉注、假借等。

〔註31〕《說文解字注》，「諷」。

〔註32〕《說文解字注》，「誦」。

〔註33〕「淺人」一詞乃是段玉裁用於指稱對《說文解字》之內容有所誤讀或超譯之人，而關於「淺人」的使用，其又可區分成「淺人所增」、「淺人所刪」、

分別；就廣義而言，「書（寫）」、「籀／抽繹」與「諷誦」皆可謂是「讀」，因為此三者乃分別對應於「字」所具有之三個向度——「形、義、音」，然從狹義的角度來說，「字」之要點應在於表「義」，猶如「經典」作爲聖人之思想、智慧的載具一般，且又誠如姜廣輝所言之「史之貴實、經之貴義」〔註34〕，所以，「讀」之核心要旨乃應在於「得其義蘊」，而此種對「義」之得、籀或抽繹，即是「讀」中最精粹之部分。（如圖2-2所示）

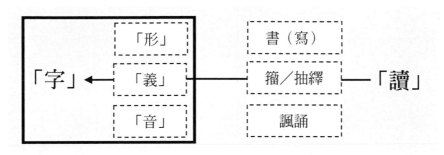

圖2-2　「讀」之意義與內涵

因此總的來說，現行「讀經運動」中對於「諷詠記誦」的重視，此僅是強調或著眼於「讀」之部分意義，然「讀」之要務應在於「義」之獲得，故吾人實有理由能將「讀經」一事，轉至對文義、義理的認識與理解，而筆者以爲，經由「義理」一途，此除無礙於文辭、字音的記憶背誦外，亦才能對人的「思辨能力」產生刺激及啓發，呼應「經典」應與現世及自身相連結之觀點（如前文所述），所以，林啓屏指出：「尋找自身的定位與因應之道，那麼回歸到此一以『價值自覺』爲特質的古典傳統，或許是一條重要的途徑。

「淺人所改」等（參見洪博昇：〈從段玉裁對「讀」字的訓解，談孔安國以今文字讀《古文尚書》的相關問題〉，《世新中文研究集刊》，第6期，臺北市：世新大學中國文學系，2010年07月，頁195～226、郭秋媛：〈論段玉裁《說文解字注》中的「淺人」說〉，「復旦大學出土文獻與古文字研究中心」網站，網址：https://goo.gl/zXnEe8，2013年07月、黃淑汝：〈段玉裁《說文解字注》「淺人說」探析〉，台南：國立成功大學中國文學系碩士學位論文，2001）。

〔註34〕參見姜廣輝：《義理與考據：思想史研究中的價值觀懷與實證方法》，北京：中華書局，2010，頁141；姜廣輝首將「（儒家）經典」置於歷史文獻的人文體系下，進而在對「史」與「經」進行區分，說：「…這些歷史文獻一旦被作爲『經』，那便進入一個特殊的領域，而不能以一般之『史』視之。經與史的重要區別在於：『史之貴實』，以保存歷史眞實爲第一義；而『經之貴義』，即使是述史，其目的亦在於『彰善癉惡』。」。

而此一途徑的入手處，即是以『經典』為核心的世界。」〔註35〕苑舉正則言：「沒有什麼世代可以與前一世代完整切割。現代社會就像任何一個時期的社會一樣，需要經由閱讀與詮釋經典以獲得啟發智慧的機會。」〔註36〕故論及「經典閱讀」之實施，其應非僅止於記憶、背誦，「促進自身之省思與定位」也可說是閱讀「經典」時所能夠、且應該達到的效用或教育目的，如柴松林言：「讀書的主要目的是為了造就人，造就自己成為一個人。」〔註37〕並近似孫效智之主張：「讓學校不只是培養出知識，人或技術人，而更能培養出有人的味道的人。」〔註38〕且又如同馬里旦（Jacques Maritain，1882～1973）認為，「成為一個人」乃是「每個人」之人生要事，因此，「教育」之任務乃在於「人之形塑」，使「人」能形塑自身為一個人。〔註39〕

二、「讀經」之發展與問題

然「讀經」作為一種攸關教育與文化之活動，但綜觀其發展歷程，政府官方（泛指「政權的擁有者或統治者」）、專家學者及民間社會團體雖對其皆有所支持與推動，但檢討及批評聲浪卻也不曾少去，尤其近年所爆發的「課綱爭議」〔註40〕，更是再次燃起各方對於「經典」與「讀經」之價值爭辯，

〔註35〕林啟屏：〈經典之現代意義與應用〉，《T&D飛訊》電子月刊，第128期，台北市：國家文官學院，2011年10月，頁1～16，後僅標註作者、篇名與刊名。

〔註36〕苑舉正：〈經典之現代意義與應用〉，《T&D飛訊》電子月刊。

〔註37〕柴松林：《讀聖賢書所學何事》，臺北市：台灣省訓練團，1988，頁2。

〔註38〕孫效智：〈生命教育之推動困境與內涵建構策略〉，《教育資料集刊》，第27輯，台北市：國立教育資料館，2002年12月，頁283～301。

〔註39〕馬里旦說：「…對我們每個人而言，教育工作最重要的課題在於塑造一個人，或是引導那些使人形成人格的發展動力。」、「如果教育的目的定位於指引我們實現自己的成就，則必須面對哲學上的一些複雜問題，因為教育基本上就是人類的哲學，在一開始我們就必須回答埃及獅身人面獸（Sphinx）所提的哲學上『人是什麼？』這種深奧的問題。」（〔法〕馬里旦著，簡成熙譯：《十字路口的教育：通識教育的理論基礎》，台北市：五南，1996，頁3～4、6）英譯為「…Thus the chief task of education is above all to shape man, or to guide the evolving dynamism through which man forms himself as a man.」、「If the aim of education is the helping and guiding of man toward his own human achievement, education cannot escape the problems and entanglements of man, and from the outset it is obliged to answer the question: "What is man?" which the philosophical aphinx is asking.」（〔法〕Jacques Maritain, *Education at the Crossroads*, New Haven: Yale University, 1943, p.1&4）。

〔註40〕此爭議主要與「十二年國教語文領綱」（108課綱）中的「國語文課程綱要」有關，而爭議點主要發生於高中國文的「文言、白話文占比」與「推薦選文」

然對於此二者（指「經典」與「讀經」）的著重，早在「周朝」時期就已產生，相關的史源考證及研究成果也相當繁多，以下僅就「讀經」之源起及當代爭議進行論述。

（一）「讀經」之源起

關於「經典閱讀」之源起，一般而言，「以『周』爲始」的觀點乃較爲一學界共識，而其原因即奠基於以「禮」、「樂」爲「常經」〔註41〕的教育模式當中，《禮記》載：「凡三王教世子必以禮樂。樂，所以脩內也；禮，所以脩外也。禮樂交錯於中，發形於外，是故其成也懌，恭敬而溫文。」〔註42〕另《周禮・地官司徒》亦言：「以鄉三物教萬民而賓興之：一曰六德，知、仁、聖、義、忠、和；二曰六行，孝、友、睦、姻、任、恤；三曰六藝，禮、樂、射、御、書、數。…以五禮防萬民之僞而教之中，以六樂防萬民之情而教之和。」〔註43〕然此種教育方式雖是以「經（典）」爲教材，但對象卻僅限於貴族子弟，此與現今之教育風氣是有所差別的。

而上述以貴族子弟作爲主要對象之教育情形，卻也隨著政治的紛亂與敗壞而發生改變，「教育」一事開始流入民間，「私人講學」逐漸興起，其中，孔子便是此階段之首要人物，《論語・述而》中說：「述而不作，信而好古。」〔註44〕《史記・孔子世家》則載：「孔子以詩書禮樂教，弟子蓋三千焉，身通六藝者七十有二人。」〔註45〕據此，故以經典爲教材之教學活動、講學模式及其普及化，「周朝時期」與「孔子」當是其中之兩大要點，〔註46〕但隨著時

之審定：有學者認爲文言文比例應調降爲以 30%上限（原爲 45%至 55%），而推薦選文部分，則認爲在選文類型、篇數及票選程序上皆存在黑箱作業之情形，不夠公開透明，質疑有特定的意識形態介入其中。

〔註41〕段玉裁：「…三綱五常六藝謂之天地之常經。」（《說文解字注》，〈經〉）。

〔註42〕〔漢〕鄭玄注，〔唐〕孔穎達疏：《禮記正義・文王世子》，台北市：廣文書局，1971，頁 176。

〔註43〕〔周〕周公旦著，國立臺灣師範大學出版中心編輯：《周禮》，台北市：師大出版中心，2012，頁 22。

〔註44〕朱熹注：「述，傳舊而已。作，則創始也。」（〔宋〕朱熹：《四書章句集注》，北京：中華書局，2011，頁 90）。

〔註45〕〔漢〕司馬遷：《史記》，「中國哲學書電子化計劃」網站，網址：https://ctext.org/shiji/zh。

〔註46〕徐復觀說：「經學的基礎，實奠定於孔子及其後學，無孔子即無所謂經學，但此時不僅經之名未立；且《易》與《春秋》尚未與《詩》、《書》、《禮》、《樂》組合在一起。因此，可以說，孔子及其後學所奠定的是經學之實，但尚未具

空背景的改變，世人對於「經典」的界定亦發生變化，「經典」不再僅是「儒家」所獨享之代稱，法、道、釋…等非儒典籍或思想雖仍無法取得主流位置，但卻也在歷史洪流中逐步嶄露頭角。

（二）「讀經」的存與廢

關於「讀經」的發展，其與傳統中華文化內的「科舉制度」〔註 47〕有著緊密的依存關係，讀經者莫過寄望能「經世致用」，或以「入仕爲官」作爲重要之參與動機，但時至清末，「西化」成爲了政治上的變革主軸，而在此風潮下，「讀經」的意義與價值即面臨相當程度的質疑，最終甚至發展爲存廢問題的歷史辯題。

就「讀經的保存」來說，《奏定學堂章程》〔註 48〕中已明白表示「中小學堂，宜注重讀經，以存聖教」，並言：

> 外國學堂有宗教一門。中國之經書，即是中國之宗教。若學堂不讀經書，則是堯舜禹湯文武周公孔子之道，所謂三綱五常者，盡行廢絕，中國必不能立國矣。學失其本則無學，政失其本則無政。其本既失，則愛國愛類之心亦隨之改易矣，安有富強之望乎？故無論學生將來所執何業，在學堂時，經書必宜誦讀講解。各學堂所讀有多少，所講有淺深，並非強歸一致。極之由小學改業者，亦必須曾誦經書之要言，略聞聖教之要義，方足以定其心性，正其本源。

備經學之形。」（徐復觀：《中國經學史的基礎》，台北市：台灣學生，1982，頁 26）。

〔註 47〕「科舉制度」爲傳統中華文化中的官員選拔制度，其始源雖可追溯自隋文帝時期（587 年），但唐朝時期才屬眞正的完備與興盛，而該制度的施行乃影響著當時的社會結構、政治制度、教育及人文思想等，然「科舉制度」在施行千餘年後，於清末時期（1905 年）正式遭到廢除。

〔註 48〕《奏定學堂章程》又稱「癸卯學制」，頒布於 1903 年（光緒 29 年），是由張百熙、張之洞、榮慶等人以《欽定學堂章程》爲基礎所修訂之教育規章，然清末之教育變革又以《京師大學章程》爲其源頭；《京師大學章程》創於 1898 年（光緒 24 年），是「戊戌變法」下的重要產物，其主要是以「中體西用」作爲人才培養之理念（「夫中學，體也，西學，用也。二者相需，缺一不可，體用不備，安能成才？」），而 1902 年（光緒 28 年）時，張百熙則對其進行修訂，規劃成一種全國性的學務綱要，即《欽定學堂章程》（又稱「壬寅學制」），而「讀經」則被名列爲科目之一，然該章程則又因政治上的鬥爭、猜忌及本身的不完備，隔年即被《奏定學堂章程》所取代；而本文所摘錄之《奏定學堂章程》內容，乃參見「中國哲學書電子化計劃」網站，網址：https://goo.gl/FEmHab。

　　另該章程中亦載:「…總之只在功課有恆,則每日並不多費時刻,而經書已不至荒費。蓋數十年來,科目中入,曾讀《九經》而能講解者,不過十分之二三。若照此章程辦理,則學堂中決無一荒經之人,不惟聖經不至廢墜,且經學從此更可昌明矣。」、「古學之最可寶者,無過經書,無識之徒,喜新蔑古,樂放縱而惡閒檢,惟恐經書一日不廢,眞乃不知西學西法者也。」故據此而論,「保存讀經」應爲當時官方所採取之教育主張,認同者除張百熙、張之洞、榮慶等與制定該教育章程有關之人物外,孫雄、林傳甲等人亦認同該項意見,如孫雄就曾在其著作《讀經救國論》中提及:「光宣之交,振興學校,醉心於歐化者,競倡廢止讀經之說,不佞…悄然憂之,以爲亡國之朕,曾於宣統三年六月中央教育會苦口力爭。彼時強者怒於言,弱者怒於色,咸以不識時務嗤之。」〔註49〕林傳甲也言:「此項功課萬不可廢。日本、俄國、西洋均研究中國經書。中國竟廢去,是廢經畔孔,是喪失國粹。」〔註50〕;另在「讀經的廢止」方面,則因受限於中央集權的政治制度,故鮮少有相應之變革產生,而清末持此主張者乃以顧實、陸費逵等人爲代表,如陸氏曾說:「至於小學不設讀經講經,新舊之爭尤烈,林傳甲痛哭流涕,以爲亡國舉動。孫雄袖上諭讀之,以爲箝制人口之計,可笑亦可憐矣。」〔註51〕但此種「廢止讀經」的觀點,終在蔡元培接任教育總長後獲得了突破性的進展,然「新儒學三聖」之一的馬一浮,則因主張教育的理想應安立在儒學的「六經」,且應回歸正統儒學書院的傳統精神,所以最終掛冠而去,以示抗議。〔註52〕

　　時至1912年,蔡元培於「普通教育暫行辦法」當中明訂「小學讀經科一

〔註49〕　孫雄:《讀經救國論》序言,轉引自瞿駿:〈宣統三年的讀經「攻防戰」〉,《文匯學人》,第223期,上海:文匯報社,2015年12月,頁11~12。

〔註50〕　〈中央教育會第十四次大會紀〉,《申報》,宣統三年(1911年)閏06月20日,轉引自瞿駿:〈宣統三年的讀經「攻防戰」〉,《文匯學人》,第223期,上海:文匯報社,2015年12月,頁11~12與陸胤:〈從書院治經到學堂讀經──孫雄與近代中國學術轉型〉,《學術月刊》,2017年第2期,上海:上海市社會科學界聯合會,2017年02月,頁163~178。

〔註51〕　陸費逵:〈論中央教育會〉,《教育雜誌》,第三年第8期,上海:商務印書館,1911年(宣統三年)08月,頁69~74。

〔註52〕　參見曾春海:《中國近當代哲學史》,台北市:五南,2018,頁50~52;馬一浮曾受蔡元培邀請,出任教育部秘書長一職,而其與梁漱溟、熊十力被後世合稱爲「新儒學三聖」。

律廢止」〔註53〕，剔除初等、高等小學中之讀經科，〔註54〕就此而言，「廢止
讀經」可謂取得了官方／政治層面上的短暫勝利，〔註55〕然隨著胡適發表「白
話文宣言」（1917 年）及「五四運動」（1919 年）的發生，反傳統、反禮教、
反封建、反文言文等潮流，則再次對「（儒家）經典」產生重大衝擊，「白話
文」（或稱「語體文」）逐漸興起並成爲主流；但此種政治層面上的絕對優勢，
卻又在 1934 年起了重要變化，因爲隨著「新生活運動」的推動，「禮、義、
廉、恥」被定調爲該運動之中心思想，「經典閱讀」再次獲得關注而成爲話題。
〔註56〕

〔註53〕 中華民國南京臨時政府：〈普通教育暫行辦法〉，《臨時政府公報》，第 4 號，
1912 年 02 月 01 日。（參見《臨時政府公報第 1～58 期》，臺北市：中國國民
黨中央委員會黨史史料編纂委員會，1968，頁 67～69）。

〔註54〕 中華民國南京臨時政府：〈普通教育暫行課程標準〉，《臨時政府公報》，第 4
號，1912 年 02 月 01 日。（參見《臨時政府公報第 1～58 期》，臺北市：中國
國民黨中央委員會黨史史料編纂委員會，1968，頁 69～73）。

〔註55〕 關於「讀經的廢止」，蔡元培還言：「普通教育廢止讀經，大學校廢經科，而
以經科分入文科之哲學、史學、文學三門，是破除自大舊習之一端。」（〈全
國臨時教育會議開會詞（1912 年 07 月 10 日）〉）、「在我中華，孔子之道，雖
大異於加特力教，而往昔科舉之制，含有半宗教性質。廢科舉而設學校，且
學校之中，初有讀經一科，而後乃廢去，亦自千九百年以來積漸實行，亦教
育界進步之一端也。」（〈1900 年以來教育之進步（1915 年）〉）、「…又改大學
之八科爲七科，以經科併入文科，謂《易》、《論語》、《孟子》等已入哲學門，
《詩》、《爾雅》已入文學門，《尚書》、《三禮》、《大戴記》、《春秋三傳》已入
史學門，無庸別爲一科。」（〈傳略（上）（1919 年 8 月）〉）（中國蔡元培研究
會編：《蔡元培全集・第二卷》頁 177～179、368～378 與《蔡元培全集・第
三卷》，頁 657～675，杭州：浙江教育，1997）；然而「廢止讀經」的主張卻
並未因此而獲得貫徹，如袁世凱在 1915 年時即頒布〈國民學校令〉及〈高等
小學校令〉，將「讀經科」增設於國民學校與高等小學當中（參見朱有瓛主編：
《中國近代學制史料》，上海：華東師範大學，1990，頁 130、135），此外，《教
育雜誌》亦載：「日前廣東教育司長發一佈告，略謂小學廢止讀經，係奉教育
部令…查廣州市區各學塾照舊讀經，未能一律廢止…自教育司發佈此項通令
後，各小學校之反對者甚多，有擬上書教育總長力爭，並欲取消部令。」（轉
引自蕭敏如：〈文化轉型的焦慮：蔡元培的「廢讀經」與「中西合會」思想〉，
《文與哲》，第十八期，高雄：國立中山大學中國文學系，2011 年 06 月，頁
617～654）。

〔註56〕 依據張禮永的研究指出，1935 年時，何建、陳濟棠、閻錫山就分別在湖南、
廣東與山西提倡「讀經」（參見張禮永：〈讀經之史、讀經之實、讀經之死──
對 1904 年至 1949 年歷次讀經爭議的考察〉，《華東師範大學學報（教育科學
版）》，2009 年第 2 期，上海：華東師範大學，2009 年 06 月，頁 83～89），而
1935 年 05 月所出版的《教育雜誌》（第 25 卷第 5 號，上海：商務印書館），

　　然「讀經」一事在台灣上的發展，則早因受「馬關條約」的簽訂影響，而有別於清廷之教育主張／理念，但無論是最初的「日治／日據時期」，又或是「皇民化運動」的推行，甚至「光復、政府播遷後的台灣」，「讀經」所面對的皆爲「退出學校教育，走入民間社會」之態勢／風氣，即便今日在體制內的學校教育中有著相似於「讀經」的《中華文化基本教材》〔註57〕之課程設置，但對其意義與價值的質疑聲浪亦未曾停歇，該課程的教學定位也不斷游移於必、選修間；另在民間社會上，現代讀經運動的推行除有王財貴及「財團法人臺北市全球讀經教育基金會」外，「財團法人福智文教基金會」、「崇德光會經典教育全國推廣中心」與「國際佛光會中華總會」等，也皆是明確主張且確切實施「讀經」之組織團體，並以讀經風氣之推廣和營造作爲共同任務。

（三）「讀經」的當代爭議

　　然由「讀經」所引發的爭辯及問題討論，不論是在台灣或大陸地區，亦於近年再次的興起且備受關注，支持與反對者皆各持立場，互不相讓，以下將對此進行探究。

1. 支持與贊同者之主張

　　關於「讀經（運動）」或「經典閱讀」，王財貴乃是台灣方面的首要人物及重要推手，其所著重的「背誦」與「記憶」，亦是南懷瑾所關注的，其言：「當時爲了考功名，背『經』、『書』，背了以後，一輩子受用不盡而學無止盡。」〔註58〕、「有關人格養成的『德育』，也便在這種『記誦』之學的情形中淺移

亦訂爲「讀經問題專號」，蒐羅七十餘位專家對讀經問題的意見，如唐文治指出：「…吾國經書，不獨可以固結民心，且可以涵養民性。和平民氣，啓發民智。故居今之世而欲救國，非讀經不可。」（頁4）、陳朝爵則說：「要之國人固無一日一時不讀經也。即今讀經廢於學校，而人民愛國，私家讀經者，仍自若也」（頁6）。

〔註57〕《中華文化基本教材》作爲高中國文科課程教材之一，其乃源自2011年所頒布之「普通高級中學課程綱要」與「國文課程綱要（含中華文化基本教材）」（字號：100年7月14日臺中（三）字第1000114161B號），而該課程目標在於「培養道德倫理意識及淑世愛人精神」、「汲取古人之生命智慧，明辨是非，並落實於日常生活」等，內容則是以《論語》、《孟子》、《大學》及《中庸》作爲選編文本，然該教材或課程乃是改制後之結果，其前身共可區分爲《論孟選讀》（2005～2011）、《中國文化基本教材》（1962～2005）等兩時期。

〔註58〕南懷瑾：《亦新亦舊的一代》，上海：復旦大學出版社，1995，頁109，後僅標註書名及頁碼；而相似之論述亦有：「…由兒童時代背誦的『經』、『史』和中國文化等基本的典籍以後，一生取之不盡，用之不竭。」（頁120）。

默化，種下了牢不可破的種子。」〔註59〕、「我們當時舊式讀書受教育的方法，是『讀古文、背經史、作文章、講義理』，那是一貫的作業⋯也正如現在大家默默地看書，死死地記問題，牢牢地背公式一樣，都有無比的煩躁，同時也有樂在其中的滋味。」〔註60〕故南氏之論點主要是以其「自身經驗」爲依歸，認同且強調「記誦」的閱讀方式，並以「記誦」作爲「反芻妙用」〔註61〕與「人格淺移默化」之基石，然而南氏亦不忽略義理的講述及理解，此與王氏之主張是有所差異的。

而在大陸地區的「讀經」或「國學倡導」上，蔣慶可謂是當中之重要山頭，其以儒家典籍爲對象（例如：《詩經》、《書經》、《禮記》、《論語》、《大學》、《孟子》、《荀子》⋯等共21本），篩選編訂出《中華文化經典基礎教育誦本》（共12冊），並以該叢書作爲中華文化的基礎教材，〔註62〕蔣氏指出：「儒家經典是中國文化之源，離開儒家經典就沒有中國文化。既然儒家經典是中國文化之源，那麼，復興中國文化就自然成了復興儒家經典。而復興儒家經典，第一步就只能是讀經。」〔註63〕、「當代中國的最大問題就是『亡文化』的問

〔註59〕 《亦新亦舊的一代》，頁80。

〔註60〕 《亦新亦舊的一代》，頁120。

〔註61〕 「當時嚴格『記誦』的作用，除了爲『考功名』時所必要以外，在舊教育的理論上，認爲它有一種『反芻』的妙用。因爲從童年腦力健全、思想純潔時開始注入這些經書詩文，雖然當時理解力不夠，但一到了中年，從人生行爲的日用上，和人事物理的經歷體驗上，便可發生如牛吃草的『反芻』作用，重新細嚼，自然而然便有營養補益的用處了。」（參見《亦新亦舊的一代》，頁80）。

〔註62〕 蔣慶説：「近世以降，斯文見黜；經書之厄，甚于秦火⋯所幸天運往還，斯文重振；經籍復興，弦歌再起。是編之出，正其時矣。十萬之文，經典精華盡在是；十二之冊，聖賢法言萃乎此。」且又言：「⋯本《誦本》編訂的目的，是爲了給所有的中國人提供一個瞭解中華文化經典的最基本的教程⋯兒童背誦中華文化經典，從小在心中埋下中國聖賢義理之學的種子，長大成人後自然會明白中國歷代聖賢教人做人做事的道理，即懂得內聖外王、成己成物、知性知天的道理，從而固守之、踐履之、證成之，將聖賢的教誨融入自己生命成長的歷程，積極地去參與歷史文化的大創造，努力做到贊天地之化育而與天地參。」此外，其視傳統上的正統性、內容上的完整性、教材上的權威性、時間上的連續性、內容上的精選性及道統上的傳承性等六點爲《誦本》之特色。（蔣慶：〈《中華文化經典基礎教育誦本》自序〉及〈《中華文化經典基礎教育誦本》前言〉，胡曉明編，《讀經：啓蒙還是蒙昧？——來自民間的聲音》，上海：華東師範大學出版社，2005，頁3～13，後僅標註作者、篇名、書名與頁碼）。

〔註63〕 蔣慶：〈讀經：中國文化復興的始與望〉，《山西青年》，2013年第19期，山西：山西青少年報刊社，2013年10月，頁24～26，後僅標註作者、篇名及刊名。

題，中國當代的信仰危機、道德滑坡、腐敗叢生都是『亡文化』的直接結果。」〔註64〕故蔣慶乃應是認爲藉由經典的背誦，方能使文化獲得復興，聖賢之行事道理亦能由此而深埋人心，以致促進整體社會及個人皆能朝向或更接近於「善」之發展，此外，郭齊家更是切實的將民族、文化的興亡及傳承問題與「讀經」緊密相扣，〔註65〕認爲：「中華文化經典對愛國情感的培育、人格的薰陶、習慣的養成、環境的造就、傳統的形成太重要了。何況對於開拓思維、培養靈感、孕育創新的能力，人文文化經典有著巨大的作用。」而「修身從讀經開始，造就全民族的閱讀風起，首先是造成閱讀經久不衰的中華民族文化經典的風氣，那麼，中華民族的偉大復興就一定可以實現。」〔註66〕則是郭氏對於「讀經」所下之最終評價。

　　承上所言，因此就意義與貢獻層面來說，高瑋謙指出「讀經」至少具有「找回個人安身立命的常道」、「重視民族高明博厚的文化」與「開創人類和諧美好的文明」等三種效用，亦即欲藉由孔子、老子、釋迦牟尼、耶穌、莫罕默德的智慧，〔註67〕「讓全球各民族的文化作深度的交流與高度的會通，相互了解，彼此尊重、共同促成人類世界的永久和平。這是我們內心對未來的世界的殷切之期盼，也是當今推廣讀經教育最深遠的意義。」〔註68〕而曾守正也說：「…無法讓年輕學子掌握中國經典的縱深，那對自我個人、我族群體的理解，將是一種阻撓；對世界文明的光譜，也蒙上因自我遺忘所造成的

〔註64〕 蔣慶：〈讀經：中國文化復興的始與望〉，《山西青年》。

〔註65〕 郭齊家多次提及「讀經」與民族、文化之關係，例如：「經典是對於某個文化傳統而言的最具權威性的著作，一個民族的歷史和體現民族精神的修秀傳統文化與優良傳統道德需要通過經典的傳承而延續，民族歷史、民族精神與經典的傳承直接關係到天下興亡與民族的存滅」、「中國文化經典是我們民族的文化之根，民族之魂，是中華民族的民族精神的體現…如果我們不堅持弘揚和培育民族精神，不號召青少年兒童誦讀我們傳統的文化經典，那麼我們就很難立於世界民族之林，就有成爲文化上的流浪民族的危險」、「…中華文化經典訓練了中華兒女可以大大增強中華民族內在的凝聚力，增強我國的國立。」（郭齊家：〈少兒讀經與文化傳承〉，《湖南科技學院學報》，第26卷第1期，湖南：湖南科技學院，2005年01月，頁49～52，後僅標註作者、篇名及刊名）。

〔註66〕 郭齊家：〈少兒讀經與文化傳承〉，《湖南科技學院學報》。

〔註67〕 參見高瑋謙：〈論讀經教育的時代意義〉，《鵝湖月刊》，第37卷第11期總號第443期，新北市：鵝湖月刊社，2012年05月，頁56～64，後僅標註作者、篇名及刊名。

〔註68〕 高瑋謙：〈論讀經教育的時代意義〉，《鵝湖月刊》。

陰影。」〔註69〕。

　　另外，徐梓與郭齊勇也分別言：「經典是連接我們和歷史傳統之間的一座橋樑，缺乏經典教育，我們就無法踏上回到自己精神家園的道路，只能成為文化上無家可歸的流浪者。」〔註70〕、「現代權利意識，現代法律生活，如果缺乏終極信念的支撐，缺乏深厚積累的社會資本和文化資本之支撐，很可能流於平面化與片面化。」〔註71〕故劉海波認為「背誦經典」之作用即在於使人「相信經典」與「確立信仰」，〔註72〕其主張：「要培養孩子成為有用的、品行良好的社會成員，不是使他從小就懷疑一切，以自己為中心成為裁量一切的尺度，而是不加懷疑地學習和繼承一個源遠流長的偉大傳統。…知識的獲得不是起始於懷疑，而是相信。不一定是理解了才相信，也是相信了才有可能理解。」〔註73〕換言之，劉氏應是認為個人的「道德」和「修養」皆源自教化、灌輸及懲戒所造就之成果，因此「讀經」並非是一種需以讀經者本身之意願或興趣為考量的教育活動。

　　而針對部分學者對於「背誦」之法的批評，秋風則認為「背誦」乃是種常見於各課程／科目中之教育模式，故如果僅因為不贊同「背誦」進而反對「讀經」的實施，此反對理由當是薄弱且不足的，其言：「強調背誦，似乎並非僅僅讀經的專利，目前的語文、政治、英語、歷史等等各門課程教育中，似乎都強調背誦。…多一個讀經，似乎也蒙昧不到哪兒去。也就是說，因為讀經強調背誦，並不能構成反對它的有力理由。」〔註74〕據此，故秋氏對於

〔註69〕曾守仁：〈經典、去經典、重讀經典——大學通識教育中經典教育的若干思考〉，《鵝湖月刊》，第33卷第3期總號第387期，新北市：鵝湖月刊社，2007年09月，頁51～64。

〔註70〕徐梓：〈兒童讀經與道德建設〉，《中國德育》，2013年第11期，北京：中央教育科學研究院，2013年06月，頁38～41。

〔註71〕郭齊勇：〈現代社會為什麼需要國學經典〉，《人民論壇》，2016年第24期，北京：人民日報社，2016年08月，頁124～125。

〔註72〕劉海波說：「…強調背誦當然有對於掌握古典語言、提高現代文寫作水準的考慮，但更是因為出於對經典之本源性、超越時代正確性的高度信賴。背誦是要兒童相信經典中的義理，要確立兒童什麼樣的信仰問題。是否在理解了經典義理的含義才背誦，這是一個程度的差異，而非性質上的差異。當然是在背誦中加深理解、而義理的講解也有助於記憶。」(參見劉海波：〈再辯讀經〉，「中國法學網」網站，網址：https://goo.gl/Mo2qo2)。

〔註73〕劉海波：〈蒙昧的教育理念與傳統觀——評薛涌先生的反讀經觀點〉，「中國法學網」網站，網址：https://goo.gl/VSd7e3。

〔註74〕秋風：〈為什麼不能讀經〉，《讀經：啟蒙還是蒙昧？——來自民間的聲音》，

以「背誦」來進行經典閱讀之事，其應非是持反對立場，然秋風卻也指出：「今天一些人士所宣導的讀經，基本上不過是表達自己的一種意見而已。」、「那些堅定的唯理主義者、啓蒙主義者、現代化主義者，以及西方文化的崇拜者，當然擁有不讀中國經典或不讓他們的孩子閱讀、背誦中國經典的自由。」〔註75〕換言之，秋氏雖不反對經典的背誦，但仍明確主張「讀經」的參與應是自由、開放的，而反對或不贊成讀經之主張，對秋風來說才更近於獨斷、無理。〔註76〕

2. 反對與不支持者之主張

而依據上述支持及贊同者之主張，反對讀經者亦提出相關意見予以反駁、商榷，如劉曉東認爲秋風之觀點除證明了傳統的「背誦」對於現今教育仍存在著影響外，其（指秋風）以他種科目之背誦來論證「『讀經』應『背誦』」的合理性，此推論／作法實未能對「背誦」之合宜性有所支持，〔註77〕另外劉氏亦指出，過度的「背誦」將是對於兒童本能、興趣和需求上的扼殺，〔註78〕因此對於劉海波的主張，其言：「劉海波應當知道，全世界幾乎都在承認以人爲本的普遍價值，那麼在兒童教育背景下，作爲人的兒童理應成爲教育的

頁 51～57。

〔註75〕秋風：〈爲什麼不能讀經〉，《讀經：啓蒙還是蒙昧？——來自民間的聲音》，頁 51～57。

〔註76〕秋風說：「不幸的是，在最近有關讀經的辯論中，那些反對讀經者的言語卻充斥著陰謀論的猜疑和唯理主義的獨斷論精神。」（參見秋風：〈爲什麼不能讀經〉，《讀經：啓蒙還是蒙昧？——來自民間的聲音》，頁 51～57）。

〔註77〕劉曉東說：「…這段話到氏證明了中國教育中的背誦傳統是多麼強大！儘管清政府廢止科舉已逾一個世紀，蔡元培廢止讀經科已近一個世紀，教育變革改來改去也已數次，然而讀經的精神實質，讀經教育的靈魂，依然流傳在中國教育中。」、「目前各門課程教育中似乎都強調背誦，並沒有增加背誦的任何合理性。壞事一個人座和一萬個人做，都是壞事…與人一起做壞事的人沒有理由拿許多人都在做壞事，而否認自己做壞事的危害，並以此拒絕他人批評。」（參見劉曉東：〈「兒童讀經運動」論辯之辨析——以秋風與薛涌論爭爲個案〉，《南京師大學報〔社會科學版〕》，2008 年第 5 期，江蘇：南京師範大學，2008 年 09 月，頁 68～74）。

〔註78〕劉曉東說：「…忽視了兒童生活的教育無意中暗含了某種意義的扼殺，它扼殺了兒童的本能、興趣和需求，扼殺了兒童的活潑天性。所以教育家們開始反省舊式教育，意識到脫離兒童生活、違背兒童天然興趣和本能需要的死記硬背等注入式教育的種種危害。」（參見劉曉東：〈「兒童讀經運動」質疑——與南懷瑾先生商榷〉，《南京師大學報〔社會科學版〕》，2004 年第 3 期，江蘇：南京師範大學，2004 年 05 月，頁 63～70，後僅標註作者、篇名及刊名）。

本位，教育理應以兒童爲本。」〔註79〕換言之，劉曉東所在意之處，應在於「教育」當對「受教者」抱持承認、尊重、欣賞等情懷。

而與上述相似之商榷言論，亦出現於評南懷瑾之「記誦」及「反芻」概念當中，劉曉東說：「…不過這種學說一個致命的缺陷，那就是沒有發現兒童有他們自己的不同於成人的生活，沒有發現兒童的這種不同於成人的生活有其重要的成長價值。」〔註80〕除此之外，劉氏更明確標示出南氏主張之毒害，其言：「南懷瑾先生基本上站在傳統文化的立場上來評價文化現狀和宣傳傳統文化。這是文化合力中的保守力量…這是與中國現代化進程相反對的。」〔註81〕。

然筆者以爲，上述劉曉東的言論或主張，其雖僅是以兒童爲對象，但實際上卻是能擴及於「成人」，因爲「凡（是）人者」，其無論在能力、興趣、需求抑或是生活、成長等層面上，皆是「獨特的」，而對於每個人之「獨特性」的尊重、肯定及包容，亦才能促使「個人」眞正的「對己」進行探尋，以期找出最適合自我且滿意之價值與定位。

另外，對於蔣慶所編之《中華文化經典基礎教育誦本》及「復興儒學」、讀經等主張，方克立皆深表反對，因其認爲蔣氏所持之理念——「復興儒學」，目的乃是爲使儒家經典教育能列入正規之課程體系當中，〔註82〕然而「保守的『儒化』是反民主反社會主義的」〔註83〕，但話雖如此，方氏卻也說：「對於作爲中華文化載體的儒學，則要把它當作人類知識寶庫的重要組成部分和

〔註79〕 劉曉東：〈「蒙昧的教育理念與傳統觀」——評劉海波對「兒童讀經」的辯護〉，《幼兒教育〔教育科學版〕》，2008 年第 10 期，浙江：浙江教育報刊總社，2008年 10 月，頁 7～11。

〔註80〕 劉曉東：〈「兒童讀經運動」質疑——與南懷瑾先生商榷〉，《南京師大學報〔社會科學版〕》。

〔註81〕 劉曉東：〈「兒童讀經運動」質疑——與南懷瑾先生商榷〉，《南京師大學報〔社會科學版〕》。

〔註82〕 方克立指出：「…問題是新儒家倡導讀經運動的目的，正是要把儒家經典教育列入我們的中、小學正規課程體系。」（方克立：〈關於當前大陸新儒學問題的三封信〉，《學術探索》，2006 年第 2 期，雲南：雲南省社會科學界聯合會，2006 年 04 月，頁 4～10，後僅標註作者、篇名及刊名）。

〔註83〕 方克立說：「…同時要旗幟鮮明地反對保守主義的『儒化』論，因爲它是反民主反社會主義的。」（方克立：〈甲申之年的文化反思——評大陸新儒學「浮出水面」和保守主義「儒化」論〉，《中山大學學報〔社會科學版〕》，2005 年第 6 期，廣州：中山大學，2005 年 11 月，頁 1～5，後僅標註作者、篇名及刊名）。

民族文化的瑰寶備加珍惜，精心保護、深入研究，批判繼承，綜合創新，使之成為建設中國特色社會主義先進文化的重要思想資源。」〔註84〕故方克立應僅是認為蔣慶之作法乃是「保守的」，且與中國社會主義教育和文化建設的目標是有所背離的。

　　承上所述，因此方克立主張《中華文化經典基礎教育誦本》應是該被停止推行之叢書，而「組織精通古代經典文本、堅持馬克思主義和社會主義學術立場的專家學者，重編能體現中國傳統文化精華、適合於青少年成才需要的基礎經典教育讀本。」〔註85〕則是其對當權者之建言，另外，薛涌也說：「…以蔣先生代表的文化保守主義如果得勢，我們就會有回到蒙昧之虞。」〔註86〕因對薛氏而言，「教育是質疑而非背誦的過程」〔註87〕，而所謂「蒙昧（教育）」即是指「在意思都沒搞懂的情況下之背誦」〔註88〕，換言之，薛涌應是主張以「思辨」作為教育活動之要素，並視「義理」為實施讀經時所需重視的部分。

　　承上所言，故柯小剛指出：「目前讀經運動的關鍵問題集中在『背誦』。背誦毫無疑問是非常有效的經典學習方法…對於這些讀經學生來說，經典的豐富意蘊都是閉鎖的。別說十年，恐怕三五年下來，多麼聰明的學生也會變傻，多麼熱愛經典的學生都會心生厭惡。」〔註89〕並又明白表示：「無論喪失批判性還是建設性，都會喪失『儒家』和『當代社會』之間的良性張力。」〔註90〕故

〔註84〕方克立：〈甲申之年的文化反思——評大陸新儒學「浮出水面」和保守主義「儒化」論〉，《中山大學學報〔社會科學版〕》。

〔註85〕方克立：〈關於當前大陸新儒學問題的三封信〉，《學術探索》。

〔註86〕薛涌：〈走向蒙昧的文化保守主義〉，《讀經：啟蒙還是蒙昧？——來自民間的聲音》，頁41～44。

〔註87〕薛涌：〈什麼是蒙昧？——再談讀經兼答秋風〉，《讀經：啟蒙還是蒙昧？——來自民間的聲音》，頁48～50。

〔註88〕參見薛涌：〈什麼是蒙昧？——再談讀經兼答秋風〉，《讀經：啟蒙還是蒙昧？——來自民間的聲音》，頁48～50。

〔註89〕柯小剛：〈當代社會的儒學教育——以國學熱和讀經運動為反思案例〉，《湖南師範大學教育科學學報》，2016年第4期，湖南：湖南師範大學，2016年07月，頁34～40，後僅標註作者、篇名及刊名；柯氏另言：「…反體制的讀經不但沒有解決體制教育的灌輸教育問題，反而發展出一套更加極端、更加野蠻的灌輸方式」、「讀經運動的推動者反覆宣傳讀經是簡單的，無需理解，只需背誦…。」

〔註90〕柯小剛：〈當代社會的儒學教育——以國學熱和讀經運動為反思案例〉，《湖南師範大學教育科學學報》。

筆者以爲，柯氏所反對的「讀經」，應僅在於體制化、僵化及過於簡單化的讀經方式——「背誦」，因對其而言，儒學本是「活的生命學問」〔註91〕，具有相當之建設及批判性，能與社會產生良性的互動或健康張力，而此些特質的發現與挖掘，皆是當今實施「讀經」時所忽略之處。

而除上述外，蔣慶僅以「儒家」作爲中國文化之源頭的作法似乎亦過於簡化及牽強，如劉曉東指出：「我以爲中國文化應當與先秦諸子（當然包括儒家）接續…把儒學一家看作是中國文化的源頭，未免太過牽強。罷黜諸子，獨尊儒家，恰恰是中國專制主義的源頭，非整個中國文化的源頭。」〔註92〕然此言除標明劉氏對於蔣氏之主張——「儒家源頭說」應是不予認同的以外，另也暗示著以「讀經」作爲文化復興時所具有之片面及危害性，因在現行「讀經」之實施上，儒家經典仍是常被選用之教材，故專制、封建的思想當可能從中而獲得傳承，此外，針對郭齊家將「讀經」與民族、文化的興亡相掛勾的看法，劉曉東說：「…中國本來就是一個讀經大國，自庶民至天子，無一不重讀經…然而，讀了成百上千年的經，竟然讀到幾將亡國滅種。」〔註93〕故此言亦即透露出劉氏對此觀點及「讀經」之反對態度。

然而無論是支持或反對者的主張，吾人應皆可持續對其提出質疑，例如在強調背誦而不著重義理的讀經活動中，讀者後續該如何在不知意涵的情況下進行經典內容的評價、篩選或吸收呢？吾人須知，此階段的進行與完成對今人而言乃尤其重要，因爲古籍所載錄之思想或主張，其並非能完全適合於當今社會（如：「唯女子與小人，爲難養也」、「父母在，不遠遊」、「不孝有三，無後爲大」），故潘小慧說：「若不講解而造成義理的誤讀，豈不更糟…如果沒有適度的詮釋，豈不造成性別歧視或其他誤讀。」〔註94〕另外，「背誦經典」

〔註91〕柯小剛說：「儒學本身並不是僵化野蠻的東西，而是活潑潑的生命學問…真正的儒學本身就是生命成長的學問，或者說就是教育的學問。」、「以一種批判的姿態介入當代社會，儒學教育反而能更好地幫助當代社會。」、「…儒學教育可以而且應該保持批判性，但不宜向讀經運動那樣對此」採取一種激進的『保守主義革命』態度。」（柯小剛：〈當代社會的儒學教育——以國學熱和讀經運動爲反思案例〉，《湖南師範大學教育科學學報》）。

〔註92〕劉曉東：〈兒童讀經就是「蒙以養正」——與郭齊家先生商榷〉，《南京師大學報〔社會科學版〕》，2006 年第 6 期，江蘇：南京師範大學，2006 年 11 月，頁 74～79，後僅標註作者、篇名及刊名。

〔註93〕劉曉東：〈兒童讀經就是「蒙以養正」——與郭齊家先生商榷〉，《南京師大學報〔社會科學版〕》。

〔註94〕潘小慧：《倫理的理論與實踐》，台北市：文史哲，2005，頁 179。

是否就能代表或等同於文化或民族精神的弘揚及延續呢？筆者以爲，「文字」畢竟僅是「載體」，其背後的精神、思想方才是要旨與應傳承之部分，因此掌握與理解「義」，其重要性當大於單純的文辭背誦，但是，非背誦或有講述義理是否就足夠爲「讀經」的合宜及合理性提供適切的保障呢？此似乎指向另番答辯，然筆者以爲，此答案亦應是否定的，因爲其中涉及「化行」之問題，也就是說，如只「知」而「不行」，此將使「讀經」或思想、文化的傳承問題成爲枉然，因就中國哲學來說，「履踐」不僅當是其核心要點，且亦是特徵與重要內涵。〔註95〕

三、小結

綜上所述可知，關於「讀經」的討論與爭辯絕非近年才存在之事，而以「經典」爲教材之「教育模式」，亦絕非是創新之舉，然即便歷經數年的意見表達及商榷，「讀經」所面對的質疑聲浪卻仍尚未獲得弭平，總的來說，「讀經」於近代所面對的問題大略可區分爲以下三面向：

1. 國語／語文層面：因「讀經」所涉及的乃是「閱讀」與「經典」二事，而藉由經典的閱讀以使讀者達到字形、字音之辨識學習，此應是合理有效之作法，然現行關於「經典」的選定，「古籍」亦仍是主要對象，故從「讀經」中又衍伸出「文言文與白話文」之議題爭辯，如王財貴認爲文言文無須且不容廢，只要學文言，白話自然就會了，〔註96〕鍾宗憲則主張文言文乃是由白

〔註95〕「履踐」乃是中國哲學所體現出的一大特徵，誠如張汝倫明白表示：「中國哲學既是理論的，更是實踐的…。」（張汝倫：〈中國哲學與當代世界〉，《哲學研究》，2017 年第 1 期，北京：中國社會科學院哲學研究所，2017 年 01 月，頁 91～100）杜保瑞亦認爲中國哲學具有實踐哲學之特點，並指出：「實踐哲學才是中國哲學的宗旨。」（杜保瑞：〈中國哲學的基本哲學問題與概念範疇〉，《文史哲》，2009 年第 4 期，山東：山東大學，2009 年 07 月，頁 49～58）牟宗三也說：「希臘哲學是重知解的，中國哲學則是重實踐的。」（牟宗三：《中國哲學的特質》，台北市：台灣學生，1994，頁 15，後僅標註書名及頁碼）。

〔註96〕王財貴說：「白話是在日常生活中就可習得的…原則上，白話文是不需要學習的。古人只要學文言，只要會讀文言，只要從文言的誦讀中認了字，便自然會寫白話文。」（王財貴：〈語文教育改良芻議〉，《鵝湖月刊》，第 260 期，台北市：鵝湖月刊社，1997 年 02 月，頁 1～2）、「『經典』本來就是古文，讀經可以訓練古文基礎…有了古文基礎，將有助於白話寫作。」（王財貴：〈讀經教育之基本理論（一）〉，《鵝湖月刊》，第 30 卷第 7 期總號第 355 期，台北市：鵝湖月刊社，2005 年 01 月，頁 52）、「讀三千年前的書，猶如目前，這是保障中國文化傳統所以長久不絕的最大因素。文言文不止無須廢，其實已不容

話文所淬煉出的精緻語言，學習文言文有助於白話文的寫作，〔註 97〕據此，故有人認爲藉由文言文的閱讀、訓練，實有助於語言方面之能力提升，同時亦視「典雅」爲「文言文」所具之重要特徵，認爲語感的培養便是文言文訓練所能達到的目的之一，但「白話文」的擁護者則主張，文言文雖精煉優美，但其本身卻並非生活中所普遍使用的語言／溝通工具，另其所具之詮釋空間，亦被視爲缺點所在。

2. 文化與思想層面：而「經典」作爲學說或思想的載體，其本身即是種「工具」，乘載並表露出某種文化或思想，誠如朱自清所言：「經典訓練的價值不在實用，而在文化⋯閱讀經典的用處，就在教人見識經典一番。這是很明達的議論。再說作一個有相當教育的國民，至少對於本國的經典，也有接觸的義務。」〔註 98〕然「文化」意謂培養，其對人來說亦猶如大染缸一般，影響著個人之性格養成與價值觀的形塑，故在「讀經」所蘊含的目的──「文化傳承」當中，「化育個人」即是其中所包含之意義，也就是說，支持讀經者即是欲藉由古籍經典的閱讀，以使「好的文化」獲得延續，聖賢所表現的「好言行」亦能獲得體悟及仿效，然話雖如此，但有人認爲「經典」中所充斥的乃是傳統、封建等保守思維，論述上也多是以男性或漢人的視角爲出發，故是屬狹隘、偏頗的書籍或教材，因此在以「讀經」作爲一種文化或思想的教育活動來說，反對者認爲更應選擇與民主、自由、男女平權或地球村等有關之著作爲對象，以建立較合於現代發展之認知。

3. 教育層面：筆者以爲，在上述二點的討論中，其最終所要面對的乃是「教育問題／議題」，亦即須從對教育目的及方法的探究，才得以消解讀經所面臨之種種問題；現今「讀經」所遭遇之諸多質疑及挑戰，其癥結點應乃源自於對「教育」的模糊定位與教法操作，例如關於「文言」與「白話」之爭議，其二者本就是各具意義及用途的語言／文體，故此二者間不應僅有「取代」的關係存在，如同即便現今是以英語作爲國際語言，但吾人也不會主張

廢，所以學習中國文化第一步，就是學會讀文言文。」（王財貴：〈讀經通訊發刊辭──謹獻給第三屆當代新儒學國際學術會議〉，《鵝湖月刊》，第 20 卷第 6 期總號第 234 期，台北市：鵝湖月刊社，1994 年 12 月，頁 54～56）。

〔註 97〕 參見「中時電子報」：〈學者促改變教學讓學生易吸收〉，網址：https://goo.gl/ksH4ua，2017 年 09 月 11 日 與「The News Lens 關鍵評論網」：〈國文課綱比例爭議（上）：高中是國民語文能力頂點，文言文有助語言精緻化〉，網址：https://goo.gl/Gb5pSr」。

〔註 98〕 朱自清：《經典常談》，台北市：國際少年村，2001，自序。

漢語、韓語、日語等是該被消滅之對象，又或是在書法字體上，吾人也不會認為楷書能取代草書或行書，然誠如賈馥茗所言：「教育在基本上就是有價值指向的（不可能價值中立）。」〔註99〕因此，在以「讀經」作為一種教育途徑／模式來說，其所牽涉的乃是「什麼是國文教育的目的？」、「何謂語文教育之宗旨？」等關乎「教育」的認知與定位問題，而在文化與思想層面上，其所要優先處理的則是對「什麼是文化與思想教育中所要做的？」之問題回應。

筆者以為，藉由經典的閱讀以對文化、思想來進行多一分的認識，此並非是壞事一件，但其中所存在之問題乃應在於「以經為師」的教育理念與價值觀，因如前所言，古籍中的確存在有不合時宜之主張，但儘管「傳統不等於優秀」，吾人也不能直言「傳統就是壞的、卑賤的」，故在以「讀經」具有文化或思想的傳遞作用來說，對經典內容的思考與辨析就應當是不可或缺之部分，畢竟「人」雖會受「文化」影響，但「文化」卻也來自於「人」之創造與形塑，且唯有「人」才能決定「人」的走向，因此「讀經」應不是為了取代今人之思考或立言，而使「人」成為「經書的奴隸」，學習鑑往知來、去蕪存菁，以自由、開放的態度來面對經典、思考經典，此才應是「選經典為材」之價值。

另外，因現行關於「讀經」之實施，主要是以王財貴之理論為依循，亦即強調「老實讀經」，著眼於「記憶」、「複誦」，而不強調經典內容之「義理」闡釋，故有人即將此方式與填鴨式的教育模式相比擬，質疑其結果將會造成人之理解與思考能力的鈍化，誠如李彥儀對「讀經運動」之反饋——「當代讀經運動究竟該怎麼做，才不會因為只著眼於民族文化之復興而扼殺了個體的獨特性及稟賦的多樣性？」〔註100〕此外，「複誦法」的枯燥無趣亦被認為會降低讀經者之參與興趣，難以建立讀者對於「經典」的認同感，所以即便「經典」之內容具有深遠意義，但在效用上，輕則僅是使「讀經」流於形式活動，重則乃可能誘發出對「經典」之厭惡情感，最後，李氏亦指稱：「讀經教育運動的具體落實似乎忽略了這一個部分（人與人間的共享、互動與交流），至少

〔註99〕賈馥茗：《教育的本質》，台北市：五南圖書，1998，頁225。

〔註100〕李彥儀：〈從杜威《民主與教育》所揭示的教育理念與教育目的反思當代讀經教育運動〉，《慈濟大學人文社會科學學刊》，第23期，花蓮：慈濟學校財團法人慈濟大學，2019年04月，頁66～90，後僅標註作者、篇名及刊名。

在前文提及的教材教法方面仍是著眼於個人的整體學習狀況，幾乎沒有『社會』層面的意涵。」〔註101〕然此反饋的產生原因，或許即源自對「義理」的忽略結果，因如黃俊傑所言：「傳統中國人在諸多極端如『自然』與『人文』之間、『身』與『心』之間、『個人』與『社會』之間，建構一個有機的聯繫關係，由於這種連結性的思維方式所衍生出來的諸多價值觀，使人間秩序與自然秩序之間，以及私領域與公領域之間，是一種互相滋潤而不是一種互相對立的抗體。」〔註102〕換言之，「讀經」亦是可以具「社會性」的教育活動，論其缺乏，應是「人弊」，而非「法弊」。

總的來說，「教授者」對於經典所持之認知及技巧，此不僅影響著「讀經」之效用，且更會影響著「讀經者」對於經典之態度，筆者認爲，「讀經」當可以是種以「思辨」爲主的教育活動，如苑舉正說：「只要能活化文本的意義，無論是在哪一個時代中，閱讀經典都是有意義的。現代社會因而尤其需要經典，以解決我們在工商業社會中所面臨的挑戰。」〔註103〕另外，林啓屏也主張：「要使『經典』與今日世界有良好溝通，則恰當地『叩問』經典，當是要務。」〔註104〕換言之，因「經典」之論述內容本就是對某類議題的看法呈現，故如以義理的層次進入，並採開放的心態，其就存在有可討論的空間，進而達到思考刺激、引發思辨，此亦如同張錫輝在談論「經典教育」之目的時指出：「經典的存在本身不可能扮演一個類似公民與道德般訓導民眾的科目…必須經由作爲經典讀者的我運用其自由意志與經典對話，透過這樣的對話不斷在探尋：經典對於我的意義爲何？當中，進入生存狀態的自我理解…。」〔註105〕景海峰也說：「儒學既是一種歷史積累，也是一種即在形式，是傳統性與當下性的複雜交織…它總是還關懷著當下的情境，此『當下』在一定意義上就是可以創造轉化爲現代性的泉源和資糧。」〔註106〕。

〔註101〕 李彥儀：〈從杜威《民主與教育》所揭示的教育理念與教育目的反思當代讀經教育運動〉，《慈濟大學人文社會科學學刊》。
〔註102〕 黃俊傑：〈傳統中國的思維方式及其價值觀〉，《本土心理學研究》，第 11 期，台北市：臺灣大學心理學系本土心理學研究室，1999 年 06 月，頁 129～152。
〔註103〕 苑舉正：〈經典之現代意義與應用〉，《T&D 飛訊》電子月刊。
〔註104〕 林啓屏：〈經典之現代意義與應用〉，《T&D 飛訊》電子月刊。
〔註105〕 張錫輝：〈我們爲何要讀經典——論中國近代思想史中的經典話語及其實踐〉，謝青龍、林明炤主編，《精粹中的博雅：經典、教育與經典教育》，台北市：麗文文化，2010，頁 25～52。
〔註106〕 景海峰：《中國哲學的現代詮釋》，北京：人民出版社，2004，頁 270。

第二節 「讀經」研究之析論

一、研究分布

如以「臺灣博碩士論文知識加值系統」為討論界域，在「論文名稱」或「關鍵詞」項目中符合「讀經」條件之學位論文共計有 154 篇（檢索時間：2017 年 11 月），而經剟除關於「工讀經驗」、「閱讀經驗」等與本文主題較無關聯之研究後，最終確認共計 112 篇，其中博士論文僅只 1 篇（占比 0.9%），如表 2-1 所示：

表 2-1 博、碩士學位論文涉及讀經議題之比例關係表

項目	博士學位	碩士學位
論文篇數	1	111
占比	0.9%	99.1%
		*博士學位論文出自「國立成功大學教育研究所」

另從「畢業學年度」來看，此 112 篇共分落於 20 個學年度當中，[註107] 其中 101 至 103 學年度可謂是相關研究之高峰時期，共計有 40 篇（占比 35.7%），而迄今唯一與「讀經」有所關聯之博士學位論文，即完成於 102 學年度，相關分布情況如表 2-2、圖 2-3 所示：

表 2-2 以讀經為題之各學年度學位論文分布表

學年度	105	104	103	102	101	100	99	98	97	96
篇數（占比）	7	7	13	16	11	6	8	8	7	6
	6.3%	6.3%	11.6%	14.3%	9.8%	5.4%	7.1%	7.1%	6.3%	5.4%
學年度	95	94	93	92	91	90	89	87	78	74
篇數（占比）	5	3	2	1	3	4	2	1	1	1
	4.5%	2.7%	1.8%	0.9%	2.7%	3.6%	1.8%	0.9%	0.9%	0.9%
										*共計 112 篇。

〔註107〕依學年度換算時間分別為：1985 年 08 月～1986 年 07 月、1989 年 08 月～1990 年 07 月、1998 年 08 月～1999 年 07 月、2000 年 08 月～2017 年 07 月。

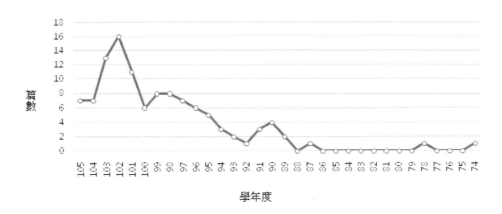

圖 2-3　以讀經爲題之各學年度學位論文分布圖（74～105 學年度）

而由圖 2-3 可知，自王財貴於 1994 年（83～84 學年度間）創立「讀經推廣中心」後，涉及讀經、讀經教育或讀經運動等相關研究開始逐年出現，趨勢上呈現逐年緩步上升，並於 102 學年度創下 16 篇之波段高峰。

然 102 學年度雖作爲研究高峰時期，但同時亦是重要轉折處，於此之後，相關研究數量開始進入滑落、萎縮狀態，筆者臆測，其原因或許社會風氣的改變有關（如：去中國化、反傳統…等），另外亦有可能是因該類型研究已遭遇瓶頸而未能有所突破，然危機不乏是轉機所在，故筆者認爲吾人應可藉此機會重新審視「讀經」與「經典」的價值或意義究竟爲何？進而梳理其能爲今人帶來什麼樣的影響或啟示？而此種古籍文獻、經典或思想與現世的關係連結，應是當今學者們所需正視的課題。

此外，據筆者統計、分析發現，該 112 篇論文共分別出自全台 37 所大專校院，然此種涉及「讀經」之相關研究，現多集中於以師資培育爲主軸之「師範大學」與「教育大學」，因其以「8 校」〔註108〕共 21.6%的學校占比，即產

〔註108〕此 8 校分別爲：國立東華大學、國立屏東大學、國立高雄師範大學、國立彰化師範大學、國立台中教育大學（前「國立台中師範學院」）、國立臺北教育大學（前「國立台北師範學院」）、國立臺灣師範大學、臺北市立大學等，以下將針對東華大學、屏東大學與臺北市立大學爲何可歸至「師範與教育大學」之緣由進行說明：筆者在此之所以將東華大學、屏東大學與臺北市立大學歸至「師範與教育大學」，其原因乃在於此三者皆是由師範學院或教育大學所整併而來（1.「國立東華大學」於 2008 年時以「存續合併」之方式將「國立花蓮教育大學」併入、2.「國立屏東大學」則爲屏東商業技術學院與屏東教育大學「新設合併」之結果、3.「臺北市立大學」則是由臺北市立體育學院與台北市立教育大學進行「新設合併」）而爲含括整併前原校所產出之論文，故採用此分類方式。

出論文 45 篇（占比 40.2%），學校及論文篇數比為「1：5.62」，遠高於非師範大學與教育大學的「1：2.31」，如表 2-3 所示：

表 2-3　師範大學與教育大學學位論文涉及讀經議題之比例關係表

項目		師範大學與教育大學	非師範大學與教育大學
機構	數量	8	29
	占比	21.6%	78.4%
篇數	數量	45	67
	占比	40.2%	59.8%
機構及論文篇數比 （學校數：論文篇數）		1：5.62	1：2.31

　　而綜觀整體 37 所大專校院，其中又是以「國立台中教育大學」（前「國立台中師範學院」）之產出為最多，共計有 16 篇（占比 14.3%）；另外，如就論文產出之系所學門類別來說，共計有 52 篇出自「教育學門」〔註109〕（占比 46%），其次則為「人文學門」〔註110〕（29%），據此，故吾人即可再次確證，現行「讀經」之相關學位論文研究，多來自於教育領域的研究者，如表 2-4、圖 2-4 所示：

表 2-4　各學門研究所學位論文涉及讀經議題之比例關係表

項目		教育學門	人文學門	社會及行為科學學門	其他
篇數	數量	52	32	12	16
	占比	46%	29%	11%	14%
*「其他」含括工程、民生、社會服務、商業及管理、傳播與電算機等六學門。					

〔註109〕「教育學門」包括：綜合教育學類、普通科目教育學類、專業科目教育學類、學前教育學類、成人教育學類、特殊教育學類、教育行政學類、教育科技學類、教育測驗評量學類、其他教育學類等共 10 類。（參見「教育部全國大學校院一覽表線上查詢系統」網站，網址：https://goo.gl/E5Xqqp，後僅標註系統名稱）。

〔註110〕「人文學門」包括：台灣語文學類、中國語文學類、外國語文學類、其他語文學類、翻譯學類、比較文學學類、語言學類、宗教學類、歷史學類、人類學學類、哲學學類、文獻學學類、其他人文學類等共 13 類。（參見「教育部全國大學校院一覽表線上查詢系統」）。

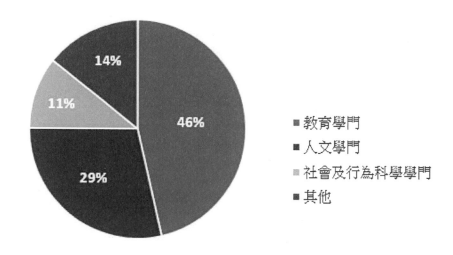

圖 2-4　各學門研究所學位論文涉及讀經議題之占比關係圖

　　另除「教育學門／領域」之相關研究外，「人文學門」對讀經議題的關注與研究亦是不容被忽視的部分，因其占比也高達 29%；然進一步分析可知，在「人文學門」當中，相關研究又主要集中於「中國語文」（56.3%）和「宗教」（28.1%）等兩學類，如表 2-5 所示：

表 2-5　非教育學門研究所學位論文涉及讀經議題之比例關係表

項目		中國語文	歷史	哲學	宗教	其他人文
篇數	數量	18	2	1	9	2
	占比	56.3%	6.3%	3.1%	28.1	6.3%
		*「其他人文」指兒童文學研究所與生死學研究所。				

　　綜上所述可知，現行關乎「讀經」的學位論文，其產出乃以「教育學門／領域」爲大宗，另外又因此教育活動是以古籍文獻爲材料，故「人文學門」占有次要之位置亦不讓人意外，然而人文學門中之「哲學學類」，迄今卻僅有 1 篇之相關研究，此著實令人詫異，畢竟對於「讀經」的問題討論乃涉及思想、文化發展等多方層面，而筆者以爲，過度的從單一領域來探究某種議題，此都將使該議題的發展走向狹隘、偏頗，而誠如于斌所指出的——「哲學研究亦須關心社會大眾」，尼采（Friedrich Wilhelm Nietzsche，1844～1900）也曾直言：「哲學家是文化的醫生」，因此，筆者既身爲人文學門、哲學學類下的成員，實有必要對「經典閱讀」之事進行相關研析。

二、研究內容分析

　　而就現存符合以「讀經」為檢索條件之學位論文來說，其不但始於 74 學年度，且又分落於 20 個學年度當中，在此，筆者僅以 105 至 100 學年度為限，對相關研究成果進行彙整、剖析；〔註 111〕首先，綜觀該 60 篇學位論文，研究者多數是以「行動研究」作為主要之研究方法，〔註 112〕而在研究對象上，則略分為「讀經者」（含括：學生、孩童）、「領讀者」（含括：教師、家長、義工）與「其他」（含括：現況發展、經典教材、文化傳遞）等三面向，以下筆者將依此分類方式進行綜合說明。

（一）讀經者面向

　　對於「讀經」與參與者間的關係及所能產生之效益，略可分為「學習能力」與「行為表現」等兩部分；首先，根據林雪菁、楊純的研究顯示，現行「讀經者」及其家長對於參與讀經運動或讀經教育之動機，乃是以「增能動機」為最強，亦即欲藉由「讀經」來獲得記憶力、專注力、閱讀或寫作等能力之強化，並從中達到「學習潛能」的開發，其中林雪菁進一步指出，高中職學歷的父、母親，其對孩童參加讀經班乃具更高之期待。

　　而在此「學習能力」的層面上，賴秀宜、楊純皆指出，學童在經歷「讀經」後，實產生有識字變多、認字變快、記憶力變好等現象，此外，學童的行為則有著喜好閱讀、溝通表達具邏輯性等變化，而此與上述之「增能動機」是有所符應的，因此如同葉美伶言：「『讀經教育』對於認字能力和學習成效有著良好的『正相關』。」另外，林鑾培、顏秀芬之研究顯示，隨著讀經次數、頻率與時間的不同，「讀經」對於讀者的記憶力則有著差異性之影響；而此種關於「讀經」有益於識字、認字、記憶與學習力之提升的相似研究成果，也見於李相慧、陳錦慧、李文智、許珮鈴、邱文華、黃意惠、黃怡端、林欣怡、李宛純…等人之行動研究中，其中邱文華表示，藉由讀經教學運動的施行，讀經者還能從中獲得成就感與自信心，而張麟玉認為此種具喜悅性質的「正向情緒」，將有助於讀經者達到「自我效能」之提升，故研究者們多數皆與高

〔註 111〕該六學年度間之相關學位論文共計有 60 篇，細目請參見附錄。

〔註 112〕在關於「讀經」之研究上，「行動研究」多是指以教學現場為實驗場域來進行相關理論的驗證或成效蒐集；而除「行動研究」外，另有採問卷調查方式的「量化研究」（或稱「定量研究」）及牽涉個案訪談、觀察、文獻探討等綜合方法的「質性研究」（或稱「定性研究」）。

小芬、廖乃嫻的主張一般，認同將「經典閱讀」（或言「經典教學」）融入體制內之課室教學當中，因為「讀經」不僅有助於閱讀及語文能力的提升，更對基礎學習能力的培養是有所助益的。

另在「行為表現」上，賴秀宜指出，透過「讀經」的參與，讀經者實能覺察到自身在人際間的互動上趨於融洽、友善，旁人則能感受到讀經者所產生與具備有孝順、同理、樂觀等行為特質，而林鑾培的研究結果也顯示，讀經者在「人格行為」的學習成效上乃最為突出，其除變得乖巧懂事、會關心與體諒別人以外，更重要的乃在於開始懂得反省自己，而此種由「讀經」所產生之效益，在高鈺茹、李惠美、鄭育玲、楊純、張徐庭芝、施嵐甄、林欣怡、陳鳳珠、岩青燕、王昭月…等人之研究中也可獲得確證，其中林欣怡另表示，「讀經」對於學童的「情緒教育」也是有所幫助的，故研究者們亦認為，在「品德教育」之推動上，「讀經」乃應是良好之教學途徑或輔助方式，值得受到重視。

總的來說，誠如黃愛智的研究結果所標示的，藉由大量的經典閱讀，實能對讀經者的情緒、性格產生磨練的效用，並從中培養沉穩的耐性和專注力，而此結論也與陳錦慧的研究是相契合的——「學童之專注力與品格力皆優於未讀經前」；然而李信男指出，「讀經」雖對讀經者的「知善」層面具有提升效用，但在「行善」方面卻存在著可加強之空間，張麟玉也說：「不同喜好讀經之學童在經文背誦的得分及生活規範認知的得分存在顯著差異。」對此，袁光譽發現依據不同的參與動機，讀者對於經典的理解與實踐乃會產生差異，而陳憶萱的研究也顯示，讀經者的「學習投入程度」（如：讀經經驗、意願或態度等）會影響其「品格表現」，兩者呈現「正向關聯」，換言之，吾人應可將對「讀經」的喜好與意願促發視為首要任務，因其乃是「讀經」能否深切且確實達到「提升學習能力」、「改變行為表現」，或由「『知善』跨至『行善』」之關鍵，而陳億穎的研究則顯示此任務之艱難，因為「學生興趣不高」即是目前「讀經」所最常遭遇之情形。

（二）領讀者面向

根據黃愛智的研究結果，「環境單純無雜」乃是「讀經」得以成功的重要因素，而此種對於「環境因素」的關注，湯淳安也持有相似之主張，其指出「『讀經』在校內、外的推廣程度及領讀者的認知、教學，皆會對『讀經運動』的學習成效與班級經營上產生影響」，也就是說，「創造具學習氛圍的環境」

是實施「讀經」時所需留意之部分，而此涵義除包含降低外在噪音或 3C 產品等干擾外，亦含括「領讀者」之內、外在之行為表現，因「領讀者」本身也屬於「環境」之組成部分；綜上所述可知，因讀經者對於「讀經」的喜好與意願乃是影響「成效」的關鍵因素，故「領讀者」如何帶領經典的閱讀，以及如何引起讀經者之喜好、意願（泛指「學習動機」），皆是領讀者須特別著眼之環節。

　　而就「學習動機」的引發來說，高小芬、林鑾培、林宗賜、沈妙珊、施嵐甄、嚴靖晴、林欣怡、岩青燕…等人的研究皆指出，「領讀者」所持之「教學信念」、「教養態度」和「讀經認同度」等內在想法或價值觀（文後將以「內在信念」表示），乃對「教學品質」及讀經者的參與意願有著直接性的影響，彼此呈現「正向關」，也就是「擁有較高認同度或信念越良善之領讀者，其在班級經營、學習氛圍等環境營造上，將能取得較佳之效益」，另外，賴淑敏針對讀經志工所進行之研究則顯示，志工作為領讀者，其參與動機乃和工作滿意度呈現相互支持及推升的「正向關」，故綜而言之，「領讀者」與「讀經者」乃存在於一種「互動」的關係／模式當中，領讀者的內在信念影響著讀經者之回饋，而讀經者的回應則又對領讀者之信念與態度有著深化或淡出之影響。

　　另除上述所論之「內在信念」外，領讀者之「外在言行」亦是相當重要的，例如：黃愛智、林宗賜、李信男、吳惜華…等人的研究皆指出，領讀者「以身作則」之身教表現，其影響力乃高於「言教」，而「身教」的履行除能建立起領讀者與讀經者間的信任感外，亦能誘發其自覺能力，深化學習效益，另外蔡玄興則表示，在學生（讀經者）信任自己老師（領讀者）情況下，讀經的效果將更加趨於完善。

　　此外，領讀者在教學方式上的改變或領讀技巧的提升，亦會對「學習動機」的創造和維持產生重要影響，如：廖乃嫻、曾婉菱、王靜華所分別採用的「故事講述法」、「情境式互動遊戲」與「結合故事、藝術、體驗等統整課程」，抑或黃愛智指出的「理性溝通」、沈妙珊建議的「富有情感、溫暖、正向的引導方式」，以及李信男、吳惜華、施嵐甄、林敏雅所贊同的「結合現代生活經驗／事實」，此皆為領讀者所能修習之方式或技巧，而施和伸認為，各種方式的交互運用乃是維持讀經者動機的有效方法，林志豪則建議，領讀者應讓讀經者自行選擇讀經之策略／方式，因為「參與感」的建立除能激發起讀經動機外，也能提高讀經的學習保留，而此種以讀者為本位之考量，除是

方美莉、林敏雅所推崇的觀點外，亦與蔡玄興所言：「出於學生自己的志願，讀經效果才會好。」乃相符應。

承上所言，因領讀者之教學信念、言行舉止、教學方式與技巧等，皆會對讀經者之學習成效產生直接的影響，故除了方美莉所指出的──「領讀者應對讀經之意義、內涵與方法進行了解」外，賴秀宜、曾婉菱、鄭育玲則表示，「領讀者」除身為導引之角色外，其也應是位學習者、成長者，需留意自身「對己」的全面性省思、審視（指「內在信念」與「外在行為」等層面），以達自我之優化；而在教學方式與技巧等專業能力的提升方面，陳億穎主張領讀者間應互相交流，並隨時充實自身專業，吳惜華則點出了研習、社群學習、閱讀等方式，認為領讀者皆能從中獲取及提升相關知能，另依何淑玲的研究成果顯示，教師教學熱忱與研習成效呈「正相關」，據此，故如欲對讀經運動之實施與效益進行探究，領讀者之內、外在層面皆是不可忽略之項目。

（三）其他

1. 關於「現況發展」之研究

現行「讀經」之活動施行，多數仍屬於「體制外」之教學模式，而其運作方式主要可分為兩大類：(1)由社會上之團體、基金會或宮廟寺院（如：全球讀經教育基金會、華山書院、福智文教基金會、崇德文教基金會、台灣基督長老教會等）自行招募志工、學童，並以營隊或課程的方式達到師資培訓、學童教育及理念推廣等、(2)由認同「讀經運動」之學校教師，利用課餘時間進行經典領讀，又或是將經典的閱讀活動融入其課程設計當中；另除上述之類型外，亦有由社區居民所共同組成的（親子）讀經班，抑或是由家長於住家自行實施等類型，然誠如廖芳翎說：「…藉由推廣兒童讀經轉變成重視家庭教育與親子互動的關係。」故如僅就「親子共讀」之形式而言，「共讀」可說是其要點所在，因在當今以工商服務業及雙薪家庭為主之環境下，陪伴孩童成長的往往僅有學校與補習班的老師、同學，又或是電視、電腦、手機等 3C 產品，所以藉由「親子共讀」之模式，家長與孩童除能獲得相處時間的增長外，更能在彼此間建立起「共同目標」（如：讀完一本書），另誠如上文──「領讀者面向」所述，家長也能在「讀經」一事中獲取自我之優化。

然無論是施行或選擇何種讀經類型／模式，「讀經」本身所產生之問題乃是各組織團體及領讀者所需正視的，除上述陳億穎指出的「學生興趣不高」

之外，施沐琦、岩青燕的研究則顯示，「家長的擔憂」亦是目前讀經所面臨之挑戰，也就是「家長擔憂學童不懂文意，勉強背誦將造成壓力」，又或是「學童忙於課業，對讀經力不從心」，而施沐琦建議，「耐心溝通」與「隨時調整」皆是可選用之解決策略；另外，林佩環表示：「讀經教育是深耕教育…每個孩子的學習吸收和成長背景都不同，受用度與醞釀時間也不同。」因此，即便是由家長自行於住家實施「讀經」，鄭雅云也點出了「規劃／計畫」的重要性，總的來說，誠如蔡玄興所述：「教師恆心、耐心是讀經教學成功的關鍵。」此即再次透露出「領讀者」之內在信念，乃對「讀經」有著直接性的影響力。

　　另承上所言，因「讀經」能促使參與者產生「學習能力」與「行為表現」上的正向改變，故除上述之高小芬、廖乃嫻以外，李文智、嚴靖晴、陳建利、陳建利…等人認為，「讀經」不僅是種可備受推廣之活動，更應將其置於正式的學校教育當中，轉化為「體制內」、「常態化」的教學模式，如此亦才能使教師獲得較為安心的推動環境；此外，張宏儒表示，在經典閱讀的教學歷程上，乃存在著儲備期、醞釀期及發展期等階段性劃分，建議「把握小學階段的儲備期」、「重視國中階段的醞釀期」、「體現高中階段的發展期」，而針對「儲備期」，張氏另指出該時期應以不靠理解而能背誦為策略、熟背記憶為目標，視「背誦」為進入醞釀期與發展期的關鍵，然施嵐甄卻認為：「經典中基本觀念的理解，有助於提昇幼兒讀經的意願，並強化讀經教育的效能。」故筆者以為，正所謂「因材施教」，各學生與孩童皆有其獨特性，或許「理解」對某些學童來說實有其必要性，而當前體制內之教育模式，通常是以人的「官能發展」之普遍性為基礎，亦即是以「年齡」來制定相對應之教學內容、學習策略和目標，而此種劃分方法也僅有在「體制內」的教育環境中才能切實達到，﹝註113﹞所以如將「讀經」納入正式之教育體制當中，亦即依學童之官能發展程度來施行「讀經」，此或許可使讀經一事獲得更為豐碩之活動成果。

2. 關於「經典教材」之研究

　　在關於「經典」之研究上，《弟子規》（文後以《弟》表示）乃是多數研究者所選擇之對象，而林麗貞指出，《弟》除與學童之理解能力是相契合的以

﹝註113﹞ 此言之義乃在於指出，因社會團體或基金會所舉辦之營隊或課程，抑或是由社區居民所組成之讀經班，通常乃是以公開招募學童之方式進行，故在讀經之施行上往往無法準確的依年齡而給予相應之內容或方式，又或是僅能採取概略性之劃分方式，因此相較之下，體制內之劃分應較為切實。

外，且還具備有「論述清楚」及「規範明確」等特點，故林氏認爲「輔助現今品德教育與語文教育」即是《弟》之價值所在，另外，李信男、李惠美、陳君平、何宜珍、王靜華…等人亦同樣視《弟》爲適切之讀經教材，適用於「品德教育」，如陳君平說：「《弟子規》實質內涵與現代品德教育核心價值相符，且有助於人際關係的良性互動與道德觀的內化，是良好的輔助教材。」。

承上所述，如就「經典」之於「品德教育」及「語文教育」的層面來說，陳雯萍認爲《三字經》（文後以《三》表示）也如《弟》般具有相似之效用，言：「《三字經》形式上有用字精簡、修辭技巧豐富、句法結構多樣、押韻活潑等特點…《三字經》在教育上具有識字辨音、培養倫常等等啓蒙價值。」然陳雯萍卻也指出《三》所存在之問題，即「部分內容的不合時宜」，據此，故其建議領讀者於施行讀經運動時，須對此特別留意。

而除關於《弟》、《三》之研究外，陳鳳珠、許淑貞則是以《百孝經》爲材料，肯定其用於「品德教育」與「建立孝道觀念」之關係及成效，另外依許珮鈴、邱文華及林姵辰的行動研究顯示，藉由對《蒙求》、《聲律啓蒙》與《千字文》的誦讀，實能對學童的識字量／能力產生優化之影響，而此「誦讀」的方式則能提高學童的學習興趣和成就感，所以總的來說，學童家長乃肯定經典閱讀／教育所能產生之正向影響或幫助。

然針對此種以「經典」作爲「語文教育」之輔助教材的情形，涂一園的研究則可爲當中之「適宜性問題」提供較爲科學與數據化的佐證及說明；涂氏的研究是以《弟子規》、《三字經》、《千字文》與《百家姓》等經典作爲研究對象，將其與教育部審定（101 學年度）之體制內國語教科書（指：南一、康軒、翰林版）進行生字量、出現次數、筆畫、字頻分佈、生字結合等項目之比較，而依研究結果所示，此「四書」在上述各項目之計數，皆與體制內教科書所遵循之「課綱規範」相去不遠，故認爲以此「四書」爲輔助教材乃有其合宜性。

3. 關於「文化發展」之研究

所謂「經典」，其核心價值乃在於文字背後所傳達之思想、觀念、價值等，然而無論是何種思想，其必是受某背景之影響所產生，換言之，「文字」本身即是「載體」，乘載與體現出某種思想或文化，因此，吳俊誼認爲宗教組織乃可以「讀經」爲媒介，與社會大眾產生關係並進行交流。

據此，故吳氏指出「讀經」的實施乃具備有「文化傳承」之功效，因承

上所述，思想與文化皆是「文字」之乘載對象，故對於經典／文字所進行的記憶與誦讀，即已意謂著思想、觀念甚至於文化的傳承與認識，另外，張郡毓也表示，讓「新住民」進行讀經的閱讀，即可促進「新住民」對中華傳統文化之認識，縮短文化隔閡，同時達到增強文字及語言基礎的作用。

三、小結

由現有符合「讀經」條件之博、碩士學位論文來說（共計 112 篇），其博、碩士之占比分別為 0.9%（1 篇）與 99.1%（111 篇），而相關研究不但始於 74 學年度，至今共分落於 20 個學年度〔註 114〕，其中 102 學年度乃是該研究主題之高峰，占比達 14.3%（16 篇），此與 105 學年度相較之下，有著 8.0%（9 篇）的差距；另從「學校類型」與「系所學門」之統計分析可知，相關學位論文多數乃來自於「師範大學與教育大學」（8 所，45 篇），其學校及論文篇數比為 1：5.62，此乃高於「非師範大學與教育大學」的 1：2.31，而在「系所學門」的分類上，亦以「教育學門」的產出為最多，占比達 46%（52 篇），「人文學門」則以 29%（32 篇）僅次於後，然「人文學門」所含括的「哲學學類」，迄今則僅有 1 篇論文之產出。

而單就與「讀經」有關之學位論文來說，於 105 至 100 學年度間共計有 60 篇，其中又以「行動研究」為常見且主要之研究方法，另在「研究成果」上，則可依研究對象區分為讀經者、領讀者與其他等面向，如表 2-6 所示。

表 2-6　現行讀經研究成果彙整表（105～100 學年度）

項目		內容概述
現行研究成果	讀經者	參與「讀經運動」之動機乃以「增能動機」為最強，而在實施「讀經」後，學童則有識字變多、認字變快、記憶力變好、喜好閱讀、溝通表達具邏輯性等變化。
		讀經者能在「讀經運動」中獲得成就感與自信心，而此情緒反應有助於自我效能之提升。
		藉由經典的閱讀，個人之情緒、性格、耐性和專注力皆能獲得磨練與培養。
		「讀經運動」的影響力會隨著實施次數與頻率的不同而產生差異，另讀者的「學習投入程度」也會影響其表現結果。

〔註 114〕分別為 74、78、87、89～105 等 20 個學年度。

領讀者	領讀者需注意「環境因素」對讀經所產生之可能影響。
	領讀者的「教學信念」、「教養態度」與「讀經認同度」，乃影響著學童對於經典閱讀的參與意願及興趣。
	領讀者之身教表現，乃能促進領讀與讀者間的信任感建立，另亦能誘發讀經者之自覺能力，深化學習效益。
	教學方式的改變及領讀技巧的提升，亦會影響「學習動機」的創造與維持，而藉由研習、社群學習、閱讀等方式，領讀者皆能從中獲得相關知能之提升。
	「領讀者」需對自身進行內、外在之省思與審視，以達自我優化。
其他	讀經運動最常面臨之問題乃是「家長的擔憂」與「學童的排斥」，而「耐心溝通」與「隨時調整」皆是解決問題之可行方式。
	「讀經運動」應可將轉化爲「體制內」、「常態化」之教學模式。
	《弟子規》、《三字經》、《百孝經》、《蒙求》、《聲律啓蒙》與《千字文》等，皆爲適合之「讀經／經典教材」，可用於輔助品德教育或語文教育之進行。
	因「文字」具有載體之功能，因此藉由經典的閱讀將能達到思想、觀念及文化上的傳承與交流。

　　據此，故綜合各式研究成果來看，諸研究者們似乎皆是以積極、正向及肯定等態度來定調此種關於「經典」的閱讀活動，同時多數研究結果亦與王財貴所建構的讀經理論是能相互呼應的，顯露出一共識——「藉由誦讀與記憶背誦之方式，實能使『經典』對『人』產生影響」，且由上述之分析亦可獲悉，其中未有以《孟子》爲文本所進行之讀經研究，而《論語》也僅有1篇；然在「經典」之使用層面上，筆者以爲，吾人應非只能採取絕對服從的態度／視角，而可以「思辨」的方式來閱讀經典，亦即將「經典」視爲案例的提供者，以促發讀經者進行思考甚至批判，藉以達到自我價值的檢視與定位。

　　總的來說，因現行研究中關於「讀經」之實施活動，多數是以王財貴之理論爲依循對象，故較著重於經典的誦讀及記憶背誦，而將「義理」的認識或理解視爲次要之部分，此外，各研究結果雖然亦強調領讀者能在領讀方式與技巧進行改變，但其緣由也多是出自對「學習動機」的考量，而非是爲了著眼於「經典」之思想／義理的討論、評判，故此背後似乎隱含一價值判斷——「『經典』具神聖性」，也就是於初始階段，即已將「經典」視如古代聖旨般性質之「命令」，嚴格規範與限制著人者「應該怎麼做」之倫理命題，然筆者以爲，此種做法極易忽略「文字本身是載體」之情形，尤其對於《論語》、《孟子》等古籍來說，因其背後蘊含有一學說系統及核心論旨，故本文所欲

強調的，即在於以古籍（指《論》、《孟》）爲材料，揭露其德行中所可能存在之價值與意義，而此方式除有助於經典與現世之連結，亦能促進個人進行思辨活動，培養思考習慣，但更重要的，乃在於從中定位自己，塑造出自己所認可且願意遵循之價值觀、志向或信念等，進而促使社會風氣獲得改變，畢竟「社會」乃是由「個人」所群聚而成，然此論述／思考途徑卻是現行研究成果中所未曾標明的。

第三節　淺談《論》「仁」、《孟》「義」

　　而在爲數眾多的古籍文獻或經典當中，《論語》和《孟子》二書當是今人最常聽聞與熟悉之對象，其不僅被視爲體制內的重要教學材料，且亦常被體制外的「經典閱讀」活動所選用，另誠如文天祥的傳世名言——「孔曰成仁，孟曰取義，唯其義盡，所以仁至。」故《論》、《孟》雖皆提及「仁」、「義」及其他德行，但筆者欲分視「仁」、「義」爲其倫理思想之代表，〔註 115〕亦即以「《論語》的『仁』」與「《孟子》的『義』」作爲義理闡釋之進路。

一、《論語》之「仁」

　　《論語》可謂是研究孔子或儒家理論最爲直接、基本與可靠的古籍文獻，其內容即如陳敏華所示：「《論語》爲孔門講學的語錄，其討論範圍之廣，上自天道人事，修己治人，下至形器之用，六經之要，無不包含。」〔註 116〕而依據《論》的體裁型態，譚家哲指出：「…《論語》的文句篇幅較短，故更直接地述説其分組主題中之道理…《論語》因其簡略，故每章只以結論之方式呈現，非沒有深入的思考力，而是，其思考是隱没於其中的。」〔註 117〕吳秋

〔註 115〕大體而言，仁、義皆爲儒家所重視之德行，然將「仁」視爲《論語》或孔子思想的核心理念，此可説是學界之共識，誠如《呂氏春秋》云：「孔子爲仁。」勞思光也説：「『仁』觀念是孔子學説之中心，亦是其思想脈絡之終點。」（勞思光：《新編中國哲學史（一）》，台北市：三民書局，2001，頁 115，後僅標註書名及頁碼）另論及孟子，其雖亦常「仁義」並舉，但除依文天祥之語外，孟氏還另有「舍生而取義者」、「義，人路也」等表述，而此可謂透露出「尚義」之學説特徵，據此，故筆者試以「義」作爲《孟子》之探究進路。

〔註 116〕陳敏華：〈探討《論語》作爲香港中、小學德育課題的可行性〉，《鵝湖月刊》，第 500 期，新北市：鵝湖月刊社，2017 年 02 月，頁 24～31。

〔註 117〕譚家哲：《孟子平解》，台北市：唐山出版社，2010，頁 20～23，後僅標註書名及頁碼。

槿亦言：「…探討《論語》語錄體的價值…藉著對話的形式，反覆加深思考，形成別於西方宗教的型態，而有中國深層文化的內涵。也因著『作品』的微言，使『讀者』在探索層層大義之中，實踐了落實自身的方向。」〔註118〕因此，對於讀《論》一事，吾人應可憑藉其概念／範疇間的關聯性，以對其義理進行思考、理解和體悟。

　　而有關《論語》所標明的重要德行──「仁」，牟宗三說：「仁是其（孔子）眞生命之所在，亦是其生命之大宗…有了仁，則其所述而不作者一起皆活，一切皆有意義，皆是眞實生命之所流注。」〔註119〕且又言：「…人如果是不仁，那麼你制禮作樂有什麼用呢？可見禮樂要有眞實的意義、要有價值，你非有眞生命不可，眞生命就在這個『仁』。」〔註120〕因此，「『仁』當是生命的關鍵因素，是被活出來的」似乎便是其義之所在，如同「仁是全德，是眞實生命，以感通爲性，以潤物爲用…體現仁之最高境界是『欣思、文明、安安』，天人不隔，是圓融無礙」〔註121〕所示一般，故牟氏認爲，孔子之「仁」乃具有「覺」、「健」等特質，前者指涉「惻隱之感」，說：「有覺，才有四端之心，否則便可說是麻木，中國成語『麻木不仁』便指出了仁的特性是有覺而不是麻木…『覺』是指點道德心靈的，有此覺才可感到四端之心。」〔註122〕而「健」則意謂「純粹精神上的創生不已」，表示爲「我們的生命，應通過覺以表現健，或者說，要像天一樣，表現創造性，因爲天的德（本質）就是創造性的本身」〔註123〕。

　　承上所述，可知牟宗三對「仁」的相關闡釋，可謂與馮友蘭的論斷──「孔子之哲學，極重人之心理方面。」〔註124〕是能相互符應的，此外，徐復

〔註118〕吳秋槿：〈從語錄體來談《論語》的價值〉，《東吳中文線上學術論文》，第35期，台北市：東吳大學，2016年09月，頁1～18。

〔註119〕牟宗三著、沙淑芬編：《牟宗三先生全集05‧心體與性體（第一冊）》，台北：聯經，2003。頁257，後僅標註書名及頁碼。

〔註120〕牟宗三：《中國哲學十九講》，上海：上海古籍出版社，2005，頁49，後僅標註書名及頁碼。

〔註121〕《牟宗三先生全集05‧心體與性體（第一冊）》，頁258，而關於「感通」與「潤物」，牟宗三說：「感通是生命（精神方面的）的層層擴大，而且擴大的過程沒有止境，所以感通必以與宇宙萬物爲一體爲終極…潤物是在感通的過程中予人以溫暖，並且甚至能引發他人的生命。」（《中國哲學的特質》，頁44）。

〔註122〕《中國哲學的特質》，頁43。

〔註123〕《中國哲學的特質》，頁43～44。

〔註124〕馮友蘭：《中國哲學史‧增訂本上冊》，臺北市：臺灣商務，1993，頁104，

觀說：「就仁自身而言，它只是一個人的自覺地精神狀態。」〔註125〕其中，「自覺」與「精神」當是對「仁德」內涵的重要揭示，而「⋯違仁不爲仁，乃屬於人自身內部之事，屬於人的精神世界、人格世界之事。人只有發現自身有此一人格世界，然後才能夠自己塑造自己，把自己從一般動物中，不斷地向上提高，因而使自己的生命力作無限價值的擴張與延展，而成爲一切行爲價值的無限泉源。」〔註126〕和「由孔子所開闢的內在地人格世界，是從血肉、慾望中沉浸下去，發現生命的根源，本是無限深、無限廣的一片道德理性，這在孔子，即是仁⋯孔子所說的仁，正指的是此一內在地人格世界。」〔註127〕等徐氏言說，其論旨亦在於此。

　　然誠如馮友蘭說：「⋯他（孔子）要樹立一個完全的人格。一個人格總是個人的人格。但在這個人格中，包含有社會的組織，社會的制度，社會的秩序，個人和社會的關係，以及社會中人和人的關係等等。這些都是一個完全的人格所要牽涉到的。」〔註128〕徐復觀亦指出「仁」的自覺地精神狀態，應包含兩方面：「一方面是對自己人格的建立及知識的追求，發出無限地要求。另一方面，是對他人毫無條件地感到有應盡的無限地責任。再簡單說一句，仁的自覺地精神狀態，即是要求成己而同時即是成物的精神狀態。」〔註129〕據此，故此言說不僅揭示著「仁」乃具有「自我實現」與「社會性」等向度，同時也隱含著對於「成仁之法」的訊息透露，並與勞思光將孔子對「人」所持之價值觀歸結成「三階六層」的論述相對應（指「自我中心階段：以生存與發展爲目標」、「人我互動階段：以禮法與情義爲對象」及「超越自我階段：以無私與至善爲理想」），且說：「⋯不同的連續階段之間是有鴻溝的，亦即要由初階進到二階，或者由二階進到三階，必須要靠立志與努力，而不可能自動進階。」。〔註130〕

　　　　後僅標註書名及頁碼。
〔註125〕徐復觀：《中國人性論史‧先秦篇》，台北市：台灣商務，1969，頁91，後僅標註書名及頁碼。
〔註126〕《中國人性論史‧先秦篇》，頁69～70。
〔註127〕《中國人性論史‧先秦篇》，頁70。
〔註128〕馮友蘭：《中國哲學史新編‧上卷》，北京：人民出版社，2001，頁155。
〔註129〕《中國人性論史‧先秦篇》，頁91。
〔註130〕傅佩榮：〈解析孔子的價值觀〉，《哲學與文化》，第26卷第6期，臺北：哲學與文化月刊雜誌社，1999年06月，頁506～517。

因此在「仁」論述上，唐君毅以「事功」〔註131〕的視角言其內容，提出：「孔子言仁之義，其最切近易解，而在義理之層面上最低者，爲即人之事功，而連于仁與其所關連之德而言者。于此說求仁之道，則求仁雖不同于求有事功，然求仁者必志于道，亦志在事功，而事功亦當以愛人之德爲本。」〔註132〕換言之，「仁」不僅指向一種內在的道德狀態，又或是行爲的良善動機，其同時也標示爲效果或外顯行爲的履踐結果，誠如唐氏言：「人果能德位兼備，而博施濟眾，固是仁之至，而其仁可稱聖，其功義爲聖之功。然人果已至於聖而有其功，則人已不須更從於求仁…唯在循仁之方而行，以求自成其德，方當下有切實之求仁功夫落腳點。有求仁工夫以成仁德，而後仁乃不只爲所志之道，亦爲足據之德。」〔註133〕。

另外，唐君毅亦承襲宋儒之思路，並如同牟宗三般，以「感通」釋「仁」，說：「孔子言仁之旨，更開之爲對人之自己之內在的感通、對他人之感通、及對天命鬼神之感通之三方面。皆以通情成感，以感應成通。此感通爲人之生命存在上的，亦爲心靈的，精神的…此亦是承宋儒之言感通之旨…宋儒乃直以仁之心與生命之感通說仁。」〔註134〕且又言：「一己之生命之內在的感通，見一內在之深度；己與人之生命知通達，則見一橫面的感通廣度；而己之生命之上達於天，則見一縱面的感通高度。」〔註135〕而此語不僅能對應其主張：「…孔、孟之所爲仁，即原爲天德而又自覺爲仁德者，此義今人蓋多不能識。」〔註136〕、「孔、孟則以人體仁道，由天人之道之合一，以明性與天到非二。故不強調天外在之超越的人格性。」〔註137〕標明「渾然與物同體」〔註138〕之境

〔註131〕所謂「事功」，其乃指涉功勞、功勳，是種對於結果的標示，關聯於「志功」之範疇，張岱年說：「志即動機，功即效果。判斷一個人的行爲的善惡，應看他的動機呢，還是看他的行爲的效果？這是道德判斷的標準問題。」（張岱年：《中國哲學大綱》，台北市：藍燈文化，1992，頁 536～537，後僅標註書名及頁碼）。

〔註132〕唐君毅：《中國哲學原論‧原道篇（一）》，台北市：台北學生書局，1976，頁78，後僅標註書名及頁碼。

〔註133〕《中國哲學原論‧原道篇（一）》，頁 85。

〔註134〕《中國哲學原論‧原道篇（一）》，頁 76。

〔註135〕《中國哲學原論‧原道篇（一）》，頁 108。

〔註136〕唐君毅：《中國文化之精神價值》，桂林：廣西師範大學出版社，2005，頁 33，後僅標註書名及頁碼。

〔註137〕《中國文化之精神價值》，頁 47。

〔註138〕出自程顥（1032～1085，號明道）所著之《識仁篇》，原文爲：「學者須先識仁。仁者，渾然與物同體。義、禮、知、信，皆仁也。」

界，且也符應唐氏對「精神空間」的理論建構，〔註139〕即：「…心靈與其所對
境物之相望，爲一橫開之度向；心靈之活動之相繼，與境之相繼呈現，爲一
順序之度向；而心靈對境之知或行之反應，有其所項之在上之一目的，爲一
縱豎之度向。」〔註140〕。

另依循孔子的「愛人」〔註141〕之語，張立文指出：「…愛是由主體出發
而施於客體活動或行爲之中的一種情感。在這種活動和行爲中，並不意味著
既定的功利目的和特有的條件以及外在的差等。從這個意義上說，愛人是人
的自我覺醒和自我肯定，仁是人的自我實現和自我完善的內在超越。」〔註142〕
故此言可謂和前文呈顯異曲同工之妙，並對應馮友蘭之表述：「《論語》中言
仁處甚多，總而言之，仁者，即人之性情之眞的及合禮的流露，而即本同情
心以推己及人者也。」〔註143〕所以，張氏說：「仁是處理人與人之間關係的行
爲規範或道德標準。」且標明「孔子的仁學，核心是講人，人是有主體人格
的人，而不是某種要素和條件的附庸」〔註144〕，以致「人應該是有仁德的人，

〔註139〕 唐君毅認爲：「一切人倫關係中之人與人，情相感通，其中皆如有一精神的空
間，以不礙其各自獨立而頂天立地。」而此具有左右、前後、上下等三向度
之「精神空間」，方才使人的改過之能、好惡之能與盡性立命等道德實踐成爲
可能，並「不相黏附」，然此「精神空間」除關乎心靈的自覺外，更與修養工
夫相關聯，唐氏說：「…此空間之量，人可生而即有或大或小之分，然亦可由
修養而開拓小以成大…然眞美之自身，亦是一種善。人對眞美之境之體驗，
則爲直接開拓上述之精神空間，以成就盡性立命之道德實踐者。」（參見唐君
毅：《生命存在與心靈境界》，北京：中國社會科學出版社，2006，頁 574～
575，後僅標註書名及頁碼）故「精神空間」即可謂是「感通」之場所，誠如
唐氏所言：「萬物間之空間非他，即萬物賴以相與感通之場所。」（《中國文化
之精神價值》，頁 74）。
〔註140〕 《生命存在與心靈境界》，頁 576；唐君毅另說：「…以空間之關係喻之，橫觀
之並立之種種，如左右之相斥相對；順觀之種種，如前後或先後之相隨相繼。
縱觀之種種，如高下之相承相蓋。綜觀此心靈活動自有其縱、橫、順之三觀，
以觀其自身與其所對境物之體、相、用之三德，即此心靈之所以遍觀通觀其
『如何感通于境之事』之大道也。」（唐君毅：〈生命存在之三向與心靈九境〉，
《鵝湖月刊》，第 26 期，新北市：鵝湖月刊社，1977 年 08 月，頁 2～16）。
〔註141〕 《論語》中共載錄三次孔子言「愛人」，分別爲：「節用而愛人，使民以時」
（〈學而 05〉）、「樊遲問仁。子曰：『愛人。』」（〈顏淵 22〉）及「君子學道則
愛人，小人學道則易使也。」（〈陽貨 04〉）。
〔註142〕 張立文：《中國哲學範疇發展史·人道篇》，台北市：五南，1997，頁 49，後
僅標註書名及頁碼。
〔註143〕 《中國哲學史·增訂本上冊》，頁 97。
〔註144〕 《中國哲學範疇發展史·人道篇》，頁 49。

無仁德就不是人」〔註145〕，而曾春海亦持有近似之主張，言：「…人所以能實踐道德價值，其實踐的可能性或立足點，乃基於仁體或仁心。仁體或仁心是人之所以爲人的尊貴處，是凡人皆有的共同本質，對人而言是具有普遍性和必然性的。」〔註146〕。

然除上述外，張岱年也以《論語》爲據，認爲：「仁的本旨，是己欲立而立人，己欲達而達人。此意謂的仁，總以上所述，可以說含括三方面：一、忠恕，二、克己復禮，三、力行。」〔註147〕而「己欲立而立人，己欲達而達人」則意謂「一、仁是一方自強不息，一方助人有成，是人己兼顧的。二、仁可以說包含對別人的尊重。三、仁是由己及人，仍以自己爲起點。四、仁固包含情感上的愛，及物質生活上的扶助，而更注重道德上的勵導」〔註148〕，所以張氏說：「『仁』是關於人我關係的準則，仁的出發點應是承認別人也是人，別人是與自己一樣的人。這個出發點，孔子雖然沒有明確說出，卻是『愛人』、『立人』、『達人』的前提。」〔註149〕且又言：「承認別人也是『人』，即承認別人也有獨立的意志，亦即肯定人人都有獨立的人格。承認人人都有獨立的人格，這是孔子人說的核心含義。」〔註150〕。

承上所示，因此馮耀明認爲：「孔子所說的仁乃是一發自人的内在心靈活動而能使一種道德行動作出來的道德動力或性能。」〔註151〕而李澤厚則視「實踐理性」爲孔子仁學之思維特徵，即指「仁」爲：「…一種理性精神或理性態度…是用冷靜的、現實的、合理的態度來解說和對待事物和傳統；不是禁欲或縱欲式地扼殺或放任情感欲望，而是用理智來引導、滿足、節制情欲…是

〔註145〕《中國哲學範疇發展史·人道篇》，頁49。

〔註146〕曾春海：〈由論語、孟子看「仁」的自覺〉，《鵝湖月刊》，第14期，新北市：鵝湖月刊社，1976年08月，頁43～44。

〔註147〕《中國哲學大綱》，頁318，「…忠恕是由内心以推己及人；克己復禮則是以社會之行爲規範約束自己；而忠恕與克己復禮皆以力行爲基本。克己復禮亦正是行忠恕之道，對人盡禮，也便是盡忠盡恕。」。

〔註148〕《中國哲學大綱》，頁318。

〔註149〕張岱年：《中國倫理思想研究》，南京：江蘇教育出版社，2005，頁82，後僅標註書名及頁碼。

〔註150〕《中國倫理思想研究》，頁82。

〔註151〕馮耀明說：「…就其爲性言，它是一種德性，一種由心靈通往外部動作的相關性的性質；就其爲能言，它是一種德力，一種由心靈促成外部動作的因果動力。故仁可被理解爲一種德性力量。」（馮耀明：〈論語中仁與禮關係新詮〉，《政治大學哲學學報》，第21期，台北：政治大學哲學系，2009年01月，頁129～158）。

在人道和人格的追求中取得某種均衡。」〔註152〕另外，蔡仁厚乃以「質」作為「踐仁」、「行仁（之方）」之關鍵，說：「…這裡只有『質』上的純一不純一的問題，因此不必在『博施濟眾』之『量』上去計較功效。」〔註153〕並在統整五種「仁」的眞實涵義後，〔註154〕主張：「『仁』不但不是一個固定的德目，而且亦不是封限於個體生命中的『孤仁』。仁是一個活體（道德創造的實體），它能感、能潤、能通、能化。」〔註155〕。

　　據此而論，故羅光雖針對《論語》中孔子言「仁」的觀點提出評述：「…可見仁字的涵義很廣泛，因此孔子每次的話，都不一樣。結果我們也就很難說出孔子的仁字，究竟有意義。」〔註156〕但卻還是從中歸結出：「…我只能說孔子的仁，代表一切善德的總綱。仁的精神，則爲推己及人的愛字。仁的儀表，則爲禮…仁，爲做人之道；爲人之道是甚麼？在無私心而合於天理。無私心而合於天理，當然可以算爲完人了。」〔註157〕且斷言：「孔子的仁，爲他的中心思想，統攝一切善德。仁的本體，在乎人性的天理；仁的精神，在乎法天的好生之德而爲博愛；仁的規範，在乎遵守禮法；仁的氣象，則爲中庸。」〔註158〕故羅氏主張，孔子的「仁」可說有著「廣義的仁——全德」及「狹義的仁——達德」之分別，〔註159〕但「狹義的仁，雖和知、勇對立，在理論和實踐上，則仁較比知和勇更高更深；因爲狹義的仁，脫離不了廣義的仁之意

〔註152〕李澤厚：《中國古代思想史論》北京：三聯書店，2008，頁 11、25。

〔註153〕蔡仁厚：《孔孟荀哲學》，台北市：台灣學生，1984，頁 72，後僅標註書名及頁碼。

〔註154〕蔡仁厚所謂「仁」的五種眞實含義，乃指：「一、『仁』是道德之根，價值之源…二、『仁』是全德之名…三、『仁』是眞實生命…四、『仁』是人格發展的最高境界…五、『踐仁』…。」（參見《孔孟荀哲學》，頁 74～75）。

〔註155〕《孔孟荀哲學》，頁 78。

〔註156〕羅光：《羅光全書・冊五・中國哲學大綱》，臺北市：臺灣學生書局，1996，頁 245，後僅標註書名及頁碼。

〔註157〕《羅光全書・冊五・中國哲學大綱》，頁 246。

〔註158〕《羅光全書・冊五・中國哲學大綱》，頁 249。

〔註159〕羅光說：「廣義的仁，爲全德，爲一貫之道；狹義之仁，爲三達德之一，爲愛人。」並又言：「仁者愛人，把自己的心擴展到一切人身上，自己不自私，因此他（仁者）不患得患失，心中常有一團和氣。」故「愛是授予不是佔有」而「因爲生命天然有所需要，生命在發展的途中，常在給予的關係裏渡過…一個社會，爲生命的結集體，若能在取與予的關係中，得到均衡，社會便能平安、祥和。否則，便是爭奪、散騙、殺戮，生命失去平衡，不能發育。」（《羅光全書・冊六・中國哲學思想史——先秦篇》，頁 270、275～276、《羅光全書・冊二之一・生命哲學訂定版》，頁 194、255）。

義，仁爲人心，仁爲生命；知和勇相連以發揚人心之仁，已完成人的生命」〔註160〕，換言之，羅氏應是認爲「諸德行」皆蘊含有「仁」之性質，因爲其乃從出、分享於「仁」。

二、《孟子》之「義」

　　關於《孟子》，譚家哲指出：「《孟子》書之主題，雖然亦環繞人類存在之基本道理並繼承儒學甚至《論語》所能有之視野與傳統，但是更側重在道理眞僞之進一步辨認上，或道理在具體細微差異中所有之變化。」〔註161〕而依其內容，吾人則常以善辯、好辯作爲孟子的形象表述，如張定浩說：「孟子長於譬喻，善於說理論辯，其文辭雄闊簡勁，常一氣而下，逐層搜抉，勢不可擋，又不覺迫切，方寸之間自有千轉百折，蘊藉不盡。」〔註162〕然有別於《論語》言簡意賅的體裁型態，譚氏認爲：「《孟子》因以較長之對話或情事爲形式，而情事內容本身之內在完整性使章句本來之主旨或目的反而更不明顯。」〔註163〕但也因爲如此，以致「《孟子》較長之篇幅及其情事性或對話性，反而使其中之推論更明顯、更易於呈顯」〔註164〕，且因「長於譬喻」〔註165〕之緣由，故「在閱讀《孟子》時故是必須小心的，必須時刻注意孰是其表面之一面，及孰是其眞正意圖所在」〔註166〕，所以如爲達致對《孟》之義理認識，憑藉其篇章、概念／範疇間的關聯性，此應是可行、合理之舉。

〔註160〕《羅光全書・冊六・中國哲學思想史——先秦篇》，頁281。
〔註161〕《孟子平解》，頁22。
〔註162〕張定浩：〈《孟子》的讀法〉，《名作欣賞》，2018年第1期，山西：三晉報刊，2018年01月，頁122～124。
〔註163〕《孟子平解》，頁20。
〔註164〕《孟子平解》，頁20～21。
〔註165〕胡博越指出：「孟子論辯長於譬喻，其形式多樣，時而引用經典詩句作比，時而選取歷史傳說作比，時而選取生活小事作比，時而引用民間故事或者自創完整小故事作比，時而引用大自然中的事物或者自然現象作比。」（胡博越：〈《孟子》的譬喻探析〉，《黑龍江史志》，2014年第12期，黑龍江：黑龍江省地方志辦公室，2014年06月，頁51～52，後僅標註作者、篇名及刊名）。
〔註166〕《孟子平解》，頁21；亦誠如李賢中說：「…任何理論皆無法是完滿無缺的，多少都會有可以批評商榷的地方，特別在古代的思想家們，於推理立論的嚴格性上要求較少，所使用的方法也多是個別的舉例或以譬喻說明，因此就其理論的週延性而言難免會有疏漏。」（李賢中：〈孟子人性論之價值〉，《哲學與文化》，第21卷第9期，臺北：哲學與文化月刊雜誌社，1994年09月，頁823～829）。

　　而除上述外，董慶保亦認爲：「它（《孟子》）比《論語》有明顯的發展，那就是《孟子》有許多長篇大論，氣勢磅礡，議論尖銳，機智而雄辯。」〔註167〕並針對「喻」，言：「孟子經常用身邊常見的事物作比，使他所要闡明的問題很容易被人理解…孟子常常對一些很難說明的問題，通過比喻使之淺顯易懂，易於被人理解，但更多的時候，他使用比喻往往是爲了把所要闡述的問題講得更生動、形象，給人以鮮明的印象，使之更有說服和感染力量。」〔註168〕張玉棉則視「簡約明快，生動有趣」、「包含哲理，又不失通俗親切，耐人尋味」與「詞鋒犀利，感情濃烈，包含著作者強烈的愛憎之情」爲《孟子》之「喻」的特點，〔註169〕所以傅佩榮主張：「30歲以前學會並實踐《論語》與《孟子》，最遲到40歲開始要研習《老子》與《莊子》…。」〔註170〕其原因或許即建立在「（孟子）總是用比喻，用具體事例，用可觀、可感、可聽的事物來敘述與議論。使讀者能領略其淵博的知識，折服其敏捷、善思的頭腦及對生活觀察的細緻」〔註171〕，亦如胡博越所示一般：「它（《孟子》）在孔子《論語》語錄體的論辯方式的基礎上，進一步總結發展，從而形成了獨具特色的對話體，其文言辭犀利、感情充沛，思維縝密，說服力強，同時還具備對話體式散文明白曉暢，通俗易懂的特點，可謂老少皆宜。」〔註172〕。

　　另「義」作爲中華文化所倡議的重要德目之一，程繼松指出：「它（義）是兩種文化（菁英文化、大眾文化）都不排斥且都極爲重視的獨特觀念，是得到了上層社會和下層社會共同認同並接受的觀念，同時也是古人和今人都倡導的觀念。」〔註173〕然周海春、榮光漢的研究雖表示：「孟子關於『義』的論述頗爲豐富，且具有高度的連貫性。」〔註174〕但誠如涂可國所言：「儒家之

〔註167〕董慶保：〈孟子「好辯」散論〉，《廣西教育學院學報》，2002年第6期，廣西：廣西教育學院，2002年12月，頁105～108，後僅標註作者、篇名及刊名。

〔註168〕董慶保：〈孟子「好辯」散論〉，《廣西教育學院學報》。

〔註169〕參見張玉棉：〈比喻在孟子散文中的運用〉，《邢臺師專學報》，1994年第1期，河北：邢臺學院，1994年02月，頁54～58。

〔註170〕傅佩榮：〈經典之現代意義與應用〉，《T&D飛訊》電子月刊，第128期，台北市：國家文官學院，2011年10月，頁1～13。

〔註171〕黃桂嬋：〈論孟子的辯論藝術〉，《廣西教育學院學報》，2002年第6期，廣西：廣西教育學院，2002年12月，頁101～104。

〔註172〕胡博越：〈《孟子》的譬喻探析〉，《黑龍江史志》。

〔註173〕程繼松：《義——照亮歷史的道德之光》，廣西：廣西人民出版社，1996，頁2。

〔註174〕周海春、榮光漢：〈論孟子之「義」〉，《哲學研究》，2018年第8期，北京：中國社會科學院哲學研究所，2018年08月，頁44～51、60。

『義』內涵十分豐富，既包括適宜之『義』、正義之『義』，也包括從公之『義』、道義之『義』和責任之『義』…一些學者或是僅僅把它理解爲道義，或是單純解說爲正義，出現了儒家義學的誤解、誤讀，尤其是沒有注意挖掘儒家之『義』所具有的義務、責任意蘊。」〔註175〕項退結也說：「中國傳統的義、不義所包含的範圍卻遠比現代意義的正義、不正義爲廣。正義與不正義抵限於公平與不公平的事；但義與不義卻包括所有該做與不該做的事…中國古代的『義』是指人行爲中一切應然的事，並不限於吾人今日所云的正義。」〔註176〕故此不僅標明古籍之「義」具有特殊及價值屬性，且亦透露出對於「義」的闡釋研究，乃存在其必要性。

　　關於「義」，張立文指出：「義的本義是儀，亦爲一種儀禮形式…這種儀禮，具有威儀。」〔註177〕即如同劉雪河以「祭祀活動」爲其源頭之研究成果：「祭祀活動儀式有一整套不可違背的規範準則和秩序法規，原始的巫術禮儀活動無不如此。各種繁瑣的祭祀規則，正是這種規範準則和秩序法規的具體執行…這些祭祀活動的規範準則和秩序法規逐步地傳承下去，就形成了一整套約束人們行爲的社會道德規範，人人必須無條件地遵守，否則，就會受到神靈的懲罰。」〔註178〕然而劉氏更認爲禮、仁亦皆始於「祭祀」，三者同是維護統治與被統治階級之關係的重要工具，〔註179〕換言之，今日「義」作爲顯明的道德範疇並具豐富內涵，此乃是日後發展、詮釋之果，誠如吳忠偉說：「『義』之概念在早期思想中有一演化過程，且相應於早期中國『城邦』共同體的維繫狀況…其（孔子）將『義』由限定於『公事』之域的『職責』要求轉爲個體自我修身的內在要求。」〔註180〕而汪聚應言：「就儒家思想中『義』的傾向性而言，它更多傾向於個人的倫理道德要求，是處理人際關係的重要

〔註175〕涂可國：〈儒家之「義」的責任倫理意蘊〉，《孔子研究》，2017年第5期，山東：中國孔子基金會，2017年09月，頁5～15。

〔註176〕項退結：〈中國古代的「義」、「均」、「分」與多瑪斯的正義觀〉，《哲學與文化》，第20卷第4期，臺北：哲學與文化月刊雜誌社，1993年04月，頁360～368。

〔註177〕《中國哲學範疇發展史‧人道篇》，頁288。

〔註178〕劉雪河：〈「義」之起源易禮新探〉，《四川師範學院學報（哲學社會科學版）》，2003年第4期，四川：西華師範大學，2003年07月，頁70～72。

〔註179〕參見劉雪河：〈談禮、義、仁之間的關係〉，《史學月刊》，2003年第7期，河南：河南大學，2003年07月，頁119～120。

〔註180〕吳忠偉：〈「義」與早期中國的「邦邑」共同體〉，《哲學與文化》，第44卷第2期，臺北：哲學與文化月刊雜誌社，2017年02月，頁103～117，後僅標註作者、篇名及刊名。

準則…可以這樣認爲，儒『義』就是服從於一定『道』的倫理標準和行爲指向。」〔註181〕且指出「政治理想的規範」、「社會倫理道德的標準」與「完美人格（君子人格）修養要求」等，乃是儒家之「義」所一脈相承的內容指涉。〔註182〕

　　承上所述，故論及《孟子》之「義」，譚宇權指出：「孔孟『義』的含義大致相同；孔子認爲：它是人生的根本法則。孟子更明白說：它是人生的道路；不但可以用於對兄長（親人）的關係上，也可以用於君主（或君臣關係）之間。」〔註183〕陳大齊則認爲其意義可分爲「對他的道德」、「律己的道德」、「價值上的規範」與「事理的原則」等，〔註184〕另汪聚應主張孟「義」所涉及的具體內容有：「從親親推演出來的尊君敬長」、「尊賢」和「人性的規範標準以及由此而延伸出的處物行事之宜」，〔註185〕許朝陽則視「宗法制度下的適用對象」、「道德判準」與「道德根源」等爲「義」的可能意蘊，〔註186〕然無論如何，「孟子實將孔子『義』的含義，向內（包括根源），又向外（用於什麼場合與關係）加以擴充，而使得儒家的『義』的含義更爲擴張與充實了」〔註187〕可謂是一事實呈顯，如吳忠偉說：「…及至孟子，通過『義』的內在化，將孔子作爲行爲原則的『義』轉爲作爲『德性』的『義』。」〔註188〕霍國棟亦表示：「孟子在儒家思想家中是對義德給予高度重視和豐富論述的思想家，其義德思想從人性論、價值論與人格論的角度全面論述了義的人性基礎、精神實質、價值取向和人格堅守，其強調的重點是一種道義倫理精神和主體自覺與獨立精神。」〔註189〕所以吾人應可斷言：「孟子繼承和發揚了義在孔子思想

〔註181〕汪聚應：〈儒「義」考論〉，《蘭州大學學報》，2004 年第 03 期，甘肅：蘭州大學，2004 年 05 月，頁 27～31，後僅標註作者、篇名及刊名。

〔註182〕汪聚應：〈儒「義」考論〉，《蘭州大學學報》。

〔註183〕譚宇權：《孟子學術思想評論》，台北市：文津，1995，頁 314，後僅標註書名及頁碼。

〔註184〕陳大齊：〈孟子學說中的仁與義〉，《國立政治大學學報》，第 04 期，臺北市：國立政治大學，1961 年 12 月，頁 1～20。

〔註185〕汪聚應：《儒「義」考論〉，《蘭州大學學報》。

〔註186〕許朝陽：〈告子對比下的孟子「義」之可能義蘊〉，《淡江中文學報》，第 28 期，新北市：淡江大學中國文學學系，2013 年 06 月，頁 1～28。

〔註187〕《孟子學術思想評論》，頁 315。

〔註188〕吳忠偉：〈「義」與早期中國的「邦邑」共同體〉，《哲學與文化》。

〔註189〕霍國棟：〈孟子「義」德思想析論〉，《深圳大學學報（人文社會科學版）》，2007 年第 06 期，廣東：深圳大學，2007 年 11 月，頁 48～52，後僅標註作者、篇名及刊名。

中『道德性』的一面，充分挖掘了義德的內在價值，體現了對至善的追求。具體地說，孟子認為義是人心固有的『四德』之一，是個體完善德行、成就道德理想人格的源動力。」〔註190〕亦即將「道德根據——性」視為孟子言「義」時之特點。

因此，「『義』由社會性身份的『應當之則』向個體之『己』的『應當之則』轉向」〔註191〕，而有別於孔子，吳汝鈞說：「他（孔子）未有正面地、明確地視仁為人的本性，未有認真地涉及人性的問題…孟子哲學的重點，便是他的人性論，所謂性善說；這是以道德的心性或道德理性來規定人性的說法。他的形而上學思想、工夫論語政治思想，以至養浩然之氣的說法和理想人格的構想，都是由性善說而展開的。」〔註192〕郭齊勇言：「孟子關於人性的討論，是從人的情感——不忍人之心、惻隱之心出發的。這是人的道德直覺、道德擔當，當下直接地正義衝動，並沒有其他的功利的目的。」〔註193〕所以，孟子可謂是將「人性」與「道德」進行緊密的掛勾，朝向一種「道德生活的內在性」之表明，如郭氏說：「惻隱、羞惡、辭讓、是非等心，即是理，又是情。這種『四端之心』本身既蘊含有道德價值感，同時又是道德判斷的能力和道德踐履的驅動力，是實現的道德主體自我實現的一種力量。」〔註194〕換言之，對孟氏來說，「人」是集意志、價值與實踐為一身的主體，自己能為自己下命令、自己能支配自己，以致王法強指出：「孟子為人們的道德實踐活動找到了內在依據，使仁義成為了人們的安身立命之本。」〔註195〕且「為人們的道德實踐奠定了內在心性基礎，同時也開闢了一條道德人格成長道路」〔註196〕，曾春海也說：「孟子道德學說之有根有源可尋，及其諄諄誘發人類向善行善的方法，和立人道之極，使人生有一共同的最高價值理想之歸宿，這是孟子學說值得讚譽宏揚處。」〔註197〕。

〔註190〕霍國棟：〈孟子「義」德思想析論〉，《深圳大學學報（人文社會科學版）》。

〔註191〕吳忠偉：〈「義」與早期中國的「邦邑」共同體〉，《哲學與文化》。

〔註192〕吳汝鈞：《儒家哲學》，台北市：台灣商務，1995，頁 25～26。

〔註193〕郭齊勇：《中國儒學之精神》，上海：復旦大學出版社，2009，頁 195，後僅標註書名及頁碼。

〔註194〕《中國儒學之精神》，頁 196。

〔註195〕王法強：〈孟子仁義實踐論辨正〉，《齊魯學刊》，2018 年第 03 期，山東：山東曲阜師範大學，2018 年 08 月，頁 18～23，後僅標註作者、篇名及刊名。

〔註196〕王法強：〈孟子仁義實踐論辨正〉，《齊魯學刊》。

〔註197〕曾春海：《先秦哲學史》，台北市：五南圖書，2010，頁 147。

　　承上所言，故黃俊傑說：「孔孟的『義』與墨子的『義』雖均作『適當』或『適當性』解，但孔孟（尤其是孟子）的『義』源自『自我』，孟子認為人有自由意志，有內在之價值意識來對外在現象下判斷。」〔註198〕譚宇權言：「孟子講的義即以事情的應不應該來決定做不做，而不是以『是否對自己有利』來做判斷。」〔註199〕張岱年則指出：「孟子所謂義，則是自己裁制之意，不顧一己利害，決然毅然自己裁制其行為，便是義。」〔註200〕所以，董洪利認為：「性善論為封建人倫道德提供根據，最終是為鞏固和加強地主階級政權服務的，有著濃厚的功利主義色彩和實實在在的階級內容。」、「性善論是為維護封建倫理道德和統治階級政權服務的…在整個封建社會的歷史中，它作為統治階級的理論工具，起到了美化封建統治，麻痺人民意志的消極作用。」〔註201〕此論斷皆應是有待商榷的，畢竟就文獻本身而言，《孟子》即已明確有「暴君放伐」〔註202〕之觀點載錄。

　　另除上述外，牟宗三乃將「主體性」（Subjectivity）與「內在道德性」（Inner-morality）視為中國哲學的型態及特質，〔註203〕指出：「中國儒家正宗為孔孟，故此中國思想大傳統的中心落在主體性的重視，亦因此中國學術思想可大約地稱為『心性之學』。此『心』代表『道德的主體性』（moral subjectivity），它堂堂正正地站起來，人才可以堂堂正正地站起來。人站起來，其它一切才可隨之站起來，人不能站起來，那麼一切科學、道德、宗教、藝術，總之，一切文化都無價值。」〔註204〕而關於「性」，則言：「儒者所說之『性』即是能起道德創造之『性能』；如視為體，即是一能起道德創造之『創造實體』（creative reality）…其（性體）意實只是人之能自覺地作實踐之『道德的性能』（moralability）或『道德的自發自律』（moral spontaneity），亦即作為『內在道德性』（inward morality）看的『道德的性能』或『道德的自發自律』也…康德所謂『意志之自律』（autonomy of will），即是此種『性』。作『體』

<hr>

〔註198〕黃俊傑：《孟學思想史論》，台北市：東大出版，1991，頁131。
〔註199〕《孟子學術思想評論》，頁216。
〔註200〕《中國哲學大綱》，頁321。
〔註201〕董洪利：《孟子研究》，江蘇：江蘇古籍出版社，1997，頁95～96。
〔註202〕《孟子・梁惠王下 08》：「齊宣王問曰：『湯放桀，武王伐紂，有諸？』孟子對曰：『於傳有之。』曰：『臣弒其君可乎？』曰：『賊仁者謂之賊，賊義者謂之殘，殘賊之人謂之一夫。聞誅一夫紂矣，未聞弒君也。』」。
〔註203〕《中國哲學的特質》，頁5。
〔註204〕《中國哲學的特質》，頁83。

看，即是『道德的創造實體』（moral creative reality）。」〔註205〕然其義旨，可謂誠如羅惠齡之所述：「『性』的這種能動力量便明顯地存在於用來表示這些概念特徵的隱喻中。爲了將『性』視作一個人完整的過程，一個人非一種存在，而是正在作或正在製作的一個過程…身爲一個人應該是有待於興發的，有待於自我完全的理解，甚至是有待於決定它的內涵。」〔註206〕另外，牟氏以康德思想詮釋孟子學說，此舉亦是李明輝所肯定的，如其言：「…我們可斷定：孟子與康德同樣肯定『自律爲道德底本質』的立場，因而其倫理學同屬自律倫理學。」〔註207〕英冠球則指出：「將孟子判爲『自律道德』，其意義不在於提出任何智性的道德法則，而是要強調道德的內在義和自覺自主。」〔註208〕。

另針對孟子思想，牟宗三還說：「孟子主性善是由仁義禮智之心以說性，此性即是人之價值上異於犬馬之眞性，亦即道德的創造性之性也。你若能充分體現你的仁義禮智之本心，你就知道了你的道德的創造性之眞性。」〔註209〕、「孟子就以心講性。孟子講性就是重視主體這個概念。儒家講性善這個性是眞正的眞實的主體性（real subjectivity）。這個眞實的主體性不是平常我們說的主觀的主體，這是客觀的主體，人人都是如此…人人都有這個善性，問

〔註205〕《牟宗三先生全集05‧心體與性體（第一冊）》，頁43～44。

〔註206〕羅惠齡：《當代《孟子》人性論的省察：以漢學家的詮釋所展開的反思》，台北市：秀威資訊，2019，頁117～118。

〔註207〕李明輝：〈孟子與康德的自律倫理學〉，《鵝湖月刊》，第155期，新北市：鵝湖月刊社，1988年05月，頁5～16；然牟宗三透過康德詮解孟子，其乃是一種轉化、重鑄的援引，如謝君讚指出：「…依憑孟子文獻與義理方向，適度、部份地採納康德哲學的概念與系統，如運用康德『自律倫理學』，但卻不吸收其情、理二分的內容，來詮釋孟子的『仁義內在』說，用康德『智的直覺』，但卻不吸收其僅限於無限之上帝的內容，來闡發孟子四端之心的本體論向度，用康德『物自身』，但卻不是從知識論之事實概念上說，而是從價值意義上說，來詮解孟子『知天』的形上理境，但卻不是從知識論之事實概念上說，而是從價值意義上說，來詮解孟子『知天』的形上理境。」（謝君讚：〈從康德到海德格──試論當代學者於孟子詮釋上的一項爭議〉，《當代儒學研究》，第10期，桃園：國立中央大學文學院儒學研究中心，2011年06月，頁241～271）。

〔註208〕英冠球：〈《孟子》反映的倫理學型態──從德性倫理學的觀點看〉，《哲學與文化》，第37卷第5期，臺北：哲學與文化月刊雜誌社，2010年05月，頁19～40。

〔註209〕牟宗三著、沙淑芬編：《牟宗三先生全集22‧圓善論》，台北：聯經，2003，頁130。

題是在有沒有表現出來。」〔註210〕而此即近似唐君毅之體悟，其言：「吾今所能為孟子代答者亦無他言，即求問者之試自操自存其心，以自知其心之能自操自存而自生，而再以之度他人之心而已矣。」〔註211〕據此，故陳士誠不僅標明「孟子早先於他們（奧古斯丁、康德）揭示出自由決意概念的各種意涵」，且指出：「在孟子論人之取捨以及人之自暴自棄，確立了作惡者之概念，從而使倫理究責，有著落處——由於人自己即作惡者，故他即是承擔其惡之究責因。」〔註212〕依此，以致何信全認為吾人可在孟子的思想中，推導出現代自由民主體制的法治原則——「道德自主性」。〔註213〕

　　然在孟子之「義」上，唐君毅有著「超自覺者」之觀點提出：「…孟子所謂羞惡之心，不受他人爾汝侮辱之心，或孟子所謂無欲害人，不為穿窬之心。此義之原始表現，乃一種自覺而超自覺的承認人我之別，人我之分際分位之意識。」並言：「人之承認人我之別，人我之分際分位，即表現於人無事時皆有之毋欲害人毋欲穿踰之一種自然的自制…此種自尊之感，乃與吾人承認人我之差別與分際分位之一念俱生，即再吾人最平常之生活，吾人只須一見我以外之他人，而直覺比亦是一人。」因此，「此種羞惡之心，乃與吾人承認人我之分際分位，不穿窬不害人之心，同根並長，同皆為吾人之義之意識之最原始的表現」〔註214〕，而蕭振聲指出：「…超自覺的第一階段，義是消極地不干犯人我之道德意識；而在自覺的第二階段，則是積極地安排、配置人我不同權利、義務、責任，藉以避免互相干犯之道德意識。」〔註215〕故唐氏所述，

〔註210〕《中國哲學十九講》，頁 64。

〔註211〕唐君毅：《中國哲學原論・原性篇》，台北市：臺灣學生，1991，頁 50。

〔註212〕陳士誠：〈孟子論作惡者——一個倫理學之比較研究〉，《清華學報》，第 48 卷第 4 期，新竹：國立清華大學出版社，2018 年 12 月，頁 691～723。

〔註213〕何信全說：「從孟子性善論、陸象山『心即理』到王陽明『致良知』的道德哲學，在中國歷史脈絡中固然導向德治仁政的人治格局；然而與西方近代自由主義立基於『道德自主性』的法治論證對比分析，其實可以發掘出儒家心學傳統中亦蘊含充沛的『道德自主性』觀念內涵，得以推導出現代法治原則…純就哲學理論的層面前言，我們的確可以在道德自主性的基礎上，找到儒學與自由主義的會通之處，據以建構現代自由民主體制的法治原則。」（何信全：〈儒學也能推導出現代法治原則嗎？以「道德自主性」為中心的探討〉，《思與言：人文與社會科學雜誌》，第 49 卷第 2 期，台北：思與言雜誌社，2011 年 06 月，頁 165～195）。

〔註214〕以上所引之三段唐氏言說，皆出自唐君毅：《文化意識與道德理性》，北京：中國社會出版社，2005，頁 321。

〔註215〕蕭振聲：〈唐君毅論仁義禮智〉，《中正漢學研究》，第 31 期，嘉義：中正大學

當中似乎即體現出以「平等」視角看待萬事萬物之素養、情操甚至道德心，此則可謂是對孟子或儒家之精神暢發。

三、小結

綜上述可知，因《論語》、《孟子》之體裁與論述型態皆有不同，故在以此二書作爲讀經之材的情形下，當中乃各有優、劣，且誠如李明輝指出：「筆者所擔心的是：當急切的現實要求使涵義不清的『實踐』概念成爲批判底標準時，對儒學期許最殷的人可能正是戕害儒學最深的人。」〔註216〕因此總歸而言，爲消解一字多義或譬喻等所可能產生的誤讀、誤解，依循文本所蘊含的思想結構，選擇以義理爲向度之「讀」，此應是較爲可靠的方法。

另誠如劉述先說：「孟子在儒家思想上最大的貢獻，無疑在他提出了一整套心性論的看法…孔子是少談性，但孟子卻是根據他的睿識，作出了進一步的發揮，而發展出一套性善論，在精神上並無背於孔子所信奉的基本原則。」〔註217〕徐舜彥也指出：「在孔孟關於社會規範的思想之中，我們可以看到這種道德內化與人性的趨向。因此在社會人際交往當中，落實道德行爲便成爲人所獨特具備之要求。是以，道德規範不再是一種形式上的外在制約，而是內化爲對自我人格的要求。」〔註218〕可見孔、孟雖在「性」的論述上具有顯明的差異，但在《論》「仁」與《孟》「義」等德行思想中，卻仍存在相似性，二者不僅揭示著「人」蘊含有內在、精神與道德屬性，同時亦指向、強調主體之「實踐」，以爲達致「理想人格」的成就，如同牟宗三說：「它（中國式或東方式的哲學）是以生命爲中心，由此展開他們的教訓、智慧、學問與修

中國文學系，2018 年 06 月，頁 79～114。

〔註216〕李明輝：〈當前儒家之實踐問題〉，《台灣社會研究季刊》，第 2 卷第 2 期，台北市：臺灣社會研究雜誌社，1990 年 10 月，頁 107～126。

〔註217〕劉述先：〈孟子心性論的再反思〉，《中國文哲研究通訊》，第 4 卷第 2 期，台北：中央研究院中國文哲研究所，1994 年 06 月，頁 1～14；李瑞全亦有近似之言，說：「依據孔子之把禮樂攝歸於仁，而以仁心之安不安作爲道德根源所在，孔子之倫理學形態乃是內在論…孟子之以仁義禮智等一切道德價值均出於不忍人之心，是以孟子亦爲內在論，可以論定爲繼承孔子的義理系統。」（李瑞全：〈荀子哲學之價值規範根源問題：兼論孟荀之孔門承傳之取向〉，《中央大學人文學報》，第 50 期，桃園：國立中央大學文學院，2012 年 04 月，頁 23～49）。

〔註218〕徐舜彥：〈先秦儒家思想中的社會侷限──社會道德規範〉，《哲學與文化》，第 32 卷第 6 期，臺北：哲學與文化月刊雜誌社，2005 年 06 月，頁 53～67。

行…以當下自我超拔的實踐方式，『存在的』方式，活動于『生命』，是眞切於人生的。」〔註219〕魏元珪也言：「…中國道德哲學，特重當生之實踐，不重來世之企求，以當下之決顯處，即生命智慧之結果，故孟荀二家皆重入世之實踐，而不欲遁世、隱世、避世而爲隱君子也。」〔註220〕黃俊傑則亦有近似之闡釋：「中國詮釋學的基本性質是一種『實踐活動』，或者更正確地說，中國詮釋學是以『認知活動』爲手段，而以『實踐活動』爲目的。」〔註221〕。

　　然又如勞思光分別以「自覺境界」與「自覺發用」釋「仁」、「義」，〔註222〕而「爲人」所當有的自覺、自省，此作爲一種「工夫」，當中除標示著人者對其命價值的主宰、決定甚至創造精神外，且亦攸關著個人與他者「共處」之問題消解，如同傅佩榮在論孔子之「仁德」時指出：「它（仁）指向人際適當關係的實現，也就是『善』。」〔註223〕又或是蔡仁厚將「爲善以維繫人間社會之安和」作爲孟子「性善論」之其中意義，〔註224〕此番詮釋皆透露著「儒家經典作者不僅有心於解釋世界，更致力於改變世界」〔註225〕，且符應「老者安之，朋友信之，少者懷之」與「老吾老，以及人之老；幼吾幼，以及人之幼」等孔、孟之「志」，並能對應於筆者以「志」作爲《論》「仁」、《孟》「義」之梳理終點的論述架構。

〔註219〕《中國哲學的特質》，頁7～8。

〔註220〕魏元珪：《孟荀道德哲學》，台北市：海天出版社，1980，頁387。

〔註221〕黃俊傑：〈論東亞儒家經典詮釋傳統中的兩種張力〉，《臺大歷史學報》，第28期，台北：臺灣大學歷史學系，2001年12月，頁1～22，後僅標註作者、篇名及刊名。

〔註222〕《新編中國哲學史（一）》，頁116～117，勞思光說：「立公心是『仁』，循理是『義』…『仁』是自覺之境界，『義』則是自覺之發用…所以『仁』是『義』之基礎，『義』是『仁』之顯現。」。

〔註223〕傅佩榮主編：《孔子辭典》，台北市：聯經，2013，頁129。

〔註224〕關於孟子言「性善」之意義，蔡仁厚將略將其歸結爲五點：「透顯道德主體以建立道德實踐所以可能的根據、肯定『人人皆可爲聖賢』，以開啓人格上升之門、引發人之價值意識與文化理想、保證教育之價值與功能、爲善以維繫人間社會之安和。」（參見《孔孟荀哲學》，頁192）。

〔註225〕黃俊傑：〈論東亞儒家經典詮釋傳統中的兩種張力〉，《臺大歷史學報》。

第三章　《論語》之「仁」與人能的發用

　　為以「義理」為向度，析論《論語》在讀經或德育層面所體現之價值，本章首先試以「仁（德）」為對象，梳理其豐富內涵──「愛以立達」、「克己思敬」、「全德不憂」和「倚慎求仁」，而此不僅證其意蘊深厚，且能從中覺察後天的「人能發用」，乃為孔子道德理念之重要組件，因此，後分別以文本──「好仁不好學，其蔽也愚」及「吾十有五而志於學」為進路，探究「學」、「志」所具之意義。研究發現，今人如欲以《論語》為材，其應不能僅止於對「仁（德）」的認識或背誦，又或是單以教條、規約之方式來促進「君子」的成就，因當中存在對於人之「個體」及「群體性」的問題正視，以及肯定「能變」和「可變」之人生可能，而此不僅表露出一種對於「生命價值」的側重，且亦可作為人生問題之思考引發──自省「吾人應如何生活於此存在結構中？」。

第一節　論「仁（德）」

　　誠如《說文解字》所云：「仁，親也。」〔註1〕而「親」字之義則為：「至也…到者、至也。到其地曰至。情意懇到曰至。父母者、情之冣至者也。故謂之親。」〔註2〕因此，「仁」除與人之「情意活動」有關外，同時也意謂著個人

〔註1〕 〔漢〕許慎著，〔清〕段玉裁注：《說文解字注》，「說文解字」網站，網址：http://www.shuowen.org/，〈仁〉，後僅標註書名及詞條。

〔註2〕 《說文解字注》，〈親〉；然關於「冣」，其為聚集、累積之意義，《說文解字注》載：「冣，積也。冣與聚音義皆同…按凡言冣目者、猶今言摠目也…學者知有最字不知有冣字久矣。玉篇云，冣者，齊也。聚也。子會切。是以冣之義為最之義。」（《說文解字注》，〈冣〉）。

－73－

對於某種境界之達致,而儒家之宗——孔子曾明言:「志於道,據於德,依於仁,游於藝。」〔註3〕故從「依」所表示之「不違」、「倚」及「不背離」等義判斷,「仁」在儒家學說中應佔有其特殊地位;然而「仁」雖爲儒者們之贊同對象,且被視爲「人性行爲」〔註4〕所應蘊含之「德」,但如〈子罕01〉與〈衛靈公35〉所載:「子罕言利,與命,與仁。」〔註5〕、「子曰:『民之於仁也,甚於水火。水火,吾見蹈而死者矣,未見蹈仁而死者也。』」〔註6〕「仁」的深厚意蘊,加上「人欲」之日常影響,使得最終能眞切履踐者可說寥若晨星,以下筆者將擇《論語》諸章,〔註7〕並藉四子題——「愛以立達」、「克己思敬」、

〔註3〕《論語・述而06》,朱熹注:「依者,不違之謂。」(〔宋〕朱熹:《四書章句集注》,北京:中華書局,2011,頁91,後僅標註書名及頁碼) 何晏注:「依,倚也。」(〔魏〕何晏注,〔宋〕邢昺疏,李學勤主編:《論語注疏》,台北市:台灣古籍,2001,頁94,此版本以〈鄉黨〉爲界分上、下兩冊,但此二輯之頁碼是以順號方式編排,因此筆者將僅以書名及頁碼方式標註,而不列上、下冊) 傅佩榮則將「依於仁」解爲「絕不背離人生正途」(傅佩榮解讀:《論語》,台北縣:立緒文化,1999,頁157,後僅標註作者、書名及頁碼) 另錢穆則言:「依,不違義。仁者,乃人與人相處之道,當依此道不違離。」(錢穆:《論語新解》,台北市:東大圖書,2011,頁181,後僅標註書名及頁碼)。

〔註4〕就人之行爲而言,可有「人性行爲」(human acts) 與「人的行爲」(acts of man) 的分別,前者乃指涉關乎於人之理智與意志的活動,另按其實現於內或外,又有著「內在行爲」(interior acts) 及「外在行爲」(exterior acts) 的區別,而所謂「人的行爲」所關涉的乃是人之動物性層面,舉凡心臟跳動、難過想哭、餓想吃等生理、情緒現象或官能反應,而此類行爲亦非屬於道德領域之行爲,如欲談道德價值,唯「人性行爲」屬之。(參見尤煌傑、潘小慧:《哲學概論:PBL指定教材》,台北市:哲學與文化月刊社,2015,頁157)。

〔註5〕朱熹引程子言:「計利則害義,命之理微,仁之道大,皆夫子所罕言也。」(《四書章句集注》,頁104) 邢昺疏:「此章論孔子希言難致之事也。罕,希也。與,及也。利者,義之和也。命者,天之命也。仁者,行之盛也。孔子以其利、命、仁三者常人寡能及之,故希言也。」(《論語注疏》,頁124) 然錢穆另解:「利者,人所欲,啓爭端,群道之壞每由此,故孔子罕言之…與,贊與義。孔子所贊與者,命與仁…論語言仁最多,言命亦不少,並皆鄭重言之…」(《論語新解》,頁235) 而傅佩榮則以「愼重」作爲「罕言」之原因 (參見傅佩榮解讀:《論語》,頁210)。

〔註6〕朱熹注:「民之於水火,所賴以生,不可一日無。其於仁也亦然。但水火外物,而仁在己。無水火,不過害人之身,而不仁則失其心。是仁有甚於水火,而尤不可以一日無也…李氏曰:『此夫子勉人爲仁之語。』」(《四書章句集注》,頁157)。

〔註7〕依筆者自行統計之結果,「仁」在《論語》中共分落於16篇 (59章) 中,細目爲:〈八佾〉、〈微子〉各1章、〈子罕〉、〈堯曰〉各2章、〈學而〉、〈公冶長〉、〈泰伯〉、〈子路〉、〈子張〉各3章、〈述而〉4章、〈雍也〉、〈衛靈公〉、〈陽貨〉各5章、〈顏淵〉、〈憲問〉各6章、〈里仁〉7章。

「全德不憂」和「倚慎求仁」之方式，〔註8〕以達對「仁（德）」內涵的研析。

一、愛以立達

關於「仁」字，其早在孔子之前就已存在於諸典籍中，〔註9〕而《論語》作為儒學及哲學要書，當中所顯露的「系統性」，〔註10〕便是以「仁（德）」為重要基底，然依循〈顏淵22〉所載：「樊遲問仁。子曰：『愛人。』」〔註11〕故「仁」與「愛人」間所存在的關聯性，可謂是無疑可證、昭然若揭的；對於「愛人」，朱熹乃以「仁之施」解之，〔註12〕而其義應是視「愛人」為「仁」的根本精神，也就是將「愛人」標示為「仁」之內涵／本質所在，也就是說，「愛人」不僅非為「仁的作用」，且亦非是「人」具有「仁」後才得以促發之

〔註8〕 此四子題的訂定，主要是以〈顏淵22〉、〈雍也22〉、〈顏淵01〉、〈陽貨06〉與〈顏淵03〉等「問仁」五章為本（「克己思敬」取〈雍也22〉、〈顏淵01〉兩章），內容涉及「仁」所蘊含的本質、工夫及理想義。

〔註9〕 於《尚書》（如：「克寬克仁」、「懷于有仁」、「予仁若考」）、《詩經》（如：「洵美且仁」、「其人美且仁」）與《左傳》（如：「親仁善鄰」、「仁孰大焉」、「幸災不仁」）中皆已可見得「仁」字，並指涉為仁愛、仁厚之義，然孔子則首以完整、系統之方式對「仁」予以界說，擴充、深化及豐富「仁」所具之內涵。（參見蔡仁厚：《中國哲學史·上冊》，台北市：台灣學生，2009，頁54、劉曉成、顧久幸：《仁——為人為政之道》，廣西：廣西人民出版社，1996，頁1〜2、蘇新鋈：《先秦儒學論集》，台北市：文津出版社，1992，頁3〜4）。

〔註10〕 筆者所言之「系統性」，乃是用於指稱《論語》中各篇章及概念間乃是能有所連貫的，亦即層層相關、富含邏輯，而非各自獨立、單篇表述，如張岱年說：「孔子所謂仁的含義具有不同的層次，有較深層次的含義，有較淺層次的含義。孔子答覆弟子問仁，有時講出較深的含義，有時只講較淺的含義。」所以杜維明指出，孔子「答仁」雖為「因材施教」（依循不同的情境與弟子所發），但因其對「仁」有整體、全面的理解，以致在「答仁」的特殊、隨機當中，仍呈顯出深刻的內在統一性，另外，傅佩榮也言：「《論語》並非系統著作，而是簡短對話與扼要評論的合集。這些對話與評論透露出一種對所有人共同有效的道德要求。」（參見杜維明：《詮釋《論語》「克己復禮為仁」章方法的反思》，台北市：中研院文哲所，2013，頁16、張岱年：《中國倫理思想研究》，南京：江蘇教育出版社，2005，頁81、傅佩榮：《儒道天論發微》，台北市：台灣學生書局，1985，頁96）。

〔註11〕 《論語·顏淵22》：「樊遲問仁。子曰：『愛人。』問知。子曰：『知人。』樊遲未達。子曰：『舉直錯諸枉，能使枉者直。』樊遲退，見子夏。曰：『鄉也吾見於夫子而問知，子曰，「舉直錯諸枉，能使枉者直」，何謂也？』子夏曰：『富哉言乎！舜有天下，選於眾，舉皋陶，不仁者遠矣。湯有天下，選於眾，舉伊尹，不仁者遠矣。』」。

〔註12〕 朱熹注：「愛人，仁之施。」（《四書章句集注》，頁131）。

行爲表現，另誠如邢昺所疏：「『樊遲問仁。子曰：愛人』者，言汎愛濟眾是仁道也。」〔註13〕故筆者以爲，此「仁──愛人」之論述應能與「愛之，能勿勞乎？忠焉，能勿誨乎？」〔註14〕相併而視，表現出「仁──愛人──勞」相聯之思想架構。

朱熹引蘇氏言：「愛而勿勞，禽犢之愛也…愛而知勞之，則其爲愛也深矣。」〔註15〕何晏則注：「孔曰：『言人有所愛，必欲勞來之；有所忠，必欲教誨之。』」〔註16〕因此，從語句結構來看，「禽犢之愛」和「爲愛也深」應存在著相對舉之關係；而依楊倞所示，「禽犢」乃指「餽贈之物」，是種工具性的利用或憑藉關係之呈顯，〔註17〕故「禽犢之愛」應可說是對「淺薄之愛」的指稱，背後有著顯明的目的性；另外，此處所言之「勞」，其乃是「勞來」、「慰勞」之義，〔註18〕意謂著「用言語或物質慰問勞苦或有功的人」，〔註19〕以致「勞（來）」如作爲愛之深淺、厚薄的判別因子，「眞實無妄」即可謂是其所體現之義，誠如劉寶楠指出：「此爲勞者、誨者表也。不欲愛，即勿勞；不能忠，即勿誨。故夫言者，既竭懷以達誠，聞者亦宜原心以容直也。」〔註20〕。

承上所述，因此所謂「眞實無妄」之「愛」，其應即是指涉「眞實／懇切的情感流露」，而此情感的流露／表達本身便是終點與目的，據此，故孔子所言之「愛人」，其不僅代表著個人不應爲求某目的之達成，而將「愛」或情感

〔註13〕 《論語注疏》，頁190。
〔註14〕 《論語・憲問07》。
〔註15〕 《四書章句集注》，頁141。
〔註16〕 《論語注疏》，頁210。
〔註17〕 《荀子・勸學》：「君子之學也，以美其身。小人之學也，以爲禽犢。」楊倞注：「禽犢，餽獻之物也。」（〔戰國〕荀況著，〔唐〕楊倞注：《荀子》，上海：上海古籍出版社，1991，頁8）梁啓雄說：「…言小人自炫其學，欲以學見之於人也。」（梁啓雄：《荀子簡釋》，北京：中華書局，1983，頁9）王忠林注：「…小人之學，是用來作爲求名利進身的工具。」（王忠林注譯：《新譯荀子讀本》，台北市：三民，2009，頁8）。
〔註18〕 關於《論語・憲問07》中之「勞」，傅佩榮將其解爲「勞苦」（傅佩榮解讀：《論語》，頁350），錢穆則譯爲「勤勞」（《論語新解》，頁384），但筆者採何晏之注，視其爲「勞來」之義，而依《漢書・宣帝紀》所載：「今膠東相成，勞來不怠。」顏師古注：「…勞來者，言慰勉而招延之也。」（〔漢〕班固撰，〔唐〕）顏師古注：《漢書（一）》台北：明倫出版社，1972，頁248）。
〔註19〕 教育部《重編國語辭典修訂本》網路版，網址：https://goo.gl/XY1n2o。
〔註20〕 〔清〕劉寶楠：《論語正義》，台北市：文史哲，1990，頁560，後僅標註書名及頁碼。

視爲工具或手段，另外亦體現出一種不僅止於以「自身」爲要角的思考或判斷，而朝向「心存他者」（指「心中存有他者」）的思維確立。

然此「心存他者」的「仁德」或「愛」，其應和邢昺所言之「汎愛濟眾」是相互符應的，因爲「他者」和「眾」皆是對於「有別於個人自身以外之事物」的指稱，而此種以「眾」爲向度之「愛」，亦出現於〈學而06〉，其云：「子曰：『弟子入則孝，出則弟，謹而信，汎愛眾，而親仁。行有餘力，則以學文。』」朱熹注：「汎，廣也。眾，謂眾人。親，近也。仁，謂仁者。」〔註21〕邢昺疏：「『汎愛眾』者，汎者，寬博之語。君子尊賢而容眾。或博愛眾人也。」〔註22〕故吾人應有理由斷言，孔子之仁德或其倫理學說，最終乃是聚焦在對於「眾」的關懷上，而此不僅符合其「志」之所「立」——即「老者安之，朋友信之，少者懷之。」〔註23〕且又與子張語——「君子尊賢而容眾，嘉善而矜不能」〔註24〕相呼應。

承上所言，因此「巧言令色」之所以備受孔子之鄙棄，「不眞」可謂即是其原因所在，如：「巧言令色，鮮矣仁！」〔註25〕、「巧言、令色、足恭，左丘明恥之，丘亦恥之。匿怨而友其人，左丘明恥之，丘亦恥之。」〔註26〕等言說所示，朱熹注：「巧，好。令，善也。好其言，善其色，致飾於外，務以悅人，則人欲肆而本心之德亡矣。」〔註27〕邢昺疏：「此章論仁者必直言正色。其若巧好其言語，令善其顏色，欲令人說愛之者，少能有仁也。」〔註28〕、「…

〔註21〕 《四書章句集注》，頁51。
〔註22〕 《論語注疏》，頁8。
〔註23〕 《論語・公冶長26》：「顏淵、季路侍。子曰：『盍各言爾志？』子路曰：『願車馬、衣輕裘，與朋友共。敝之而無憾。』顏淵曰：『願無伐善，無施勞。』子路曰：『願聞子之志。』子曰：『老者安之，朋友信之，少者懷之。』」而關於「志」之意蘊，筆者將於本章第三節再予以闡釋。
〔註24〕 《論語・子張03》：「子夏之門人問交於子張。子張曰：『子夏云何？』對曰：『子夏曰：「可者與之，其不可者拒之。」』子張曰：『異乎吾所聞：君子尊賢而容眾，嘉善而矜不能。我之大賢與，於人何所不容？我之不賢與，人將拒我，如之何其拒人也？』」朱熹注：「子夏之言迫狹，子張譏之是也。」（《四書章句集注》，頁175）邢昺則疏：「君子尊賢而容眾，嘉善而矜不能」者，此所聞之異者也。言君子之人，見彼賢則尊重之，雖眾多亦容納之。人有善行者則嘉美之，不能者則哀矜之。」（《論語注疏》，頁292）。
〔註25〕 《論語・學而03》，此章亦同於〈陽貨17〉。
〔註26〕 《論語・公冶長25》。
〔註27〕 《四書章句集注》，頁50。
〔註28〕 《論語注疏》，頁4。

孔以爲，巧好言語，令善顏色，便僻其足以爲恭，謂前却俯仰以足爲恭也…友，親也；匿，隱也。言心内隱其相怨，而外貌詐相親友也。」〔註29〕故即便「巧言」、「令色」和「足恭」皆屬「悅人行爲」，但此「悅人」之舉止卻是工具／手段，當中存在著「爲獲取他人之愛」的目的性，因此「巧言令色」所意謂的，當是種僞情、虛假與「無實無質」〔註30〕，呈顯爲揣合逢迎、不辨是非等樣態，所以孔子除以「巧言亂德」〔註31〕警惕世人外，另言：「剛、毅、木、訥近仁。」〔註32〕透露仁者應「眞實力行」〔註33〕。

　　但在此「眞實無妄」、「心存他者」（或言「眾」）之仁德／愛架構中，孔子乃標明兩種差異性作爲，如〈顏淵02〉與〈雍也30〉所載：

> 仲弓問仁。子曰：「出門如見大賓，使民如承大祭。<u>己所不欲，勿施於人</u>。在邦無怨，在家無怨。」仲弓曰：「雍雖不敏，請事斯語矣。」

> 子貢曰：「如有博施於民而能濟眾，何如？可謂仁乎？」子曰：「何事於仁，必也聖乎！堯舜其猶病諸！夫仁者，<u>己欲立而立人，己欲達而達人</u>。能近取譬，可謂仁之方也已。」

　　而「己所不欲，勿施於人」（「仲弓問仁」章）一語，其又見於〈衛靈公24〉，並被標示爲「恕（道）」，〔註34〕故朱熹注：「敬以持己，恕以及物，則

〔註29〕　《論語注疏》，頁74～75。

〔註30〕　何晏引王氏言：「巧言無實，令色無質。」（《論語注疏》，頁273）。

〔註31〕　《論語・衛靈公27》：「子曰：『巧言亂德，小不忍則亂大謀。』」，朱熹注：「巧言，變亂是非，聽之使人喪其所守。」（《四書章句集注》，頁156）何晏言：「孔曰：『巧言利口則亂德義。小不忍則亂大謀。』」（《論語注疏》，頁245）。

〔註32〕　《論語・子路27》，朱熹注：「程子曰：『木者，質樸。訥者，遲鈍。四者，質之近乎仁者也。』楊氏曰：『剛毅則不屈於物欲，木訥則不至於外馳，故近仁。』」（《四書章句集注》，頁139）錢穆釋：「剛謂強志不屈撓。毅是果敢。木是質樸。訥是鈍於言…剛毅者決不有令色，木訥者決不有巧言。」（《論語新解》，頁375）。

〔註33〕　張岱年說：「…仁又包含力行不作虛言的意思…仁者惟眞實力行，不肯取巧，亦不肯多言；不避難而就易，更不事空談…剛毅木訥，則能眞實力行，故近仁。巧言令色者，不欲眞實力行，而欲以巧僞贏得人心，實非有意立人達人，故遠於仁。」（張岱年：《中國哲學大綱》，台北市：藍燈文化，1992，頁316，後僅標註書名及頁碼）。

〔註34〕　《論語・衛靈公24》：「子貢問曰：『有一言而可以終身行之者乎？』子曰：『其恕乎！己所不欲，勿施於人。』」何晏注：「言己之所惡，勿加施於人。」邢昺疏：「『子曰：其恕乎！己所不欲，勿施於人』者，孔子答言，唯仁恕之一言，可終身行之也。己之所惡，勿欲施於人，即恕也。」（《論語注疏》，頁244）而關於「恕」，朱熹說：「盡己之謂忠，推己之謂恕…或曰：『中心爲忠，如心爲恕。』」（《四書章句集注》，頁71）亦指視「人心」如「己心」。

私意無所容而心德全矣。」〔註35〕邢昺疏:「此章明仁在敬恕也…『己所不欲,勿施於人』者,此言仁者必恕也。己所不欲,無施之於人,以他人亦不欲也。」〔註36〕因此,「己所不欲,勿施於人」或「恕」所指涉之義,應就在於「將心比心」,將「他人同視為『人』」,如劉寶楠言:「…仁者能敬畏人,故能愛人也。」〔註37〕也就是說,其著眼處應在於設身處地、換位和同理,彰顯出一種以「他人視角」為基礎的思考形式,但此種以「無損於人」為要的「勿施」舉動／精神,唐君毅僅將其視為「消極傾向」之表現,指出:「己所不欲,不施于人,為消極之恕;則己所欲者、施之于人,即應為積極之恕。然孔子言恕,則又明以己所不欲,勿施于人為本。」〔註38〕錢穆則說:「己所不欲,勿施於人,驟看若消極,但當下便是,推此心而仁道在其中。」〔註39〕。

有別於「己所不欲,勿施於人」及子貢所示之「我不欲人之加諸我也,吾亦欲無加諸人」〔註40〕,「己欲立而立人,己欲達而達人」〔註41〕則似乎較具有積極性,如朱熹注:「以己及人,仁者之心也…近取諸身,以己所欲譬之他人,知其所欲亦猶是也。然後推其所欲以及於人,則恕之事而仁之術也。於此勉焉,則有以勝其人欲之私。」〔註42〕邢昺疏:「…言夫仁者,己欲立身進達而先立達他人,又能近取譬於己,皆恕己所欲而施之於人,己所不欲,弗施於人,可謂仁道也。」〔註43〕劉寶楠則言:「…即如己欲立孝道,亦必使人立孝道…己欲達德行,亦必使人達德行…『立』謂身能立道也,『達』謂道

〔註35〕　《四書章句集注》,頁126。
〔註36〕　《論語注疏》,頁178。
〔註37〕　《論語正義》,頁485。
〔註38〕　唐君毅:《中國哲學原論・原道篇(一)》,台北市:台北學生書局,1976,頁85;另蔡仁厚也說:「…除了消極義的『己所不欲,勿施於人』,還另有積極義的『己立立人,己達達人』。」(蔡仁厚:《哲學史與儒學論評:世紀之交的回顧與前瞻》,台北市:台灣學生,2001,頁162)。
〔註39〕　《論語新解》,頁443。
〔註40〕　《論語・公冶長12》:「子貢曰:『我不欲人之加諸我也,吾亦欲無加諸人。』子曰:『賜也,非爾所及也。』」朱熹注:「子貢言我所不欲人加於我之事,我亦不欲以此加之於人。此仁者之事,不待勉強,故夫子以為非子貢所及。」(《四書章句集注》,頁77)。
〔註41〕　《論語・雍也30》:「子貢曰:『如有博施於民而能濟眾,何如?可謂仁乎?』子曰:『何事於仁,必也聖乎!堯舜其猶病諸!夫仁者,己欲立而立人,己欲達而達人。能近取譬,可謂仁之方也已。』」。
〔註42〕　《四書章句集注》,頁89。
〔註43〕　《論語注疏》,頁92。

可行諸人也。」〔註44〕而其中之「立」與「達」，乃和「爲之不厭，誨人不倦」〔註45〕是能相互符應的。

所謂「爲之」、「誨人」，誠如朱熹所注：「爲之，謂爲仁聖之道。誨人，亦謂以此教人也。」〔註46〕邢昺疏：「爲，猶學也。孔子言己學先王之道不厭，教誨於人不倦，但可謂如此而已矣。」〔註47〕劉寶楠言：「學不倦，教不倦，即是仁聖。」〔註48〕因此，「爲／學之」即意謂著己立、己達，「誨人」則指向於立人、達人，故就整體「爲／成仁之道」來說，當中乃蘊含有爲之、學之和誨人等意涵，換言之，孔子可說是因爲看重「『人』的卓越／優化」，所以強調「人者」的「（爲）學」，〔註49〕同時亦將對於「他者」的幫助（指「立人」、「達仁」），視爲「仁者」所應履踐之事，如其言：「君子成人之美，不成人之惡。小人反是。」〔註50〕。

而除了「勿施於人」、「立人」和「達人」等愛人表現外，孔子另亦提及「惡（ㄨˋ）人」，且將其與「仁者或君子之仁德」〔註51〕相連結，即非以割

〔註44〕《論語正義》，頁 250。

〔註45〕《論語・述而34》：「子曰：『若聖與仁，則吾豈敢？抑爲之不厭，誨人不倦，則可謂云爾已矣。』公西華曰：『正唯弟子不能學也。』」此外，〈述而02〉另載：「子曰：『默而識之，學而不厭，誨人不倦，何有於我哉？』」。

〔註46〕《四書章句集注》，頁 97。

〔註47〕《論語注疏》，頁 108～109。

〔註48〕《論語正義》，頁 282。

〔註49〕關於「學」之意蘊，筆者將於本章第二節再予以揭示。

〔註50〕《論語・顏淵16》，邢昺疏：「此章言君子之於人，嘉善而矜不能，又復仁恕，故成人之美，不成人之惡也。小人則嫉賢樂禍，而成人之惡，不成人之美，故曰反是。」（《論語注疏》，頁 187）。

〔註51〕在《論語》中，「仁者」與「君子」之意涵乃並非完全等同，如孔子說：「君子而不仁者有矣夫，未有小人而仁者也。」（〈憲問06〉）朱熹引謝氏言：「君子志於仁矣，然毫忽之間，心不在焉，則未免爲不仁也。」（《四書章句集注》，頁 141）何晏注：「孔曰：『雖曰君子，猶未能備。』」邢昺疏：「此章言仁道難備也。雖曰君子，猶未能備，而有時不仁也。」（《論語注疏》，頁 210）據此，故「君子」僅能說是「修仁者」，言行趨向於「仁」，具有相當之道德標準，而「仁者」則表示爲最高道德標準或境界之達到者，「仁」乃是其必要條件，換言之，「君子」與「仁者」雖具有相似性，皆是以「仁」爲目標／價值，「仁者」也必爲「君子」，但「君子」卻尚未「達／成仁」，其乃處於「修仁」狀態，偶爾會偏離於「仁」之實踐活動；除上述外，《論語》中之「君子」，其有時亦爲君主、國君之義，如〈憲問42〉云：「子路問君子。子曰：『脩己以敬。』曰：『如斯而已乎？』曰：『脩己以安人。』曰：『如斯而已乎？』曰：『脩己以安百姓。脩己以安百姓，堯舜其猶病諸！』」。

裂的方式看待「惡（ㄨˋ）」、「愛」及「仁」，如〈陽貨24〉載：

> 子貢曰：「君子亦有惡乎？」子曰：「有惡。惡稱人之惡者，惡居下
> 流而訕上者，惡勇而無禮者，惡果敢而窒者。」曰：「賜也亦有惡乎？」
> 「惡徼以爲知者，惡不孫以爲勇者，惡訐以爲直者。」

朱熹注：「稱人惡，則無仁厚之意。下訕上，則無忠敬之心。勇無禮，則爲亂。果而窒，則妄作。故夫子惡之。」〔註52〕此外，〈里仁03〉也云：「子曰：『唯仁者能好人，能惡人。』」邢昺疏：「此章，言唯有仁德者無私於物，故能審人之好惡也。」〔註53〕朱熹注：「蓋無私心，然後好惡當於理，程子所謂『得其公正』是也。游氏曰：『好善而惡惡，天下之同情，然人每失其正者，心有所繫而不能自克也。惟仁者無私心，所以能好惡也。』」〔註54〕據此，故君子、仁者之所以能和「惡（ㄨˋ）人」的概念相連接，「無私（心）」的爲人品質便當是其中之原因，也就是「唯有無私才可審人或識人於公正」之意義，而此觀點在孔子評「以『眾』爲判準」之論述中也有所顯露，〈衛靈公28〉載：「子曰：『眾惡之，必察焉；眾好之，必察焉。』」〔註55〕也就是說，依循「唯仁者能好惡人」之理，故如以「眾」爲準繩來「識人」，其中仍可能有「蔽／弊」之存在，如邢昺疏：「夫知人未易，設有一人，爲眾所惡，不可即從雷同而惡之。或其人特立不羣，故必察焉。又設有一人，爲眾所好，亦不可即從眾而好之。或此人行惡，眾乃阿黨比周，故不可不察。」〔註56〕即「公正無私」不見得能於「眾」之共識中獲得完備。

〔註52〕《四書章句集注》，頁169。

〔註53〕《論語注疏》，頁52。

〔註54〕《四書章句集注》，頁69。

〔註55〕朱熹引楊氏言：「惟仁者能好惡人。眾好惡之而不察，則或蔽於私矣。」（《四書章句集注》，頁156）而此章之義亦近似〈子路24〉：「子貢問曰：『鄉人皆好之，何如？』子曰：『未可也。』『鄉人皆惡之，何如？』子曰：『未可也。不如鄉人之善者好之，其不善者惡之。』」與〈陽貨13〉：「子曰：『鄉原，德之賊也。』」對此，朱熹分別注：「一鄉之人，宜有公論矣，然其間亦各以類自爲好惡也。故善者好之而惡者不惡，則必其有苟合之行。惡者惡之而善者不好，則必其無可好之實。」、「鄉原，鄉人之愿者也。蓋其同流合汙以媚於世，故在鄉人之中，獨以愿稱。夫子以其似德非德，而反亂乎德，故以爲德之賊而深惡之。」（《四書章句集注》，頁139、167）。

〔註56〕《論語注疏》，頁245，另錢穆亦言：「或有特立獨行，亦有爲大義冒不韙而遭眾惡者，亦有違道以邀譽，矯情以釣名，而獲眾好者。眾惡眾好，其人其事必屬非常，故必加審察。」（《論語新解》，頁446）。

　　承上所言，然「必察焉」一語所標示之義，似乎也就在於對「識人」（或言「知人」，泛指「對人的辨識」）的強調，而其原因除可始自「不使不仁者加乎其身」〔註57〕以外，應也和仁者／君子的「惡（ㄨˋ）惡（ㄜˋ）人」有關，因爲對孔子來說，此種「惡（ㄨˋ）」之態度／表現乃非朝向全面性的排斥或驅離，如〈泰伯10〉載：「子曰：『好勇疾貧，亂也。人而不仁，疾之已甚，亂也。』」朱熹注：「好勇而不安分，則必作亂。惡不仁之人而使之無所容，則必致亂。二者之心，善惡雖殊，然其生亂則一也。」〔註58〕邢昺疏：「人若本性不仁，則當以禮孫接，不可深疾之。」〔註59〕故錢穆解：「…見不仁誠當惡。惟主持治道，則需須善體人情，導之以漸。一有偏激，世亂起而禍且遍及於君子善人，是不可不深察。」〔註60〕所以總的來說，猶如今人所言：「愛的相反不是恨，是冷漠。」孔子在仁者／君子的「惡（ㄨˋ）人」或「識人」問題上，最終亦是以「他者」之「立」和「達」爲向度，避行「姑息之愛」〔註61〕而指向「愛人」的履踐，對應其「有教無類」〔註62〕之主張。

二、克己思敬

　　而除「愛人」外，孔子另也以「先難而後獲」答「仁」，其中「先難」一語即意謂著「禮」〔註63〕的實踐，顯露出一種以「攝禮歸仁」〔註64〕爲脈絡

〔註57〕　《論語・里仁06》：「子曰：『我未見好仁者，惡不仁者。好仁者，無以尚之；惡不仁者，其爲仁矣，不使不仁者加乎其身。有能一日用其力於仁矣乎？我未見力不足者。蓋有之矣，我未之見也。』」朱熹注：「…惡不仁者眞知不仁之可惡，故其所以爲仁者，必能絕去不仁之事，而不使少有及於其身。」（《四書章句集注》，頁69）。

〔註58〕　《四書章句集注》，頁101。

〔註59〕　《論語注疏》，頁116。

〔註60〕　《論語新解》，頁223。

〔註61〕　張岱年指出：「…仁乃『愛人以德』，而非『姑息之愛』。仁乃欲成己成人，然姑息之愛，或反足以誤己誤人。故仁雖包括愛，而不是單純的愛。」（《中國哲學大綱》，頁315）。

〔註62〕　《論語・衛靈公39》，邢昺疏：「此章言教人之法也。類謂種類。言人所在見教，無有貴賤種類也。」（《論語注疏》，頁248）。

〔註63〕　「禮」爲中國哲學思想中的範疇之一，泛指爲宗法制度、禮節儀式（文）和道德規範等，而「有（秩）序」可謂是其所代表之意義，誠如傅佩榮所言：「…『禮』涵蓋了中國人生命之宗教面、政治面與道德面。」而其認爲「禮」之意義可歸納爲「統合的理念」、「文化的傳統」及「具體的儀節」等三點（傅佩榮：《儒道天論發微》，台北市：台灣學生書局，1985，頁97）。

〔註64〕　「攝禮歸仁」一語乃由勞思光所提出，其言：「…孔子如何發展有關『禮』之

之思想系統，如〈雍也22〉云：

> 樊遲問知。子曰：「務民之義，敬鬼神而遠之，可謂知矣。」問仁。
>
> 曰：「仁者先難而後獲，可謂仁矣。」

朱熹注：「獲，謂得也…先其事之所難，而後其效之所得，仁者之心也…（程子）又曰：『先難，克己也。以所難爲先，而不計所獲，仁也。』」〔註65〕何晏言：「孔曰：『先勞苦而後得功，此所以爲仁。』」〔註66〕而此種「仁——先難——克己」之架構，應能和〈顏淵01〉相對舉，其載：

> 顏淵問仁。子曰：「克己復禮爲仁。一日克己復禮，天下歸仁焉。爲仁由己，而由人乎哉？」顏淵曰：「請問其目。」子曰：「非禮勿視，非禮勿聽，非禮勿言，非禮勿動。」顏淵曰：「回雖不敏，請事斯語矣。」

朱熹說：「克，勝也。己，謂身之私欲也。復，反也。禮者，天理之節文也。爲仁者，所以全其心之德也…故爲仁者必有以勝私欲而復於禮，則事皆天理，而本心之德復全於我矣…非禮者，己之私也。勿者，禁止之辭。是人心之所以爲主，而勝私復禮之機也。」〔註67〕何晏注：「馬曰：『克己約身。』孔曰：『復，反也。身能反禮則爲仁矣。』」邢昺則疏：「…克，約也。己，身也。復，反也。言能約身反禮則爲仁矣。」〔註68〕因此，「私」（指「私欲」、「人欲之私」〔註69〕）與「仁」、「禮」之概念應是相互對反的，即「私（欲）」的越興、越盛，則「仁」、「禮」就越難獲得體現／履踐，故在「成仁／德」之工夫問題上，「勝私」、「克己」、「約身」和「復禮」等皆可謂是其途徑，標示著「個人對於自我的約束及管控」的核心及工夫意義。

　　如前文所言，因此在談論君子之行爲表現上，孔子乃以「禮」作爲重要

理論，簡言之，即攝『禮』歸『義』，更進而攝『禮』歸『仁』是也…禮以義爲其實質，義又以仁爲其基礎。此是理論程序；人由守禮而養成『求正當』之意志，即由此一意志喚起『公心』，此是實踐程序。就理論程序講，『義』之地位甚爲顯明；就實踐程序講，則禮義相連，不能分別實踐。故孔子論實踐程序時，即由『仁』而直說到『禮』。」（勞思光：《新編中國哲學史（一）》，台北市：三民書局，2001，頁109、118）。

〔註65〕《四書章句集注》，頁87。

〔註66〕《論語注疏》，頁87。

〔註67〕《四書章句集注》，頁125。

〔註68〕《論語注疏》，頁177。

〔註69〕「人欲之私」一詞見於朱熹注《論語‧雍也30》，其言：「…於此勉焉，則有以勝其人欲之私，而全天理之公矣。」（《四書章句集注》，頁89）。

的規範性概念，並將其視爲「修仁」之要務；首先，依〈雍也 27〉與〈衛靈公 18〉所云：

> 子曰：「君子博學於文，約之以禮，亦可以弗畔矣夫！」〔註70〕

> 子曰：「君子義以爲質，禮以行之，孫以出之，信以成之。君子哉！」

邢昺指出：「此章言君子若博學於先王之遺文，復用禮以自撿約，則不違道也。」〔註71〕、「此章論君子之行也。義以爲質，謂操執以行者，當以義爲體質。文之以禮，然後行之。孫順其言語以出之。守信以成之。能此四者，可謂君子哉！」〔註72〕朱熹則注：「…守欲其要，故其動必以禮。如此，則可以不背於道矣。程子曰：『博學於文而不約之以禮，必至於汗漫。博學矣，又能守禮而由於規矩，則亦可以不畔道矣。』」〔註73〕、「…而行之必有節文，出之必以退遜，成之必在誠實，乃君子之道也。」〔註74〕因此總的來說，「禮」不僅意謂著處事時的依循規章／範，〔註75〕其更是一種「成人要件」，如〈憲問 12〉中即對「禮」和「成人」之關聯有著顯明的揭示，其載：「若臧武仲之知，公綽之不欲，卞莊子之勇，冉求之藝，文之以禮樂，亦可以爲成人矣。」〔註76〕而「恭近於禮，遠恥辱也」〔註77〕、「恭而無禮則勞，愼而無禮則葸，

〔註70〕 此章同於《論語・顏淵 15》。

〔註71〕 《論語注疏》，頁 90。

〔註72〕 《論語注疏》，頁 243。

〔註73〕 《四書章句集注》，頁 88。

〔註74〕 《四書章句集注》，頁 155。

〔註75〕 如《論語・爲政 05》載：「孟懿子問孝。子曰：『無違。』樊遲御，子告之曰：『孟孫問孝於我，我對曰『無違』。』樊遲曰：『何謂也？』子曰：『生事之以禮；死葬之以禮，祭之以禮。』」朱熹注：「生事葬祭，事親之始終具矣。禮，即理之節文也。人之事親，自始至終，一於禮而不苟，其尊親也至矣。」（《四書章句集注》，頁 56）。

〔註76〕 《論語・憲問 12》：「子路問成人。子曰：『若臧武仲之知，公綽之不欲，卞莊子之勇，冉求之藝，文之以禮樂，亦可以爲成人矣。』曰：『今之成人者何必然？見利思義，見危授命，久要不忘平生之言，亦可以爲成人矣。』」朱熹注：「成人，猶言全人…言兼此四子之長，則知足以窮理，廉足以養心，勇足以力行，藝足以泛應，而又節之以禮，和之以樂，使德成於內，而文見乎外。則材全德備，渾然不見一善成名之跡；中正和樂，粹然無復偏倚駁雜之蔽，而其爲人也亦成矣。」（《四書章句集注》，頁 142）錢穆析：「…成人之反面即是不成人…不有禮樂之文，猶今言無文化修養者，縱是材能超越，亦不成人。」（《論語新解》，頁 389～390）。

〔註77〕 《論語・學而 13》：「有子曰：『信近於義，言可復也；恭近於禮，遠恥辱也；因不失其親，亦可宗也。』」朱熹注：「…恭，致敬也。禮，節文也…致恭而

勇而無禮則亂，直而無禮則絞」〔註78〕、「不知禮，無以立也」〔註79〕等言說，亦皆可作爲此觀點之補充／佐證，除此之外，在論「治民之道」時，孔子亦點出「禮」之作用及價值——即「動之不以禮，未善也」〔註80〕。

　　但依孔子所言：「居上不寬，爲禮不敬，臨喪不哀，吾何以觀之哉？」〔註81〕此又透露出「『敬』爲『禮』本」之重要訊息，誠如朱熹注：「爲禮以敬爲本，臨喪以哀爲本。」〔註82〕邢昺亦言：「凡爲禮事在於莊敬，不敬則失於傲惰。」〔註83〕據此，故吾人應可將「君子」與「敬」之概念相融會，推導出「君子以『敬』爲行爲傾向」之結論，因承上所述，君子之「行」乃是以「禮」爲範疇，而「禮之本」又在於「敬」，〔註84〕且吾人如再以「君子義以爲質」爲根據，〔註85〕則又可獲悉此「『敬』之傾向」和「義」之概念應是相符應的。

中其節，則能遠恥辱矣…此言人之言行交際，皆當謹之於始而慮其所終，不然，則因仍苟且之間，將有不勝其自失之悔者矣。」（《四書章句集注》，頁54）。

〔註78〕《論語・泰伯02》：「子曰：『恭而無禮則勞，愼而無禮則葸，勇而無禮則亂，直而無禮則絞。君子篤於親，則民興於仁；故舊不遺，則民不偷。』」邢昺疏：「此章貴禮也。『子曰：恭而無禮則勞』者，勞謂困苦，言人爲恭孫，而無禮以節之，則自困苦。『愼而無禮則葸』者，葸，畏懼之貌。言愼而不以禮節之，則常畏懼也。『勇而無禮則亂』者，亂謂逆惡。言人勇而不以禮節之，則爲亂矣。『直而無禮則絞』者，正曲爲直。絞謂絞刺也。言人而爲直，不以禮節，則絞刺人之非也。」（《論語注疏》，頁112）另錢穆亦釋：「勞，勞擾不安義。葸，畏懼。亂，犯上。絞，急切。恭愼勇直皆美行，然無禮以爲之節文，則觀見騎失。」（《論語新解》，頁214）。

〔註79〕《論語・堯曰03》：「子曰：『不知命，無以爲君子也。不知禮，無以立也。不知言，無以知人也。』」朱熹注：「不知禮，則耳目無所加，手足無所措。」（《四書章句集注》，頁181）邢昺疏：「此章言君子立身知人也…禮者，恭儉莊敬，立身之本。」（《論語注疏》，頁308。）。

〔註80〕《論語・衛靈公33》：「子曰：『知及之，仁不能守之；雖得之，必失之。知及之，仁能守之。不莊以涖之，則民不敬。知及之，仁能守之，莊以涖之。動之不以禮，未善也。』」錢穆析：「…動其民必以禮，禮者，節文秩序之義。不知有節文，不能有適宜之秩序，亦未得爲善也。」（《論語新解》，頁450）。

〔註81〕《論語・八佾26》。

〔註82〕《四書章句集注》，頁68。

〔註83〕《論語注疏》，頁50。

〔註84〕此推論結果亦與《論語・季氏10》之述相符應，其載：「君子有九思：視思明，聽思聰，色思溫，貌思恭，言思忠，事思敬，疑思問，忿思難，見得思義。」而關於「事思敬」，邢昺指出：「…凡人執事多惰窳（ㄩˇ），君子常思謹敬也。」（《論語注疏》，頁260）。

〔註85〕關於「義」之意蘊，筆者將於第三子題——「全德不憂」處再予以揭示。

　　然何謂「敬」所體現之價值意涵？綜觀《論語》全書，「敬」乃分別與「事」、
「人」（含：君主、父母、自身）、「鬼神」等對象相連接，〔註86〕故「敬」可
謂是一種關乎「他者」的行爲表現，也就是說，「敬」可謂是一種人者內在情
意的呈顯／表達，而「思／持敬者」的行爲表徵亦就在於謹慎不懈、盡心竭
力、不褻黷輕慢等，指向一種「不怠惰」的精神與態度，如〈季氏08〉云：「孔
子曰：『君子有三畏：畏天命，畏大人，畏聖人之言。小人不知天命而不畏也，
狎大人，侮聖人之言。』」邢昺說：「此章言君子小人敬慢不同也…心服曰畏。
言君子心所畏服，有三種之事也。」〔註87〕錢穆則指出：「畏與敬相近，與懼
則遠。畏在外，懼則懼其禍患之來及我…三戒在事，三畏在心。於事有所戒，
斯於心有所畏。畏者，戒之至而亦慧之深。」〔註88〕。

　　另除「出門如見大賓，使民如承大祭」〔註89〕一語外，〈子路19〉和〈衛
靈公06〉又分別載：

> 樊遲問仁。子曰：「居處恭，執事敬，與人忠。雖之夷狄，不可棄也。」

> 子張問行。子曰：「言忠信，行篤敬，雖蠻貊之邦行矣；言不忠信，
> 行不篤敬，雖州里行乎哉？立，則見其參於前也；在輿，則見其倚
> 於衡也。夫然後行。」子張書諸紳。

　　邢昺疏：「『子曰：出門如見大賓，使民如承大祭』者，此言爲仁之道，
莫尚乎敬也…人之出門，失在倨傲，故戒之出門如見公侯之賓。使民失於驕
易，故戒之如承奉禘郊之祭。」〔註90〕、「此章明仁者之行也…言凡人居處多
放恣，執事則懈惰，與人交則不盡忠。唯仁者居處恭謹，執事敬慎，忠以與

〔註86〕　概略而言，「敬事而信」（〈學而05〉）、「執事敬」（〈子路19〉）、「敬其事而後
其食」（〈衛靈公38〉）、「事思敬」（〈季氏10〉）等皆標示了「對事之敬」；「不
敬，何以別乎？」（〈爲政07〉）、「又敬不違，勞而不怨」（〈里仁18〉）、「其事
上也敬」（〈公冶長16〉）、「脩己以敬」（〈憲問42〉）等語則指向於「對人之敬」；
而「對鬼神之敬」則包含有「敬鬼神而遠之」（〈雍也22〉）、「祭思敬」（〈子張
01〉）等言。
〔註87〕　《論語注疏》，頁259。
〔註88〕　《論語新解》，頁469；而「三戒」乃指好色、好鬥與好貪求得，《論語‧季氏
07》載：「孔子曰：『君子有三戒：少之時，血氣未定，戒之在色；及其壯也，
血氣方剛，戒之在鬥；及其老也，血氣既衰，戒之在得。』」。
〔註89〕　《論語‧顏淵02》：「仲弓問仁。子曰：『出門如見大賓，使民如承大祭。己
所不欲，勿施於人。在邦無怨，在家無怨。』仲弓曰：『雍雖不敏，請事斯
語矣。』」。
〔註90〕　《論語注疏》，頁178。

人也。」〔註91〕和「…孔子荅言，必當言盡忠誠，不欺於物，行唯敦厚而常謹敬，則雖蠻貊遠國，其道行矣。」〔註92〕故筆者以爲，「敬──禮」所標示之意義與價值，當是對「盡己」一事之表示，也就是泛指個人在待人接物上的「盡心」與「盡力」。

誠如有子言：「禮之用，和爲貴。」〔註93〕而「和」乃意謂著「從容不迫」〔註94〕，因此錢穆說：「言禮必和順於人心，當使人由之而皆安，既非情所不堪，亦非力所難勉，斯爲可貴。」〔註95〕所以，「自我覺察」或許亦可作爲「敬」之解讀方向，因爲不論是「倨傲」、「懈惰」或「惰窳」的免除，抑或是謹愼、盡己的履踐，其最終都指向於個人對己的探問及選擇，而以此爲憑，亦才得以體現出順心、非勉強之樣態，如同傅佩榮將〈季氏10〉（「君子有九思」章）中之「思」解爲自覺、反省之義。〔註96〕

然「禮」除以「敬」爲本外，其與「仁」的性質差異，亦是孔子所關注之內容，〈八佾03〉云：「子曰：『人而不仁，如禮何？人而不仁，如樂何？』」對此，朱熹引游氏言：「人而不仁，則人心亡矣，其如禮樂何哉？言雖欲用之，而禮樂不爲之用也。」〔註97〕錢穆則說：「仁乃人與人間之眞情厚意。由此而求表達，於是有禮樂。若人心中無此一番眞情厚意，則禮樂無可用…禮樂必依憑於器與動作，此皆表達在外者。人心之仁，則蘊蓄在內。若無內心之仁，禮樂都將失其意義。」〔註98〕所以，在仁、禮的關係問題上，吾人應可將其視爲一內一外、相反相成，即指「仁」需藉禮來表達、實踐，「禮」則須以仁爲基礎，〔註99〕而此觀點在〈八佾04〉和〈陽貨11〉亦有所揭示，其載：

〔註91〕《論語注疏》，頁201。
〔註92〕《論語注疏》，頁237。
〔註93〕《論語・學而12》：「有子曰：『禮之用，和爲貴。先王之道斯爲美，小大由之。有所不行，知和而和，不以禮節之，亦不可行也。』」。
〔註94〕朱熹注：「禮者，天理之節文，人事之儀則也。和者，從容不迫之意。蓋禮之爲體雖嚴，而皆出於自然之理，故其爲用，必從容而不迫，乃爲可貴。」（《四書章句集注》，頁53）。
〔註95〕《論語新解》，頁19。
〔註96〕傅佩榮說：「思，這九思表示人生時時刻刻都要自覺與反省…。」（傅佩榮解讀：《論語》，頁431）。
〔註97〕《四書章句集注》，頁62。
〔註98〕《論語正義》，頁57～58。
〔註99〕如杜維明所言：「…『仁』毫無疑問是一種內在的規約，『禮』則是一種外在的表現形式。」（杜維明：《詮釋《論語》「克己復禮爲仁」章方法的反思》，

　　林放問禮之本。子曰：「大哉問！禮，與其奢也，寧儉；喪，與其易
也，寧戚。」

　　子曰：「禮云禮云，玉帛云乎哉？樂云樂云，鐘鼓云乎哉？」

　　於「林放問禮之本」章，朱熹注：「禮貴得中，奢易則過於文，儉戚則不
及而質，二者皆未合禮。然凡物之理，必先有質而後有文，則質乃禮之本也。
范氏曰：『…禮奢而備，不若儉而不備之愈也；喪易而文，不若戚而不文之愈
也。儉者物之質，戚者心之誠，故爲禮之本。』」〔註100〕而錢穆則分別指出：
「禮有內心，有外物，有文有質。內心爲質爲本，外物爲文爲末。」〔註101〕、
「…人必先以敬心而將之以玉帛，使爲禮。必先有和氣而發之以鐘鼓，使有
樂。遺其本，專事其末，無其內，徒求其外，則玉帛鐘鼓不得爲禮樂。」〔註
102〕故孔子於〈陽貨 21〉中斥「宰我不仁」，〔註 103〕其原因或許是源自對於
「心安」的「輕言」，而非完全始於對「禮」之不從，如朱熹說：「…宰我既
出，夫子懼其眞以爲可安而遂行之，故深探其本而斥之。言由其不仁，故愛
親之薄如此也…又言君子所以不忍於親，而喪必三年之故。使之聞之，或能
反求而終得其本心也。」〔註104〕錢氏亦言：「…宰我本普泛設問，孔子教其反
求心以明此禮意。而宰我率答曰安，此下孔子逐深責之。」〔註105〕也就是說，
因著「仁」是「情」、「質」及「本」，所以宰我所答之「安」，當中所體現出

<hr>

台北市：中研院文哲所，2013，頁 22）此外，顏世安的研究亦指出：「孔子雖
然尊崇禮，卻反感禮的虛文化和形式化，要追求禮的實質，仁就代表了追求
禮的實質態度。」（顏世安：〈析論《論語》中禮與仁的關係〉，《臺灣東亞文
明研究學刊》，第 7 卷第 2 期，台北：國立臺灣師範大學東亞系，2010 年 12
月，頁 345～359）。

〔註100〕《四書章句集注》，頁 62。

〔註101〕《論語新解》，頁 59。

〔註102〕《論語新解》，頁 488；朱熹注：「敬而將之以玉帛，則爲禮；和而發之以鐘
　　　　鼓，則爲樂。遺其本而專事其末，則豈禮樂之謂哉？」（《四書章句集注》，頁
　　　　166）。

〔註103〕《論語・陽貨 21》：「宰我問：『三年之喪，期已久矣。君子三年不爲禮，禮
　　　　必壞；三年不爲樂，樂必崩。舊穀既沒，新穀既升，鑽燧改火，期可已矣。』
　　　　子曰：『食夫稻，衣夫錦，於女安乎？』曰：『安。』『女安則爲之！夫君子之
　　　　居喪，食旨不甘，聞樂不樂，居處不安，故不爲也。今女安，則爲之！』宰
　　　　我出。子曰：『予之不仁也！子生三年，然後免於父母之懷。夫三年之喪，天
　　　　下之通喪也。予也，有三年之愛於其父母乎？』」。

〔註104〕《四書章句集注》，頁 169。

〔註105〕《論語正義》，頁 497。

的似乎便是輕率、薄情、無恩等情意，以致爲「不仁」。

綜上所述，故「仁（德）」所攸關的「克己」、「約身」和「復禮」等，其要旨不僅在於對個人「爲所欲爲」的否定，同時也是種「勝私（欲）」之勢的呈顯，透露著「心存他者」、「目中有人」之情意與思維方式，然而「禮」雖作爲一種外在言行活動的依循／範疇，且又是孔子所愛惜、重視之對象，〔註106〕但由「『敬』爲『禮』本」和「仁、禮所具之內外關係」可知，「內在情意」乃是其重要構成要素，如同在「論孝」時，孔子雖言「孝行」是「以禮事之」，但卻也明白揭示著「孝行」的履踐須講求「敬」，〔註107〕因爲「只有在『敬』的約束指引下，才能使人超出犬馬之類，向孝之終極目標前進，成爲儒學意義中的眞正的人」〔註108〕，故此所謂「內在」，其應關乎著個人情感的「眞誠發用」和「對己的反省、覺察」等；此外，前文雖是言「禮」、「敬」與「仁」，但吾人應可以「禮──仁」予以歸結，因爲「敬」乃能被作爲「全德」之「仁」所統攝。

三、全德不憂

如上所言爲是，則「仁（德）」即可謂是禮之質、禮之本，並與愛、恕、敬等概念相關聯，而依〈陽貨06〉所示，「仁」另也和其他德行是能有所連結的，其云：

〔註106〕如《論語·八佾17》載：「子貢欲去告朔之餼羊。子曰：『賜也，爾愛其羊，我愛其禮。』」邢昺疏：「此章言孔子不欲廢禮也。」（《論語注疏》，頁 42）朱熹注：「愛，猶惜也。子貢蓋惜其無實而妄費。然禮雖廢，羊存，猶得以識之而可復焉。若併去其羊，則此禮遂亡矣，孔子所以惜之。」（《四書章句集注》，頁 65）另外，〈先進11〉亦載：「顏淵死，門人欲厚葬之，子曰：『不可。』門人厚葬之。子曰：『回也視予猶父也，予不得視猶子也。非我也，夫二三子也。』」何晏注：「禮，貧富有宜。顏淵貧，而門人欲厚葬之，故不聽。」（《論語注疏》，頁 163）。

〔註107〕如《論語·爲政05》載：「孟懿子問孝。子曰：『無違。』樊遲御，子告之曰：『孟孫問孝於我，我對曰『無違』。』樊遲曰：『何謂也？』子曰：『生事之以禮；死葬之以禮，祭之以禮。』」然〈爲政07〉則另言：「子游問孝。子曰：『今之孝者，是謂能養。至於犬馬，皆能有養；不敬，何以別乎？』」朱熹注：「言人畜犬馬，皆能有以養之，若能養其親而敬不至，則與養犬馬者何異。甚言不敬之罪，所以深警之也。」（《四書章句集注》，頁 57）。

〔註108〕譚世保：〈《論語》第2·7章的「孝」、「養」、「敬」疑義索解──兼評孫隆基的《中國文化的「深層結構」》〉，《鵝湖學誌》，第 10 期，新北市：鵝湖月刊社，1993 年 06 月，頁 145～150。

　　　子張問仁於孔子。孔子曰：「能行五者於天下，爲仁矣。」請問之。

　　　曰：「恭、寬、信、敏、惠。恭則不侮，寬則得眾，信則人任焉，敏

　　　則有功，惠則足以使人。」

　　所謂恭、寬、信、敏、惠，其乃和個人「侍己」、「對事」及「待人」有
關，邢昺解：「『恭則不侮』者⋯言己若恭以接人，人亦恭以待己，故不見侮
慢。『寬則得眾』者，言行能寬簡則爲眾所歸也。『信則人任焉』者，言而有
信則人所委任也。『敏則有功』者，敏，疾也，應事敏疾則多成功也。『惠則
足以使人』者，有恩惠則人忘其勞也。」〔註109〕然錢穆對此卻抱持疑義，認
爲該章應是在於問「政」或「仁政」，而非單云「問仁」，〔註110〕但筆者以爲，
即便此實爲「問政」，其也無害於吾人對「仁」之理解，因爲對孔子來說，「政
治層面」上的理想和實踐乃與人者之「德」是緊密相關的，也就是須講求君
主的「成德／仁」，故〈陽貨06〉（「子張問仁」章）對於孔氏仁學系統之理解，
仍有其價值意涵。

　　關於「政治」（或言「爲政」）與個人（或言「君主」）之關係，吾人由〈顏
淵17、19〉應可獲悉孔子之主張，其云：

　　　季康子問政於孔子。孔子對曰：「政者，正也。子帥以正，孰敢不正？」

　　　季康子問政於孔子曰：「如殺無道，以就有道，何如？」孔子對曰：

　　　「子爲政，焉用殺？子欲善，而民善矣。君子之德風，小人之德草。

　　　草上之風，必偃。」

　　對此，邢昺分別指出：「此章言爲政在乎修己。『對曰：政者，正也』者，
言政教者在於齊正也⋯若己能每事以正，則己下之臣民誰敢不正也。」〔註
111〕、「此章言爲政不須刑殺，但在上自正，則民化之也⋯在上君子爲政之德
若風，在下小人從化之德如草，加草以風，無不仆者。猶化民以正，無不從
者。」〔註112〕另外，孔子亦明言：「爲政以德，譬如北辰，居其所而眾星共之。」

〔註109〕《論語注疏》，頁267。

〔註110〕錢穆說：「本章頗多可疑。《論語》記孔子與君大夫問答始稱孔子，對弟子問
　　　　只稱子，此處對子張問亦稱孔子曰，後人疑是依《齊論》，亦無的據。又此章
　　　　孔子答語乃似答問政，與答問仁不類。或說此乃問仁政，然亦不當單云問仁⋯
　　　　且子張乃孔子弟子，稱問即可，而此章及〈堯曰〉篇子張問政皆稱問孔子，
　　　　更爲失體。或編者采之他書，未加審正。」（《論語新解》，頁483）。

〔註111〕《論語注疏》，頁187。

〔註112〕《論語注疏》，頁188。

〔註113〕、「其身正，不令而行；其身不正，雖令不從。」〔註114〕與「苟正其身矣，於從政乎何有？不能正其身，如正人何？」〔註115〕等，此言說皆可謂明白標示著「德」乃是「為政（者）」所應著眼之要務。

　　承上所述，因此吾人另可以《論語》之諸多篇章／論述為證，獲悉恭、寬、信、敏、惠等不僅能與「（為）政」之概念相連結，〔註116〕且又攸關於「仁」及「成德」；首先，就「恭、寬、信、敏、惠」之於「（為）政」來說，〈學而05〉與〈公冶長16〉分別載：「子曰：『道千乘之國，敬事而信，節用而愛人，使民以時。』」〔註117〕、「子謂子產，『有君子之道四焉：其行己也恭，其事上也敬，其養民也惠，其使民也義。』」〔註118〕〈八佾26〉則云：「子曰：『居上不寬，為禮不敬，臨喪不哀，吾何以觀之哉？』」而誠如朱熹注：「居上主於愛人，故以寬為本。」〔註119〕邢昺疏：「居上位者寬則得眾，不寬則失於苛刻。」〔註120〕故吾人如欲將恭、寬、信、敏、惠等視為「問政」之內容，則養民、愛人之「政」與君主之「德」便應是其中所強調之處，而政、德、仁等三者之匯集，即形成以「施仁政，修仁德」為核心的「治國之道」，朝向一種以「德治」為理念的學說架構。

〔註113〕《論語・為政 01》，邢昺疏：「此章言為政之要。『為政以德』者，言為政之善，莫若以德。」（《論語注疏》，頁 15）錢穆說：「為政以德⋯為政者當以己之德性為本，所謂以人治人。」（《論語新解》，頁 25）。

〔註114〕《論語・子路 06》，邢昺疏：「此章言為政者當以身先也。言上之人，其身若正，不在教令，民自觀化而行之。其身若不正，雖教令滋章，民亦不從也。」（《論語注疏》，頁 196）。

〔註115〕《論語・子路 13》，邢昺疏：「此章言政者正也，欲正他人，在先正其身也⋯若自不能正其身，則雖令不從。」（《論語注疏》，頁 198）錢穆說：「從政，猶為政。苟能正其身，則為政一切不難。」（《論語新解》，頁 362）。

〔註116〕《論語・陽貨 06》：「⋯恭則不侮，寬則得眾，信則人任焉，敏則有功，惠則足以使人。」

〔註117〕朱熹注：「道，治也。」（《四書章句集注》，頁 51）邢昺疏：「此章論治大國之法也⋯言為政教以治公侯之國者，舉事必敬慎，與民必誠信，省節財用，不奢侈，而愛養人民，以為國本，作事使民，必以其時，不妨奪農務。此其為政治國之要也。」（《論語注疏》，頁 5～6）。

〔註118〕邢昺疏：「『子謂：子產有君子之道四焉』者，孔子評論鄭大夫子產，事上使下有君子之道四焉⋯。」（《論語注疏》，頁 68～69）劉寶楠說：「『君子』者，卿大夫之稱。子產德能居位，合於道者有四，故夫子表之：行己恭，則能修身。事上敬，則能敬禮。養民惠，則田疇能殖，子弟能誨，故夫子稱為『惠人』。惠者，仁也。仁者愛人，故又古之遺愛也。」（《論語正義》，頁 188～189）。

〔註119〕《四書章句集注》，頁 68。

〔註120〕《論語注疏》，頁 50。

其次，如從「問仁（德）」之向度看待恭、寬、信、敏、惠，亦即將其視為與「仁」相關之德行，則此觀點在〈學而08〉〔註121〕、〈學而14〉〔註122〕、〈里仁24〉〔註123〕、〈衛靈公18〉〔註124〕與〈季氏10〉〔註125〕等篇章中皆有呈顯，另外，〈子路19〉和〈憲問04〉載：

> 樊遲問仁。子曰：『居處恭，執事敬，與人忠。雖之夷狄，不可棄也。』

> 子曰：「有德者，必有言。有言者，不必有德。仁者，必有勇。勇者，不必有仁。」

故恭、寬、信、敏、惠、忠、勇…等，其皆意謂著「（修）仁者」的行為表現，是「仁（德）」所蘊含之內容，換言之，「仁」可說是「道德總綱」之概念，是人者之「德之全」〔註126〕，而修仁、成仁所指向的，便是對「道德理想人格」的成就和達致，所以孔子說：「當仁不讓於師。」〔註127〕此即標明吾人應把「仁者」或「理想人格」的成就視為個人之急與己任。

（一）論「惠」與「義」

然針對「惠」，筆者欲在此多加說明，因其除關聯於「仁」外，另也與「義」相關；據〈里仁11、16〉所云：「子曰：『君子懷德，小人懷土；君子懷刑，小人懷惠。』」〔註128〕、「子曰：『君子喻於義，小人喻於利。』」

〔註121〕《論語·學而08》：「子曰：『君子不重則不威，學則不固。主忠信，無友不如己者，過則勿憚改。』」。

〔註122〕《論語·學而14》：「子曰：『君子食無求飽，居無求安，敏於事而慎於言，就有道而正焉，可謂好學也已。』」。

〔註123〕《論語·里仁24》：「子曰：『君子欲訥於言，而敏於行。』」。

〔註124〕《論語·衛靈公18》：「子曰：『君子義以為質，禮以行之，孫以出之，信以成之。君子哉！』」。

〔註125〕《論語·季氏10》：「孔子曰：『君子有九思：視思明，聽思聰，色思溫，貌思恭，言思忠，事思敬，疑思問，忿思難，見得思義。』」。

〔註126〕「德之全」一詞取自朱熹，其言：「仁，則私欲盡去而心德之全也。」、「仁，則心德之全而人道之備也。」（《四書章句集注》，頁91、97）。

〔註127〕《論語·衛靈公36》，朱熹注：「當仁，以仁為己任也。雖師亦無所遜，言當勇往而必為也。」（《四書章句集注》，頁157）邢昺疏：「此章言行仁之急也。弟子之法，為事雖當讓於師，若當行仁之事，不復讓於師也。」（《論語注疏》，頁247）。

〔註128〕朱熹注：「懷，思念也。懷德，謂存其固有之善…懷刑，謂畏法。懷惠，謂貪利。君子小人趣向不同，公私之間而已。」（《四書章句集注》，頁70）邢昺疏：「此章言君子小人所安不同也…『君子懷刑，小人懷惠』者，刑，法制；惠，恩惠也。君子樂於法制齊民，是懷刑也。小人唯利是親，安於恩惠，是懷惠也。」（《論語注疏》，頁55）。

〔註129〕當中似乎即透露著「德——仁——義」與「惠——利」之概念乃不相容之訊息，也就是指作為人格摹本的仁者、君子，其舉止應無涉「惠」或「利」，然此種割裂性的斷言應是錯誤、可議的，因對孔子來說，「人」對富、貴之「欲（求）」乃具有「普遍性」，只是此「普遍性」的履踐需依循「合理／宜（性）」之原則，如〈里仁05〉載：

> 子曰：「富與貴是人之所欲也，不以其道得之，不處也；貧與賤是人
> 之所惡也，不以其道得之，不去也。君子去仁，惡乎成名？君子無
> 終食之間違仁，造次必於是，顛沛必於是。」〔註130〕

故孔子所強調的，乃非是「仁者／君子」對惠、利、富、貴的有所排斥，「見利思義」〔註131〕方才是核心主張，也就是以「思義」、「循道」為要旨，因此無論是仁者或君子，受惠、受利、得富、取貴等作為乃非與其呈衝突／矛盾關係，只是當中涉及以「義——道」為判準／準則之思量，如孔氏言：「富而可求也，雖執鞭之士，吾亦為之。如不可求，從吾所好。」〔註132〕然如將此論點與「仁者愛人」的理念相融會，則眾惠、眾利似乎便是「仁之行為」所關乎之向度，更與「不患寡而患不均，不患貧而患不安。蓋均無貧，和無寡，安無傾」〔註133〕有著意蘊上的相連通。

〔註129〕朱熹注：「喻，猶曉也。義者，天理之所宜。利者，人情之所欲。程子曰：『君子之於義，猶小人之於利也。唯其深喻，是以篤好。』」（《四書章句集注》，頁72）邢昺疏：「此章明君子小人所曉不同也。喻，曉也。君子則曉於仁義，小人則曉於財利。」（《論語注疏》，頁56）。

〔註130〕邢昺説：「富者財多，貴者位高，此二者是人之所貪欲也…乏財曰貧，無位曰賤，此二者是人之所嫌惡也。」（《論語注疏》，頁52）朱熹注：「不以其道得之，謂不當得而得之。然於富貴則不處，於貧賤則不去，君子之審富貴而安貧賤也如此…言君子所以為君子，以其仁也。若貪富貴而厭貧賤，則是自離其仁，而無君子之實矣…言君子為仁，自富貴、貧賤、取舍之間，以至於終食、造次、顛沛之頃，無時無處而不用其力也。」（《四書章句集注》，頁69）。

〔註131〕《論語・憲問12》：「子路問成人。子曰：『若臧武仲之知，公綽之不欲，卞莊子之勇，冉求之藝，文之以禮樂，亦可以為成人矣。』曰：『今之成人者何必然？見利思義，見危授命，久要不忘平生之言，亦可以為成人矣。』」邢昺疏：「『見利思義，見危授命，久要不忘平生之言，亦可以為成人矣』者，此今之成人行也。見財利思合義然後取之；見君親有危難，當致命以救之…。」（《論語注疏》，頁213）。

〔註132〕《論語・述而12》，何晏引鄭氏言：「富貴不可求而得之，當修德以得之。若於道可求者，雖執鞭之賤職，我亦為之。」（《論語注疏》，頁98）。

〔註133〕《論語・季氏01》：「…孔子曰：『求！君子疾夫舍曰欲之，而必為之辭。丘也聞有國有家者，不患寡而患不均，不患貧而患不安。蓋均無貧，和無寡，

　　承上所述，因此孔子可謂是將「義」視爲得富、取貴之必要條件，重視「『徒義』之舉」，〔註134〕如其言：「君子謀道不謀食…君子憂道不憂貧。」〔註135〕、「飯疏食飲水，曲肱而枕之，樂亦在其中矣。不義而富且貴，於我如浮雲。」〔註136〕而「放於利而行，多怨」〔註137〕則便是對「循利之舉」的警惕之語；據此，所以在「義」與「君子」之關係上，孔子除了非以悖離的視角論斷外，其更是以「義」作爲「君子之爲君子」之要素，如：「君子義以爲上」〔註138〕、「君子義以爲質」〔註139〕、「君子之於天下也，無適也，無莫也，義

安無傾。夫如是，故遠人不服，則修文德以來之。既來之，則安之。』」朱熹注：「均則不患於貧而和，和則不患於寡而安，安則不相疑忌，而無傾覆之患。」（《四書章句集注》，頁 159）何晏則説：「孔曰：『…不患土地人民之寡少，患政理之不均平。』…孔曰：『憂不能安民耳。民安則國富。』…包曰：『政教均平，則不貧矣。上下和同，不患寡矣。大小安寧，不傾危矣。』」（《論語注疏》，頁 251）。

〔註134〕《論語·述而03》與〈顏淵10〉分別載：「子曰：『德之不脩，學之不講，聞義不能徙，不善不能改，是吾憂也。』」、「子張問崇德、辨惑。子曰：『主忠信，徙義，崇德也。愛之欲其生，惡之欲其死。既欲其生，又欲其死，是惑也。誠不以富，亦祇以異。』邢昺疏：『…此章言孔子憂在脩身也。德在脩行，學須講習，聞義事當徙意從之，有不善當追悔改之。夫子常以此四者爲憂，憂已恐有不脩、不講、不徙、不改之事。』（《論語注疏》，頁 94）、「此章言人當有常德也…主，親也。徙，遷也。言人有忠信者則親友之，見義事則遷意而從之，此所以充盛其德也。」（《論語注疏》，頁 184）。

〔註135〕《論語·衛靈公32》：「子曰：『君子謀道不謀食。耕也，餒在其中矣；學也，祿在其中矣。君子憂道不憂貧。』」。

〔註136〕《論語·述而16》。

〔註137〕《論語·里仁12》，而錢穆指出「放」與「怨」皆具二解，説：「放字有兩解。放縱義，謂放縱自己在謀利上。依傚義，謂行事皆依照利害計算…怨字亦可有兩解。人之怨己…若專在利害上計算，我心對外將不免多所怨。」而邢昺疏：「此章惡利也…言人每事依於財利而行，則是取怨之道也，故多爲人所怨恨也。」（《論語注疏》，頁 55）。

〔註138〕《論語·陽貨23》：「子路曰：『君子尚勇乎？』子曰：『君子義以爲上。君子有勇而無義爲亂，小人有勇而無義爲盜。』」朱熹注：「尚，上之也。」（《四書章句集注》，頁 169）邢昺疏：「『子曰：君子義以爲上』者，言君子不尚勇而上義也。上即尚也。」（《論語注疏》，頁 278）。

〔註139〕《論語·衛靈公 18》：「子曰：『君子義以爲質，禮以行之，孫以出之，信以成之。君子哉！』」朱熹注：「義者制事之本，故以爲質榦…程子曰：『義以爲質，如質榦然。禮行此，孫出此，信成此。此四句只是一事，以義爲本。』又曰：『敬以直內，則義以方外。』」（《四書章句集注》，頁 155）而關於「榦」，《説文解字注》云：「築牆耑木也。耑謂兩頭也…榦、本也。」（《説文解字注》，〈榦〉）

之與比。」〔註140〕等言說所示，然又誠如朱熹於〈季氏10〉所注：「思義，則得不苟。」〔註141〕邢昺疏：「『見得思義』者，言若有所得，當思義然後取，不可苟也。」〔註142〕故「義」與前文所論之「敬」應是能相互會通的，因為「敬」乃意謂著「盡己」、不怠惰，而「思義——不苟」則指涉為不隨意、不草率，另又依朱氏「以『宜』解『義』」，〔註143〕以致「依『禮——敬』而為」所指向的，便是「合宜」的待人和處事之舉。

（二）由「敬」至「不憂」

而依前文所述，「敬」不僅攸關於「盡己」，且蘊含有自覺、自省之意義，如曾春海說：「『敬』是自覺自發情性的內在工夫。」〔註144〕然此「自我覺察」之論述乃與「不憂（境界）」是相關聯的；對孔子而言，「不憂」即是「仁者」（或言「理想人格」）所體現出的生命表徵，誠如〈子罕29〉〔註145〕與〈憲問28〉〔註146〕所載之「仁者不憂」，另〈述而37〉和〈顏淵04〉則揭示著「不憂」乃從出於「內省不疚」，其云：

> 子曰：「君子坦蕩蕩，小人長戚戚。」

> 司馬牛問君子。子曰：「君子不憂不懼。」曰：「不憂不懼，斯謂之君子已乎？」子曰：「內省不疚，夫何憂何懼？」

對此，朱熹注：「疚，病也。言由其平日所為無愧於心，故能內省不疚，而自無憂懼，未可遽以為易而忽之也。晁氏曰：『不憂不懼，由乎德全而無疵。故無入而不自得，非實有憂懼而強排遣之也。』」〔註147〕邢昺疏：「…坦蕩蕩，

〔註140〕《論語‧里仁10》，邢昺疏：「言君子於天下之人，無擇於富厚與窮薄者，但有義者則與相親也。」（《論語注疏》，頁54）。
〔註141〕《四書章句集注》，頁161；《論語‧季氏10》：「孔子曰：『君子有九思：視思明，聽思聰，色思溫，貌思恭，言思忠，事思敬，疑思問，忿思難，見得思義。』」
〔註142〕《論語注疏》，頁260。
〔註143〕朱熹注：「義者，事之宜也。」（《四書章句集注》，頁53）。
〔註144〕曾春海：《先秦哲學史》，台北市：五南圖書，2010，頁98。
〔註145〕《論語‧子罕29》：「子曰：『知者不惑，仁者不憂，勇者不懼。』」邢昺疏：「此章言知者明於事，故不惑亂；仁者知命，故無憂患；勇者果敢，故不恐懼。」（《論語注疏》，頁137）。
〔註146〕《論語‧憲問28》：「子曰：『君子道者三，我無能焉：仁者不憂，知者不惑，勇者不懼。』子貢曰：『夫子自道也。』」邢昺疏：「仁者樂天知命，內省不疚，故不憂也。知者明於事，故不惑。勇者折衝禦侮，故不懼。」（《論語注疏》，頁223）。
〔註147〕《四書章句集注》，頁127。

寬廣貌。長戚戚，多憂懼也。君子內省不疚，故心貌坦蕩蕩然寬廣也。小人好爲咎過，故多憂懼。」〔註148〕、「自省無罪惡，則無可憂懼。」〔註149〕所以，錢穆指出：「君子樂天知命，俯仰無愧，其心坦然，蕩蕩寬大。戚戚，蹙縮貌，亦憂懼義。小人心有私，又多欲，馳競於榮利，耿耿於得喪，故常若有壓迫，多憂懼。」〔註150〕總的來說，「不疚」乃是君子或仁者之「內在活動」（指「自覺」、「自省」）所形成的結果，即指向於「問心無愧」，而依循此種「對內／己之省」的想法與重視，孔子似乎亦才「以『無怨』答仁」，〔註151〕並言：「躬自厚而薄責於人，則遠怨矣。」〔註152〕且又說：「君子泰而不驕，小人驕而不泰。」〔註153〕。

然「不憂」雖作爲一種「全德之境（界）」，是「仁者」之生命表徵，但筆者以爲，生命與人格的「理想型態」或許亦是「仁（德）」所彰顯出的價值意涵，如同孔子自己乃不以仁者自居外，〔註154〕其亦言「憂」，說：「德之不脩，學之不講，聞義不能徙，不善不能改，是吾憂也。」〔註155〕、「君子憂道不憂貧」〔註156〕等，而朱熹引晁氏言：「當時有稱夫子聖且仁者，以故夫子辭

〔註148〕 《論語注疏》，頁 110。

〔註149〕 《論語注疏》，頁 179。

〔註150〕 《論語新解》，頁 210。

〔註151〕 《論語・顏淵 02》：「仲弓問仁。子曰：『出門如見大賓，使民如承大祭。己所不欲，勿施於人。在邦無怨，在家無怨。』仲弓曰：『雍雖不敏，請事斯語矣。』」朱熹注：「敬以持己，恕以及物，則私意無所容而心德全矣。內外無怨，亦以其效言之，使以自考也。」（《四書章句集注》，頁 126）錢穆說：「無怨，舊說謂是爲仁之效…乃指不怨天不尤人，無論在邦在家皆無怨。非人不怨己，乃己不怨人…苟其心能敬能恕，則自無怨。」（《論語新解》，頁 326）。

〔註152〕 《論語・衛靈公 15》，邢昺疏：「此章戒人責己也。躬，身也。言凡事自責厚，薄責於人，則所以遠怨咎也。」（《論語注疏》，頁 242）錢穆說：「責己厚，責人薄，可以無怨尤。誠能嚴於自治，亦復無暇責人。」（《論語新解》，頁 437）。

〔註153〕 《論語・子路 26》，錢穆解：「泰，安舒義。驕，矜肆義。君子無眾寡，無小大，無敢慢，故不驕。然心地坦然，故常舒泰。小人矜己傲物，惟恐失尊，心恆戚戚，故驕而不泰。」（《論語新解》，頁 374）。

〔註154〕 《論語・述而 34》：「子曰：『若聖與仁，則吾豈敢？抑爲之不厭，誨人不倦，則可謂云爾已矣。』公西華曰：『正唯弟子不能學也。』」邢昺疏：「此章亦記孔子之謙德也。『子曰：若聖與仁，則吾豈敢』者，唯聖與仁，人行之大者也。孔子謙，不敢自名仁聖也。」（《論語注疏》，頁 108）。

〔註155〕 《論語・述而 03》。

〔註156〕 《論語・衛靈公 32》：「子曰：『君子謀道不謀食。耕也，餒在其中矣；學也，祿在其中矣。君子憂道不憂貧。』」。

之。苟辭之而已焉，則無以進天下之材，率天下之善，將使聖與仁爲虛器，而人終莫能至矣。故夫子雖不居仁聖，而必以爲之不厭、誨人不倦自處也。」〔註157〕換言之，因循「仁（德）」所蘊含的「理想意義」，方才使孔子或「人者」能在對內／己之反省活動中，覺察到自身的不足及不完美，進而促使自身以「人道之備」〔註158〕爲目標，朝向及完成自我生命的決定、開展和成就。

四、倚慎求仁

綜上所言，故「仁（德）」除關乎人的情意活動，並作爲「禮」之本、質及基礎，呈顯出一種內在性以外，其也異於其他道德條目，是德行的總綱、「德之全」與「人道之備」，因此，「仁」乃具有獨特／特殊性，並有著「理想義」的流露，然而在孔子藉自省、自覺以「成仁」之學說架構下，其中似乎蘊含著「言行倚慎」和「求仁在己」等要點，體現出以「個人自身」（或言「己」、「我」）爲基礎、表徵和歸結的仁學工夫，如孔氏說：「不曰『如之何如之何』者，吾末如之何也已矣。」〔註159〕即標示著「求仁」與「妄行」的相對性。

（一）言行倚慎

關於「言」與「行」，其除作爲一種外顯性質之活動外，此二者乃關聯於人之「內在活動」（泛指：判斷、抉擇、思維等），並成爲一種「爲人品質」（或言「人格」）的顯露途徑，而「仁者言訒」即可謂是孔子所指出之命題，如〈顏淵03〉載：

> 司馬牛問仁。子曰：「仁者其言也訒。」曰：「其言也訒，斯謂之仁已乎？」子曰：「爲之難，言之得無訒乎？」

朱熹注：「訒，忍也，難也。仁者心存而不放，故其言若有所忍而不易發，蓋其德之一端也…蓋心常存，故事不苟，事不苟，故其言自有不得而易者，非強閉之而不出也。」〔註160〕故「言訒」所示之義應就在於「慎」的強調，也就是對於謹慎、不隨便之態度／精神的標明，如此，則「慎」和「敬」、「義」

〔註157〕《四書章句集注》，頁97。
〔註158〕朱熹注：「仁，則心德之全而人道之備也。」（《四書章句集注》，頁97）。
〔註159〕《論語・衛靈公16》，邢昺疏：「此章戒人豫防禍難也。」（《論語注疏》，頁242）朱熹注：「如之何如之何者，熟思而審處之辭也。不如是而妄行，雖聖人亦無如之何矣。」（《四書章句集注》，頁154）。
〔註160〕《四書章句集注》，頁126。

可說有著共通之體現（如前文所述，「敬」和「義」乃相呼應）；然「愼」或不放、不苟之所以備受孔子所重視，其原因或許即建立在「寡尤」、「寡悔」，〔註161〕係即指人能「倚愼」而受祿、得福，因此，「（倚）愼」似乎另也意謂著「愛己」之價值傾向。

　　另外，依「爲之難，言之得無訒乎」一語所示，孔子對於「行（爲）」應是較爲看重的，即指「言」須以「行」爲先導，並以對言、行的相副與一致作爲其中之要點，如〈憲問20〉云：「子曰：『其言之不怍，則爲之也難。』」〔註162〕也就是說，孔氏對於大言不慚、大張其詞等「妄言」作爲，皆應是不予推崇及讚許的，因爲此類作爲不僅代表著個人對「愼」的悖離，同時亦是在立身處世的人生問題上，開鑿出有損於人的「無信」鴻溝；〔註163〕而關於「信」，朱熹指出：「信者，言之有實也。」〔註164〕邢昺則言：「人言不欺謂之信。」〔註165〕故「信」應即攸關著「言」的「有實」、「不欺」，是種關於「言行相副」的體現，且亦是「人」能否立身／足於世的要件之一，所以朱氏曾說：「人不忠信，則事皆無實，爲惡則易，爲善則難，故學者必以是爲主焉。」〔註166〕因此，所謂「言行相副」或「取信」，其所標明及蘊含之義，應即朝向於「愼」的履踐。

　　然孔子對於言行問題的闡釋結果（如前文所述），當與其對「言」、「行」之性質界定有關，如〈里仁24〉載：「子曰：『君子欲訥於言，而敏於行。』」朱熹引謝氏言：「放言易，故欲訥；力行難，故欲敏。」〔註167〕邢昺說：「此章愼言貴行也。訥，遲鈍也。敏，疾也。言君子但欲遲鈍於言，敏疾於行，

〔註161〕《論語・爲政18》：「子張學干祿。子曰：『多聞闕疑，愼言其餘，則寡尤；多見闕殆，愼行其餘，則寡悔。言寡尤，行寡悔，祿在其中矣。』」錢穆釋：「尤，罪過，由外來。悔，悔恨，由心生⋯寡，空義。」（《論語新解》，頁45）換言之，愼言、愼行所能產生之效用即在於少過、少悔恨。

〔註162〕朱熹注：「大言不慚，則無必爲之志，而不自度其能否矣。欲踐其言，豈不難哉？」（《四書章句集注》，頁145）邢昺亦疏：「此章疾時人內無其實而辭多慙怍⋯人若內有其實，則其言之不怍。然則內積其實者，爲之也甚難。」（《論語注疏》，頁220）。

〔註163〕《論語・爲政22》：「子曰：『人而無信，不知其可也。大車無輗，小車無軏，其何以行之哉？』」邢昺說：「此章明信不可無也⋯言人而無信，其餘雖有他才，終無可也。」（《論語注疏》，頁25）。

〔註164〕《四書章句集注》，頁51。

〔註165〕《論語注疏》，頁103。

〔註166〕《四書章句集注》，頁52。

〔註167〕《四書章句集注》，頁73。

惡時人行不副言也。」〔註168〕故就性質而言,「言易行難」、「言易虛,行爲實」
應即是孔氏之主張,所以錢穆指出:「…輕言矯之以訥,行緩勵之以敏,此亦
變化氣質,君子成德之方。」〔註169〕另外,「有言者,不必有德」〔註170〕、「君
子不以言舉人,不以人廢言」〔註171〕等言說,其義應皆是以此爲奠基。

承上述,故在對「人」之辨識╱評判上,孔子乃由「聽言信行」轉爲「聽
言觀行」,將「觀行」視爲「識人」之要素,如〈公冶長 10〉云:「始吾於人
也,聽其言而信其行;今吾於人也,聽其言而觀其行。」〔註172〕而「聽言觀
行」則和「察言而觀色」〔註173〕有著意義上的相仿;話雖如此,但吾人卻也
不能依此就對孔氏所論之「言」,做出輕言或貶抑式的價值判斷,畢竟「聽言」、
「察言」仍是「識人」所不可缺少之環節,如〈堯曰 03〉載:「不知言,無以
知人也。」〔註174〕因此總的來說,「言」、「行」在孔子的思想體系中當是無所

〔註168〕《論語注疏》,頁 58。
〔註169〕《論語新解》,頁 112。
〔註170〕《論語・憲問 04》:「子曰:『有德者,必有言。有言者,不必有德。仁者,
　　　　必有勇。勇者,不必有仁。』」朱熹注:「有德者,和順積中,英華發外。能
　　　　言者,或便佞口給而已。」(《四書章句集注》,頁 141)邢昺疏:「『子曰:有
　　　　德者必有言』者,德不可以無言億中,故必有言也。『有言者不必有德』者,
　　　　辯佞口給,不必有德也。」(《論語注疏》,頁 207)。
〔註171〕《論語・衛靈公 23》,邢昺疏:「此章言君子用人,取其善節也。有言者不必
　　　　有德,故不可以言舉人,當察言觀行然後舉之。」(《論語注疏》,頁 243)。
〔註172〕《論語・公冶長 10》:「宰予晝寢。子曰:『朽木不可雕也,糞土之牆不可杇
　　　　也,於予與何誅。』子曰:『始吾於人也,聽其言而信其行;今吾於人也,聽
　　　　其言而觀其行。於予與改是。』」朱熹注:「宰予能言而行不逮,故孔子自言
　　　　於予之事而改此失,亦以重警之也。」(《四書章句集注》,頁 77)邢昺疏:
　　　　「…以宰予嘗謂夫子言已勤學,今乃晝寢,是言與行違,故孔子責之曰:『始
　　　　前吾於人也,聽其所言即信其行,以爲人皆言行相副。今後吾於人也,雖聽
　　　　其言,更觀其行,待其相副,然後信之。因發於宰予晝寢,言行相違,改是
　　　　聽言信行,更察言觀行也。』」(《論語注疏》,頁 66)。
〔註173〕《論語・顏淵 20》:「子張問:『士何如斯可謂之達矣?』子曰:『何哉,爾所
　　　　謂達者?』子張對曰:『在邦必聞,在家必聞。』子曰:『是聞也,非達也。
　　　　夫達也者,質直而好義,察言而觀色,慮以下人。在邦必達,在家必達。夫
　　　　聞也者,色取仁而行違,居之不疑。在邦必聞,在家必聞。』」邢昺疏:「…
　　　　此孔子又說達士之行也,爲性正直,所好義事,察人言語,觀人顏色,知其
　　　　所欲,其念慮常欲以下人。言常有謙退之志也。」(《論語注疏》,頁 189)。
〔註174〕《論語・堯曰 03》:「子曰:『不知命,無以爲君子也。不知禮,無以立也。
　　　　不知言,無以知人也。』」朱熹注:「…言之得失,可以知人之邪正。」(《四
　　　　書章句集注》,頁 181)邢昺疏:「聽人之言,當別其是非。若不能別其是非,
　　　　則無以知人之善惡也。」(《論語注疏》,頁 308)。

偏廢的，二者皆須以「愼」之態度予以把握，然因著言、行之差異性質，以致「愼」乃分別表現在「訥言於實」、「力行於敏」，是個人對於言行不一、妄言或「無信」的消解，而此觀點亦見於孔氏以「先行其言，而後從之」答「君子之問」當中。〔註175〕

　　除此之外，在「個人」與言行倚愼、相副的關係上，孔子另可謂是引「恥」之概念予以建立及強化，如其言：「古者言之不出，恥躬之不逮也。」〔註176〕、「君子恥其言而過其行。」〔註177〕也就是說，「恥」不僅標示爲古者或君子面對「行不及言，言不及行」之情意表現，其中也蘊含有以「言行相副」或「信」爲目標的「自我要求／期許」，而〈子路20〉載：

> 子貢問曰：「何如斯可謂之士矣？」子曰：「行己有恥，使於四方，不辱君命，可謂士矣。」曰：「敢問其次。」曰：「宗族稱孝焉，鄉黨稱弟焉。」曰：「敢問其次。」曰：「言必信，行必果，硜硜然小人哉！抑亦可以爲次矣。」曰：「今之從政者何如？」子曰：「噫！斗筲之人，何足算也。」

何晏注：「有恥者，有所不爲。」邢昺疏：「士，有德之稱…此荅士之高行也。言行己之道，若有不善，恥而不爲。」〔註178〕故所謂「恥」，其乃蘊含有「知恥」與「不爲恥」等不同層次之義，〔註179〕體現出個人對「己」的自覺、自律和「自愛」，而「行己有恥」即意謂著「個人」對自身言行的有所規範、約束與反省，能辨識「當爲則爲」、「不當爲則不爲」，所以，「恥（辱）感」之發源應就在於自我探問後的「問心有愧」，相對於前文所論之「內省不疚」、「問心無愧」。

〔註175〕《論語‧爲政13》：「子貢問君子。子曰：『先行其言，而後從之。』」何晏注：「孔曰：『疾小人多言，而行之不周。』」邢昺疏：「君子先行其言，而後以行從之，言行相副，是君子也。」《論語注疏》，頁21。

〔註176〕《論語‧里仁 22》，邢昺疏：「此章明愼言躬身也。」何晏引包氏言：「古人之言不妄出口，爲身行之將不及。」（《論語注疏》，頁57）朱熹注：「言古者，以見今之不然。逮，及也。行不及言，可恥之甚。古者所以不出其言，爲此故也。」（《四書章句集注》，頁72）。

〔註177〕《論語‧憲問 27》，邢昺疏：「此章勉人使言行相副也。君子言行相顧，若言過其行，謂有言而行不副，君子所恥也。」（《論語注疏》，頁223）。

〔註178〕《論語注疏》，頁201～202。

〔註179〕所謂「知恥」與「不爲恥」，前者乃是指「知道何事爲恥」，後者則是指「不行可恥之事」。

如上所言為是，則「行己有恥」和「言行相副」（或言「信」）應存在著相互促動之關係，即指個人出於對「恥（辱）」的避免之情，應能促發其正視自身之言、行內容，引發其對相副一事之自我要求／期許，最終擇以「謹慎」的態度予之掌握及面對，故孔子說：「以約失之者，鮮矣。」〔註180〕。

然話雖如此，「恥（辱）」卻也並非能完全成為「言行相副」或「信」之保障，因誠如「言必信，行必果，硜硜然小人哉」〔註181〕一語所示，邢昺疏：「若人不能信以行義，而言必執信。行不能相時度宜，所欲行者，必果敢為之。硜硜然者，小人之皃也。言此二行，雖非君子所為，乃硜硜然小人耳。」〔註182〕即一昧的循守於言行間的必信、必果，此將「不為君子而近似小人」〔註183〕，故孔子亦言：「君子貞而不諒。」〔註184〕因此筆者以為，「言行倚慎」或許亦才是孔氏在言行活動上所欲標明之內容，而憑藉著「倚慎」以達「相副」，此不僅表現出個人的「知恥」、「明恥」，同時也透露著「合義」及「循禮」（「相時度宜」）之意義。

另外，有子言：「信近於義，言可復也；恭近於禮，遠恥辱也。」〔註185〕邢昺疏：「人言不欺為信，於事合宜為義。若為義事，不必守信，而信亦有非義者也。言雖非義，以其言可反復不欺，故曰近義。」〔註186〕故對於「信」的價值貶抑，乃非是孔子及其弟子所持之觀點或語意，「謹言慎行」應才是焦點所在，如朱熹說：「…此言人之言行交際，皆當謹之於始而慮其所終，不然，

〔註180〕《論語・里仁23》，朱熹引謝氏言：「不侈然以自放之謂約。」（《四書章句集注》，頁73）錢穆析：「凡謹言慎行皆是約。處財用為儉約。從事學問事業為守約…人能以約自守，則所失自少矣。」（《論語新解》，頁111～112）。

〔註181〕《論語・子路20》。

〔註182〕《論語注疏》，頁202。

〔註183〕此言之義乃在於指出對「言行相副」、「必信必果」的循守，其中仍存在著可取之處，故也就是非完全的割裂於君子或等同於小人，如朱熹注：「小人，言其識量之淺狹也。此其本末皆無足觀，然亦不害其為自守也，故聖人猶有取焉，下此則市井之人，不復可為士矣。」（《四書章句集注》，頁138）錢穆亦言：「不務求大義，而專自守信於言行之必信必果，此見其識量之小，而才亦無足稱，故稱之曰小人。然雖缺乏才識，亦尚有行，故得為孝弟之次。」（《論語新解》，頁369）。

〔註184〕《論語・衛靈公37》，邢昺疏：「此章貴正道而輕小信也。貞，正也。諒，信也。君子之人，正其道耳。言不必小信。」（《論語注疏》，頁247）。

〔註185〕《論語・學而13》：「有子曰：『信近於義，言可復也；恭近於禮，遠恥辱也；因不失其親，亦可宗也。』」。

〔註186〕《論語注疏》，頁12。

則因仍苟且之間,將有不勝其自失之悔者矣。」〔註187〕因此,「倚慎」、「合義」與「循禮」皆蘊含有「遠恥」之情意;而「禮」之所以能成為「當為」或「合宜」與否之依循,此乃和其所蘊含之節度、適當義有關,並標示出「適時」之概念,如同「相時度宜」、「禮貴會時」〔註188〕等邢昺之言,另〈季氏06〉也可為證:

> 孔子曰:「侍於君子有三愆:言未及之而言謂之躁,言及之而不言謂之隱,未見顏色而言謂之瞽。」〔註189〕

所謂「躁」、「隱」與「瞽」,其除表示「合宜之言」當符合「適時」、「觀色」等條件外,另也標明「失敬」即為「三愆」的產生原因,如錢穆說:「…三愆皆由無敬意生。若盡日與不如己者為伍,敬意不生,有愆亦不自知。」〔註190〕因此,「以禮待人」不僅代表著因人、因事與因時之制宜外,其核心乃就在於「敬」、「慎」的態度表達,換言之,無論是「對人之敬」、「對己之慎」或「言行倚慎」,其中除蘊含有「遠恥」、「愛己」及對「義」之履踐外,同時也呼應於「仁」的理想意涵,是種個人對於「理想人格」的趨近。

綜上所述,故在個人之言行問題上,孔子應是以「言行倚慎」作為主要的闡釋內容,強調謹言慎行以履踐「仁(德)」,然無論是「慎」或「恥」,其最終皆指向於「行己有恥」,流露出一種「個人以『自身』」(或言「己」、「我」)為對象的關懷及思量,成就為「對『己』之『愛』」,畢竟就言、行活動來說,「個人」方才是最終決定者,且無論是仁、愛、禮、敬、信等德行,其也唯有憑藉「人者」的判斷和選擇才得以獲得實踐,故此種對「己」、「我」的重視可謂正是孔子仁學所顯露之特徵,誠如「不患無位,患所以立;不患莫己知,求為可知也。」〔註191〕、「君子病無能焉,不病人之不己知也。」

〔註187〕《四書章句集注》,頁 53～54。

〔註188〕《論語注疏》,頁 12。

〔註189〕「愆」乃過失義,朱熹引尹氏言:「時然後言,則無三者之過矣。」(《四書章句集注》,頁 161)邢昺疏:「『言未及之而言謂之躁』者,謂君子言事,未及於己而輒先言,是謂躁動不安靜也。『言及之而不言謂之隱』者,謂君子言論及己,己應言而不言,是謂隱匿不盡情實也。『未見顏色而言謂之瞽』者,瞽,謂無目之人也。言未見君子顏色所趨嚮,而便逆先意語者,猶若無目人也。」(《論語注疏》,頁 258)。

〔註190〕《論語新解》,頁 467。

〔註191〕《論語·里仁 14》,朱熹引程子言:「君子求其在己者而已矣。」(《四書章句集注》,頁 71)邢昺疏:「『患所以立』者,言但憂其無立身之才學耳。『不患莫己知』者,言不憂無人見知於己也。」(《論語注疏》,頁 55)錢穆釋:「此

〔註192〕等言說所示，揭露著「求仁在己」之重要訊息。

（二）求仁在己

而除〈里仁 14〉和〈衛靈公 19〉之外，「己所不欲，勿施於人」、「己欲立而立人，己欲達而達人」及「克己復禮為仁」等仁學命題，其皆可謂是以「己」為重要組件，另在〈衛靈公 21〉與〈憲問 24〉當中，則分別提及了「求己」、「為己」之概念，其云：

> 子曰：「君子求諸己，小人求諸人。」

> 子曰：「古之學者為己，今之學者為人。」

於前章，朱熹引謝氏言：「君子無不反求諸己，小人反是。此君子小人所以分也。」〔註193〕何晏乃注：「君子責己，小人責人。」〔註194〕而在後章，朱氏則引程子言：「為己，欲得之於己也。為人，欲見知於人也…古之學者為己，其終至於成物。今之學者為人，其終至於喪己。」〔註195〕錢穆釋：「孔門不薄為人之學，惟必以為己之學樹其本，未有不能為己而能為人者。」〔註196〕故孔子所欲標明之觀點應在於「君子表徵在『求己』，今之學者需『為己』」，然無論是「求己」、「為己」抑或「責己」、「欲己」（「欲得之於己也」），其皆蘊含著「反求諸己」、「求其在己」之深切意義，體現一種以「己」為核心之修養工夫。

據此，所以在「仁（德）」之追尋與履踐上，孔子明確的將焦點置於「個人自身」，如〈述而 30〉載：

> 子曰：「仁遠乎哉？我欲仁，斯仁至矣。」

朱熹注：「仁者，心之德，非在外也。放而不求，故有以為遠者；反而求之，則即此而在矣，夫豈遠哉？程子曰：『為仁由己，欲之則至，何遠之有？』」〔註197〕何晏則引包氏言：「仁道不遠，行之即是。」〔註198〕而筆者以為，孔

章言君子求其在我。不避位，亦不汲汲於求位。若徒以恬澹自高，亦非孔門求仁行道經世之實學。」（《論語新解》，頁 103）。

〔註192〕　《論語・衛靈公 19》，何晏引包氏言：「君子之人但病無聖人之道，不病人之不己知。」邢昺疏：「此章戒人脩己也。病猶患也。言君子之人，但患己無聖人之道，不患人之不知己也。」（《論語注疏》，頁 243）。

〔註193〕　《四書章句集注》，頁 155。

〔註194〕　《論語注疏》，頁 243。

〔註195〕　《四書章句集注》，頁 146。

〔註196〕　《論語新解》，頁 402。

〔註197〕　《四書章句集注》，頁 96。

〔註198〕　《論語注疏》，頁 106。

子此言之義不單僅是對「人是『行爲者』」之強調，其旨更是在於對人者之「內在主動性」的標示，也就是說，無論是多麼完備的道德訓誡或系統，如個人在情意層面乃是不願、不想抑或「無恥」，則此類訓誡或系統都將成爲無足輕重的身外之物，故其言：「爲仁由己，而由人乎哉？」〔註199〕因此，孔氏可謂是將「意願」視爲道德實踐上的首要問題，指出：「有能一日用其力於仁矣乎？我未見力不足者。蓋有之矣，我未之見也。」〔註200〕朱熹注：「言好仁惡不仁者，雖不可見，然或有人果能一旦奮然用力於仁，則我又未見其力有不足者。蓋爲仁在己，欲之則是，而志之所至，氣必至焉。故仁雖難能，而至之亦易也。」〔註201〕也就是說，無論是對「理想人格」的達致或是「德行」能否履踐之關鍵，其皆非奠基於個人能力的強弱、高低，因爲「力不足者，中道而廢」〔註202〕，如同「裹足不前」和「半途而廢」雖皆爲「無終」，但二者卻實有相異之內涵及價値呈顯，〔註203〕所以在談論道德履踐上，筆者認爲其中之要務應在於「主體」之「欲」的釐清，即以「我『欲』爲何？」進行自我的探問與答覆。

　　承上所述，因此孔子相當強調「個人」對「己」的要求與形塑，如前文所言之「爲之」、「學之」、「己立」和「己達」，此外，其亦多次提及個人應以「自身」爲對象來進行檢討、審視，如〈學而16〉和〈憲問30〉云：

　　　　子曰：「不患人之不己知，患不知人也。」

　　　　子曰：「不患人之不己知，患其不能也。」

〔註199〕《論語・顏淵 01》：「顏淵問仁。子曰：『克己復禮爲仁。一日克己復禮，天下歸仁焉。爲仁由己，而由人乎哉？』顏淵曰：『請問其目。』子曰：『非禮勿視，非禮勿聽，非禮勿言，非禮勿動。』顏淵曰：『回雖不敏，請事斯語矣。』」邢昺疏：「…言行善由己，豈由他人乎哉。言不在人也。」（《論語注疏》，頁177）。

〔註200〕《論語・里仁 06》：「子曰：『我未見好仁者，惡不仁者。好仁者，無以尚之；惡不仁者，其爲仁矣，不使不仁者加乎其身。有能一日用其力於仁矣乎？我未見力不足者。蓋有之矣，我未之見也。』」。

〔註201〕《四書章句集注》，頁69～70。

〔註202〕《論語・雍也 12》：「冉求曰：『非不說子之道，力不足也。』子曰：『力不足者，中道而廢。今女畫。』」朱熹注：「…力不足者，欲進而不能。畫者，能進而不欲。謂之畫者，如畫地以自限也。」（《四書章句集注》，頁85）。

〔註203〕「裹足不前」所示之義乃爲「無始無終」，而「半途而廢」則是指「有始無終」，因此，如於初始階段便已選擇「無始」（如：不願、不想或認定能力不足），則「有終」就將注定成爲空言、幻想。

　　朱熹引尹氏言說：「君子求在我者，故不患人之不己知。不知人，則是非邪正或不能辨，故以爲患也。」〔註204〕邢昺則疏：「此章言人當責己而不責人。凡人之情，多輕易於知人，而患人不知己，故孔子抑之云：『我則不耳…』」〔註205〕、「此章勉人脩德也。言不患人不知已，但患己之無能。」〔註206〕故以「內省」作爲一修養工夫，此正可謂是其所彰顯之義，也就是對於「自律」、「愛己」與「有恥」（或言「知恥」、「不爲恥」）的強調，透露著自身對於「理想人格」的努力及趨近，而「見賢思齊焉，見不賢而內自省也。」〔註207〕、「已矣乎！吾未見能見其過而內自訟者也。」〔註208〕等言說之義，皆與此能相呼應。

　　據此，所以孔子在論對君主之期許／要求（指「施仁政，修仁德」）時，亦以「脩己以敬」〔註209〕爲其初始主張，也就是說，孔氏言「己」、重「己」之目的，應非是朝向以自我利益之獲取或實現爲最終結果，其觀點應是建立在「個人以自身爲始，從而達到社會、眾人之『善』的達致」，所以「老者安之，朋友信之，少者懷之」〔註210〕、「足食。足兵。民信」〔註211〕、「君君，

〔註204〕《四書章句集注》，頁54。
〔註205〕《論語注疏》，頁14。
〔註206〕《論語注疏》，頁224。
〔註207〕《論語・里仁17》，朱熹注：「思齊者，冀己亦有是善；內自省者，恐己亦有是惡。」（《四書章句集注》，頁72）邢昺疏：「此章勉人爲高行也。見彼賢則思與之齊等，見彼不賢則內自省察得無如彼人乎。」（《論語注疏》，頁56）。
〔註208〕《論語・公冶長27》，朱熹注：「內自訟者，口不言而心自咎也。人有過而能自知者鮮矣，知過而能內自訟者爲尤鮮。能內自訟，則其悔悟深切而能改必矣。夫子自恐終不得見而歎之，其警學者深矣。」（《四書章句集注》，頁81）。
〔註209〕《論語・憲問40》：「子路問君子。子曰：『脩己以敬。』曰：『如斯而已乎？』曰：『脩己以安人。』曰：『如斯而已乎？』曰：『脩己以安百姓。脩己以安百姓，堯舜其猶病諸！』」而針對此章，錢穆乃將「君子」釋爲「上位者」，指出：「然世固無己不安而能安人者，亦無己不敬而能敬人者。在己不安，對人不敬，而高踞人上，斯難爲之下矣…故欲求百姓安，天下平，惟有從修己以敬始。」（《論語新解》，頁420～421）朱熹則注：「脩己以敬，夫子之言至矣盡矣。」（《四書章句集注》，頁149）。
〔註210〕《論語・公冶長26》：「顏淵、季路侍。子曰：『盍各言爾志？』子路曰：『願車馬、衣輕裘，與朋友共。敝之而無憾。』顏淵曰：『願無伐善，無施勞。』子路曰：『願聞子之志。』子曰：『老者安之，朋友信之，少者懷之。』」。
〔註211〕《論語・顏淵07》：「子貢問政。子曰：『足食。足兵。民信之矣。』子貢曰：『必不得已而去，於斯三者何先？』曰：『去兵。』子貢曰：『必不得已而去，於斯二者何先？』曰：『去食。自古皆有死，民無信不立。』」。

臣臣，父父，子子」〔註212〕等治世之鑰，乃就在於「己」。

然對於「求仁在己」之行爲表現，孔子卻是將其定調爲易、難兼備的，因爲「意願／欲求」乃是求仁之關鍵，個人僅需以此爲進路便得以履踐「仁（德）」（「我欲仁，斯仁至矣」），故言「求仁易」，但「求仁之難」便是與此「求仁之欲」的維持有關，如孔氏說：「君子而不仁者有矣夫，未有小人而仁者也。」〔註213〕朱熹引謝氏言：「君子志於仁矣，然毫忽之間，心不在焉，則未免爲不仁也。」〔註214〕邢昺則疏：「此章言仁道難備也。雖曰君子，猶未能備，而有時不仁也。」〔註215〕據此，故孔氏亦才以「其心三月不違仁」〔註216〕稱讚及肯定顏回的難能可貴，且又言：「譬如平地，雖覆一簣，進，吾往也。」〔註217〕。

承上所言，因此「求仁」與「違仁」雖意謂著相對性之存在關係，但其分野卻僅在於一念之間，「刹那」即可發生轉變，故「君子無終食之間違仁，造次必於是，顛沛必於是」〔註218〕一語所呈顯之義，便是君子所秉持的「求

〔註212〕《論語・顏淵 11》：「齊景公問政於孔子。孔子對曰：『君君，臣臣，父父，子子。』公曰：『善哉！信如君不君，臣不臣，父不父，子不子，雖有粟，吾得而食諸？』」。

〔註213〕《論語・憲問 06》。

〔註214〕《四書章句集注》，頁 141。

〔註215〕《論語注疏》，頁 210。

〔註216〕《論語・雍也 07》：「子曰：『回也，其心三月不違仁，其餘則日月至焉而已矣。』」朱熹說：「三月，言其久。仁者，心之德。心不違仁者，無私欲而有其德也…程子曰：『三月，天道小變之節，言其久也，過此則聖人矣。不違仁，只是無纖毫私欲。少有私欲，便是不仁。』」（《四書章句集注》，頁 84）邢昺疏：「三月爲一時，天氣一變。人心行善，亦多隨時移變。唯回也，其心雖經一時復一時，而不變移違去仁道也。其餘則暫有至仁時，或一日或一月而已矣。」（《論語注疏》，頁 81）。

〔註217〕《論語・子罕 19》：「子曰：『譬如爲山，未成一簣，止，吾止也；譬如平地，雖覆一簣，進，吾往也。』」朱熹注：「夫子之言，蓋出於此。言山成而但少一簣，其止者，吾自止耳；平地而方覆一簣，其進者，吾自往耳。蓋學者自彊不息，則積少成多；中道而止，則前功盡棄。其止其往，皆在我而不在人也。」（《四書章句集注》，頁 108～109）邢昺疏：「…言人進德脩業，功雖未多，而強學不息，則吾與之也。譬如平地者，將進加功，雖始覆一簣，我不以其功少而薄之，據其欲進，故吾則往而與之也。」（《論語注疏》，頁 134）。

〔註218〕《論語・里仁 05》：「子曰：『富與貴是人之所欲也，不以其道得之，不處也；貧與賤是人之所惡也，不以其道得之，不去也。君子去仁，惡乎成名？君子無終食之間違仁，造次必於是，顛沛必於是。』」朱熹注：「終食者，一飯之頃。造次，急遽苟且之時。顛沛，傾覆流離之際。蓋君子之不去乎仁如此，

仁之欲」不輕受外在條件所影響，透露著對於「仁（德）」的堅持不懈；然針對「求」與「違」間所表現出的情意變化，孔子乃將其視爲個人自身的不定、迷惑與「亂」〔註219〕，如〈顏淵10〉云：

> 子張問崇德、辨惑。子曰：「主忠信，徒義，崇德也。愛之欲其生，惡之欲其死。既欲其生，又欲其死，是惑也。」「誠不以富，亦祇以異。」

朱熹注：「以愛惡而欲其生死，則惑矣。既欲其生，又欲其死，則惑之甚也。」〔註220〕何晏則引包氏言：「愛惡當有常。一欲生之，一欲死之，是心惑也。」邢昺疏：「此章言人當有常德也…言欲充盛道德，袪別疑惑，何爲而可也…言人心愛惡當須有常。若人有順已，己即愛之，便欲其生；此人忽逆於已，己即惡之，則願其死，一欲生之，一欲死之，用心無常，是惑也。」〔註221〕因此筆者以爲，「個人」爲「己」建立「常道／則」，並能達到「雖之夷狄，不可棄也」〔註222〕，此似乎另即是孔子對於「人者」所建立之重要價值，如馮耀明說：「這種德性力量（仁）之形成，首先經過人的內省或內自訟，由認識對己對人的恰當關係中，建立某種原則性的信念…從而立定志向…進而能近取譬，力行以鞏固由此心志以通達至外部行爲之功能。」〔註223〕故孔氏言「恆」，〈述而26〉載：

> 子曰：「聖人，吾不得而見之矣；得見君子者，斯可矣。」子曰：「善人，吾不得而見之矣；得見有恆者，斯可矣。亡而爲有，虛而爲盈，約而爲泰，難乎有恆矣。」

朱熹注：「恆，常久之意。張子曰：『有恆者，不貳其心。善人者，志於

不但富貴、貧賤、取舍之間而已也。言君子爲仁，自富貴、貧賤、取舍之間，以至於終食、造次、顚沛之頃，無時無處而不用其力也。」（《四書章句集注》，頁 69）邢昺疏：「…言仁不可斯須去身，故君子無食頃違去仁道也…造次，急遽也；顚沛，偃仆也。言君子之人，雖身有急遽、偃仆之時，而必守於是仁道而不違去也。」（《論語注疏》，頁 53）。

〔註219〕《説文解字注》，〈惑〉：「亂也。亂者，治也。疑則當治之。」
〔註220〕《四書章句集注》，頁 129。
〔註221〕《論語注疏》，頁 183～184。
〔註222〕《論語・子路 19》：「樊遲問仁。子曰：『居處恭，執事敬，與人忠。雖之夷狄，不可棄也。』」邢昺疏：「…此恭敬及忠，雖之適夷狄無禮義之處，亦不可棄而不行也。」（《論語注疏》，頁 201）。
〔註223〕馮耀明：〈論語中仁與禮關係新詮〉，《政治大學哲學學報》，第 21 期，台北：政治大學哲學系，2009 年 01 月，頁 129～158。

仁而無惡。』…然未有不自有恆而能至於聖者也。故章末申言有恆之義,其示人入德之門,可謂深切而著明矣。」〔註224〕而此概念乃與「不恆其德,或承之羞」〔註225〕有著意蘊上的雷同,錢穆說:「聖人、君子以學言,善人、有恆以質言…時世澆漓,人尚誇浮,匿無爲有,掩虛爲盈,心困約而外示安泰,乃難有恆。人若有恆,三人行,必可有我師,積久爲善人矣。」〔註226〕承此論旨,所以孔子言「仁者樂山」,取用「山」所呈顯出的「安固」、「不動」與「不遷」等形象,〔註227〕另「志士仁人,無求生以害仁,有殺身以成仁」〔註228〕一語,則可謂是標明及確立了「常道/則」之價值,如朱熹說:「志士,有志之士。仁人,則成德之人也。理當死而求生,則於其心有不安矣,是害其心之德也。當死而死,則心安而德全矣。」〔註229〕換言之,此亦即標示著「立志」的重要。

綜上所言,因此在此種著重「求己」、「爲己」、「內省」與「自律」的修養工夫下,孔子所示之要領應就在於「人能弘道,非道弘人」〔註230〕和「仁者安仁」〔註231〕,即標示著世人應以「自身」爲途徑,進而達致於「眾」之關懷,即同樣重視「個人言行之『愼』」及「與他者共處」之問題,而問心無

〔註224〕《四書章句集注》,頁95～96。

〔註225〕出自《易經・恆》;〈子路22〉:「子曰:『南人有言曰:人而無恆,不可以作巫醫。』善夫!」『不恆其德,或承之羞。』子曰:『不占而已矣。』」邢昺疏:「『不恆其德,或承之羞』者,此《易恆卦》之辭,孔子引之,言德無恆則羞辱承之也。」(《論語注疏》,頁203)錢穆解:「…承,續義。言人無恆德,常有羞辱承續其後。」(《論語新解》,頁371)。

〔註226〕《論語新解》,頁199。

〔註227〕《論語・雍也23》:「知者樂水,仁者樂山;知者動,仁者靜;知者樂,仁者壽。」何晏說:「仁者樂如山之安固,自然不動,而萬物生焉。」(《論語注疏》,頁87)朱熹則注:「樂,喜好也…仁者安於義理而厚重不遷,有似於山,故樂山。」(《四書章句集注》,頁87)。

〔註228〕《論語・衛靈公09》。

〔註229〕《四書章句集注》,頁153。

〔註230〕《論語・衛靈公29》,朱熹注:「人外無道,道外無人。然人心有覺,而道體無爲;故人能大其道,道不能大其人也。」(《四書章句集注》,頁156)。

〔註231〕《論語・里仁02》:「子曰:『不仁者不可以久處約,不可以長處樂。仁者安仁,知者利仁。』」朱熹注:「…不仁之人,失其本心,久約必濫,久樂必淫。惟仁者則安其仁而無適不然。」(《四書章句集注》,頁68)錢穆釋:「…人之所以爲人,主要在心不在境。外境有約有樂,然使己心不能擇仁而處,則約與樂皆不可安…無論外界之約與樂,苟其心不仁,終不可以久安。安仁者,此心自安於仁,如腰之忘帶,足之忘履,自然安適也。」(《論語新解》,頁90)。

愧、內省不疚所指涉的「仁者不憂」、「君子坦蕩」，其便是個人之「敬」與「盡己」之呈顯，誠如「先事後得，非崇德與？攻其惡，無攻人之惡，非脩慝與？一朝之忿，忘其身，以及其親，非惑與？」〔註232〕所示一般，體現出以「已」為核心的倫理與仁學思想，而朱熹說：「不篤信，則不能好學；然篤信而不好學，則所信或非其正。」〔註233〕此則指出在成德之歷程上，其中當蘊含有一不可或缺之行為表現──「學」。

第二節　人能之用──「學」

　　誠如「篤信好學」〔註234〕與「好仁不好學，其蔽也愚」〔註235〕所示，「仁」和「學」不僅非是以不相容之關係存在，吾人更可說，「成仁／德」乃與後天的人能之用──「學」有著緊密的關聯性，另外，孔子言：「性相近也，習相遠也。」〔註236〕此則標示著「後天習染」對「人」乃能產生深切之影響，故唐君毅說：「孔子不重人性之為固定之性之旨，而隱含一『相近之人性，為能自生長而變化，而具無定限之可能』之旨者也。」〔註237〕故孔氏不僅相當關注「學」之概念，並又以「我非生而知之者，好古，敏以求之者也」〔註238〕

〔註232〕《論語・顏淵21》：「樊遲從遊於舞雩之下，曰：『敢問崇德、脩慝、辨惑。』子曰：『善哉問！先事後得，非崇德與？攻其惡，無攻人之惡，非脩慝與？一朝之忿，忘其身，以及其親，非惑與？』」邢昺疏：「此章言脩身之事也。」（《論語注疏》，頁189）朱熹注：「先事後得，猶言先難後獲也。為所當為而不計其功，則德日積而不自知矣。專於治己而不責人，則己之惡無所匿矣。知一朝之忿為甚微，而禍及其親為甚大，則有以辨惑而懲其忿矣。」（《四書章句集注》，頁131）。

〔註233〕《四書章句集注》，頁101。

〔註234〕《論語・泰伯13》：「子曰：『篤信好學，守死善道。危邦不入，亂邦不居。天下有道則見，無道則隱。邦有道，貧且賤焉，恥也；邦無道，富且貴焉，恥也。』」。

〔註235〕《論語・陽貨08》：「子曰：『由也，女聞六言六蔽矣乎？』對曰：『未也。』『居！吾語女。好仁不好學，其蔽也愚；好知不好學，其蔽也蕩；好信不好學，其蔽也賊；好直不好學，其蔽也絞；好勇不好學，其蔽也亂；好剛不好學，其蔽也狂。』」朱熹注：「…六言皆美德，然徒好之而不學以明其理，則各有所蔽。」（《四書章句集注》，頁166）。

〔註236〕《論語・陽貨02》。

〔註237〕唐君毅：《中國哲學原論・原性篇》，台北市：臺灣學生，1991，頁32，後僅標註書名及頁碼。

〔註238〕《論語・述而20》。

爲其自介，因此本節將以「學之目的」、「學之內容」、「學思並重」與「好學力行」等爲進路，梳理《論語》所載錄的「學」概念／思想。

一、學之目的

依〈陽貨08〉（「六言六蔽」章）所言，錢穆說：「好者，聞其風而悅之。不學則不能深原其所以之道，故必有所蔽。仁、知、信、直、勇、剛六言皆美名，不學則不明其義，不究其實，以意會之，有轉成不美者。」〔註239〕因此，「明仁」之義與實應是使「仁」的履踐能否趨近完備之重要條件，而「學」即正是「明仁」之首要途徑，如同子夏所述：「百工居肆以成其事，君子學以致其道。」〔註240〕另〈先進20〉亦載：「子張問善人之道。子曰：『不踐跡，亦不入於室。』」此即指「未經學問，雖亦能善，而不到深奧處」〔註241〕，如朱熹注：「善人，質美而未學者也…張子曰：『善人欲仁而未志於學者也。欲仁，故雖不踐成法，亦不蹈於惡，有諸己也。由不學，故無自而入聖人之室也。』」〔註242〕。

據此，故就孔子而言，其應是以「成仁／德」爲對象，將「理想人格」的達致視爲「學之目的」，而此便意謂著「成人之學」或「爲己之學」的理念建構，如傅佩榮說：「…孔子是坦蕩蕩、長樂樂的君子，但是照樣有終身之憂，就是『德之不修，學之不講，聞義不能徙，不善不能改』〈述而〉。這裡有三樣與道德實踐有關。可見孔子之學習所要求印證的是針對人格的成全。」〔註243〕錢穆則言：「孔子一生重在教，孔子之教重在學。孔子之教人以學，重在學爲人之道…孔門論學，範圍雖廣，然必兼心地修養與人格完成之兩義。」〔註244〕另外，「女爲君子儒，無爲小人儒」〔註245〕一語則標示著「學」對於仁者

〔註239〕《論語新解》，頁487。
〔註240〕《論語・子張07》，朱熹注：「…君子不學，則奪於外誘而志不篤。」（《四書章句集注》，頁176）邢昺疏：「此章亦勉人學，舉百工以爲喻也…言百工處其肆，則能成其事，猶君子勤於學，則能至於道也。」（《論語注疏》，頁293）。
〔註241〕《論語新解》，頁311。
〔註242〕《四書章句集注》，頁121。
〔註243〕傅佩榮：《儒家哲學新論》，台北市：業強，1993，頁251，後僅標註書名及頁碼。
〔註244〕《論語新解》，頁5。
〔註245〕《論語・雍也13》，朱熹注：「儒，學者之稱。程子曰：『君子儒爲己，小人儒爲人。』」（《四書章句集注》，頁85）錢穆說：「女，同汝…孔子之所謂小人儒者，不出兩義：一則溺情典籍，而心忘世道。一則專務章句訓詁，而忽

／君子的造就乃別具意義（如：入世、明義理等），表現出「博學先王之道，以潤其身」〔註246〕之重要價值。

　　承上述，故孔子說：「學而時習之，不亦說乎？有朋自遠方來，不亦樂乎？人不知而不慍，不亦君子乎？」〔註247〕而「說」之所以能和「學而時習」有著關聯性的建立，其原因應與「以潤其身」相呼應，也就是指涉「自我的卓越／優化」，如朱熹注：「說，喜意也。既學而又時時習之，則所學者熟，而中心喜說，其進自不能已矣…（程子）又曰：『學者，將以行之也。時習之，則所學者在我，故說。』」〔註248〕另外，〈雍也18〉與〈述而19〉亦可說是聚焦於自我要求／期許之達致，強調人者的「自強不息」〔註249〕，其分別云：「子曰：『知之者不如好之者，好之者不如樂之者。』」〔註250〕、「葉公問孔子於子路，子路不對。子曰：『女奚不曰，其為人也，發憤忘食，樂以忘憂，不知老之將至云爾。』」〔註251〕故孔子除以顏回為樣，稱讚「好學者」的難能可貴外，〔註252〕並又將「學」貫徹於日常生活內，標明「自謂所異於人者惟在學」〔註253〕，如〈公冶長28〉載：「子曰：『十室之邑，必有忠信如丘者焉，不如丘之好學也。』」〔註254〕。

　　　　於義理。」（《論語新解》，頁160～161）而傅佩榮則以「志趣偏狹」作為「小人儒」之指稱（傅佩榮解讀：《論語》，頁134）。

〔註246〕邢昺疏：「此章戒子夏為君子也。言人博學先王之道，以潤其身者，皆謂之儒，但君子則將以明道，小人則矜其才名。言女當明道，無得矜名也。」（《論語注疏》，頁83）。

〔註247〕《論語・學而01》。

〔註248〕《四書章句集注》，頁49。

〔註249〕錢穆說：「本章之字指學…孔子教人，循循善誘，期人能達於自強不息欲罷不能之境，夫然後學之與道與我，渾然而為一，乃為可樂。」（《論語新解》，頁166）。

〔註250〕《論語・雍也18》，邢昺疏：「此章言人之學道用心深淺之異也。言學問，知之者不如好之者篤厚也，好之者又不如悅樂之者深也。」（《論語注疏》，頁86）。

〔註251〕錢穆解：「學有未得，憤而忘食。學有所得，樂以忘憂。學無止境，斯孔子之憤與樂亦無止境。」（《論語新解》，頁193）。

〔註252〕孔子除曾讚顏回「三月不違仁」外，另亦讚其之「好學」，如：「哀公問：『弟子孰為好學？』孔子對曰：『有顏回者好學，不遷怒，不貳過。不幸短命死矣！今也則亡，未聞好學者也。』」（〈雍也03〉）、「季康子問：『弟子孰為好學？』孔子對曰：『有顏回者好學，不幸短命死矣！今也則亡。』」（〈先進07〉）而孔氏對顏氏所持之高評價，亦可由「賢哉回也！一簞食，一瓢飲，在陋巷。人不堪其憂，回也不改其樂。賢哉回也！」（〈雍也11〉）一語表露無遺。

〔註253〕《論語新解》，頁145。

〔註254〕《論語・公冶長28》，朱熹注：「…夫子生知而未嘗不好學，故言此以勉人。

因此，曾子以「傳不習乎」作爲「三省吾身」之內容，[註255] 子夏則視「日知其所亡，月無忘其所能」爲「好學」，[註256] 此皆與前文之觀點相呼應，意謂著對於個人之卓越／優化的重視，誠如朱熹注：「傳，謂受之於師。習，謂熟之於己。曾子以此三者日省其身，有則改之，無則加勉，其自治誠切如此，可謂得爲學之本矣。」[註257] 邢昺疏：「舊無聞者當學之，使日知其所未聞。舊已能者當溫尋之，使月無忘也。能如此者，可以謂之好學。」[註258] 所以總的來說，孔子言學、重學之緣由，應是由於「學」乃關係著「生命的拓展」，攸關「仁（德）」的履踐，舉凡「學而時習」，其雖看似僅與己立、己達相關，朝向於「理想人格」的探尋／趨近，但據此亦才使立人、達人成爲可能，並以成就「愛人」之仁學理念，故孔子除言自身乃「學而不厭」、「誨人不倦」外，[註259] 另也視「學之不講」[註260] 爲其憂慮與關切之事。

二、學之內容

然「學」之活動既攸關「人者」的生命或人格開展，且作爲「誨人」的前提／條件，因此，「何物被學」、「以何爲教」便應是其中之重要問題，而此即指向於對「學之內容」的界定。

言美質易得，至道難聞，學之至則可以爲聖人，不學則不免爲鄉人而已。」（《四書章句集注》，頁 81）邢昺疏：「此章夫子言己勤學也。十室之邑，邑之小者也。其邑雖小，亦不誣之，必有忠信如我者焉，但不如我之好學不厭也。」（《論語注疏》，頁 76）。

[註255] 《論語・學而 04》：「曾子曰：『吾日三省吾身：爲人謀而不忠乎？與朋友交而不信乎？傳不習乎？』」而此「三省」按錢穆所言共有兩解——「三次省察」及「省察三事」，然傅佩榮則將「三」解爲「多數」之義，但無論如此，「三省吾身」乃意謂著個人面對「生命」時所展現出的兢兢業業、謹慎愛惜之情意。（參見《論語新解》，頁 9、傅佩榮解讀：《論語》，頁 6）。

[註256] 《論語・子張 05》：「子夏曰：『日知其所亡，月無忘其所能，可謂好學也已矣。』」。

[註257] 《四書章句集注》，頁 50。

[註258] 《論語注疏》，頁 292。

[註259] 《論語・述而 02》：「子曰：『默而識之，學而不厭，誨人不倦，何有於我哉？』」邢昺疏：「此章仲尼言己言而記識之，學古而心不厭，教誨於人不有倦息。」（《論語注疏》，頁 93）。

[註260] 《論語・述而 03》：「子曰：『德之不脩，學之不講，聞義不能徙，不善不能改，是吾憂也。』」邢昺疏：「此章言孔子憂在脩身也。德在脩行，學須講習，聞義事當徙意從之，有不善當追悔改之。夫子常以此四者爲憂，憂己恐有不脩、不講、不徙、不改之事。」（《論語注疏》，頁 94）。

　　對孔子而言，「學」乃意謂著後天的「人能」（指「人之能力」）發用，如其言：「生而知之者，上也；學而知之者，次也；困而學之，又其次也；困而不學，民斯爲下矣。」〔註261〕、「唯上知與下愚不移。」〔註262〕故此與「性相近，習相遠」乃存在著意涵上的連貫和一致性，然在此種涉及人之存在和差異性質的言說中，孔氏所論之旨，應在於「勸人向學」，如同其乃以「非生而知之」自居，強調自身僅是「好古，敏以求之」一般。〔註263〕

　　而在「好古」一詞上，錢穆說：「孔子之學，特重人文，尤必從古史經驗前言往行中得之，故以好古自述己學。」〔註264〕《史記‧孔子世家》亦云：「孔子以詩書禮樂教，弟子蓋三千焉，身通六藝者七十有二人。」另《論語》中則也有「學易」〔註265〕、「學詩」〔註266〕及「博學於文」〔註267〕等言詞載錄，因此，吾人應可以「古籍遺文」作爲孔子對於「學之內容」的重要界說，誠如邢昺於〈述而25〉所疏：「此章記孔子行教以此四事爲先也。文謂先王之遺文…。」〔註268〕。

　　然孔子雖是以「古籍遺文」作爲「學」或「教」之內容，但筆者以爲，「多聞」、「多見」才可謂是其所抱持之主張，如其言：「蓋有不知而作之者，我無

〔註261〕　《論語‧季氏 09》，邢昺疏：「此章勸人學也。『生而知之者，上也』者，謂聖人也。『學而知之者，次也』者，言由學而知道，次於聖人，謂賢人也。『困而學之，又其次也』者，人本不好學，因其行事有所困，禮不通，發憤而學之者，復次於賢人也。『困而不學，民斯爲下矣』者，謂知困而不能學，此爲下愚之民也。」（《論語注疏》，頁 259～260）。

〔註262〕　《論語‧陽貨 03》，何晏注：「孔曰：『上知不可使爲惡，下愚不可使強賢。』」（《論語注疏》，頁 265）錢穆說：「中人之性，習於善則善，習於惡則惡，皆可遷移。惟上知不可使爲惡，下愚不可與爲善，故爲不可移。」（《論語新解》，頁 479）。

〔註263〕　《論語‧述而 20》：「子曰：『我非生而知之者，好古，敏以求之者也。』」。

〔註264〕　《論語新解》，頁 194。

〔註265〕　《論語‧述而 17》：「子曰：『加我數年，五十以學易，可以無大過矣。』」邢昺疏：「此章孔子言其學《易》年也」（《論語注疏》，頁 101）。

〔註266〕　《論語‧陽貨 09》：「子曰：『小子！何莫學夫詩？詩，可以興，可以觀，可以群，可以怨。邇之事父，遠之事君。多識於鳥獸草木之名。』」邢昺疏：「此章勸人學《詩》也。」（《論語注疏》，頁 270）。

〔註267〕　《論語‧雍也 27》與〈顏淵 15〉同爲：「子曰：『君子博學於文，約之以禮，亦可以弗畔矣夫！』」朱熹注：「…君子學欲其博，故於文無不考。」（《四書章句集注》，頁 88）邢昺疏：「此章言君子若博學於先王之遺文，復用禮以自撿約，則不違道也。」（《論語注疏》，頁 90）。

〔註268〕　《論語注疏》，頁 103；《論語‧述而 25》：「子以四教：文，行，忠，信。」。

是也。多聞擇其善者而從之，多見而識之，知之次也。」〔註269〕邢昺疏：「言人若多聞，擇善而從之；多見，擇善而志之，能如此者，比天生知之可以爲次也。」〔註270〕錢穆解：「聞指遠。古人之嘉言懿行，良法美制，擇而從之，謂傳述。見指近。當身所見，是非善惡，默識在心，備參究。」〔註271〕換言之，以「古籍遺文」爲材所施之學、教，其中當是以「博學」作爲核心理念，並與「多聞」、「多見」之概念能相互融會，進而能「學則不固」〔註272〕，如錢氏說：「文，詩書禮樂，一切典章制度，著作義理，皆屬文。博學始能會通，然後知其眞義。」〔註273〕。

而除上述外，孔子另亦指出：「三人行，必有我師焉。」〔註274〕當中則可謂是以「學無常師」〔註275〕爲要義，因此，不論是「古籍遺文」或「聞」、「見」，其皆可作爲「學之內容」，然筆者以爲，其背後應存在一更爲重要之核心論旨，也就是對於「爲學態度」的標明與強調，即指「爲學」應「擇其善者而從之，不善者而改之」與「見賢思齊焉，見不賢而內自省也」〔註276〕等，而由「學而不思則罔，思而不學則殆」和「博學而篤志，切問而近思，

〔註269〕《論語・述而28》。

〔註270〕《論語注疏》，頁105。

〔註271〕《論語新解》，頁201～202。

〔註272〕《論語・學而08》：「子曰：『君子不重則不威，學則不固。主忠信，無友不如己者，過則勿憚改。』」邢昺引孔安國言：「固，蔽也。言君子當須敦重。若不敦重，則無威嚴。又當學先王之道，以致博聞強識，則不固蔽也…固，謂堅固。言人不能敦重，既無威嚴，學又不能堅固，識其道理也。」（《論語注疏》，頁9）因此針對「學則不固」一語，錢穆說：「固者堅固義，人不厚重，則所學不能固守勿失…固者固陋義，人能向學，斯不固陋，四字自成一句。」（《論語新解》，頁13）而傅佩榮則解：「博學多聞既不會頑固而不知變通。」（傅佩榮解讀：《論語》，頁10）。

〔註273〕《論語新解》，頁172。

〔註274〕《論語・述而22》：「『三人行，必有我師焉。擇其善者而從之，其不善者而改之。』」

〔註275〕邢昺疏：「此章言學無常師也。言我三人行，本無賢愚相懸，但敵體耳，然彼二人言行，必有一人善，一人不善，我則擇其善者而從之，不善者而改之。有善可從，是爲師矣，故無常師也。」（《論語注疏》，頁103）另〈子張22〉亦云：「衛公孫朝問於子貢曰：『仲尼焉學？』子貢曰：『文武之道，未墜於地，在人。賢者識其大者，不賢者識其小者，莫不有文武之道焉。夫子焉不學？而亦何常師之有？』」何晏注：「孔曰：『文武之道，未墜落於地，賢與不賢各有所識。夫子無所不從學…無所不從學，故無常師。」（《論語注疏》，頁298）。

〔註276〕《論語・里仁17》，邢昺疏：「見彼賢則思與之齊等，見彼不賢則內自省察得無如彼人乎。」（《論語注疏》，頁56）。

仁在其中矣」二語可知,「思」當是「學」所應蘊含之其一要素,且與「成仁／德」有關。

三、學思並重

孔子重「學」,但此「學」除作爲「個人對於知識或技能之獲取」的一般性理解外,「思」另是孔氏論「學」時所特別標示出之重要概念,誠如「見賢思齊焉,見不賢而内自省也」所示,而「思」即指涉爲一種個人的内在反省或思考活動,意謂著一種人之「主動性」的訊息顯露,如「三思而後行」〔註277〕、「見得思義」〔註278〕與「君子有九思」〔註279〕等,其「思」字之義皆近似於此。

然論及此種與「學」相聯之「思」,「學思並重」當是孔子所持之主張,如其言:「學而不思則罔,思而不學則殆。」〔註280〕邢昺疏:「『學而不思則罔』者,言爲學之法。既從師學,則自思其餘蘊。若雖從師學,而不尋思其義,則罔然無所得也。『思而不學則殆』者,言但自尋思,而不往從師學,終卒不得其義,則徒使人精神疲勞倦殆。」〔註281〕因此,「思」應屬一種「得義取實」之工夫,是由「博學」得以邁入「會通」的重要方法／途徑,如徐復觀說:「學是向客觀經驗的學習;當然以見聞爲主…思是把客觀經驗方面所學得的東西,加以主觀的思考,因而加以檢別、消化。」〔註282〕據此,故爲達對「思」的促發,所以孔氏在「誨／教人」時乃強調「舉一反三」,如〈述而08〉載:「子曰:『不憤不啓,不悱不發,舉一隅不以三隅反,則不復也。』」〔註283〕邢昺疏:「言人若不心憤憤,則孔子不爲開說;若不口悱悱,則孔子不爲發明。必待其人心憤憤,口悱悱,乃後啓發爲説之,如此則識思之深也…而其人若

〔註277〕《論語・公冶長20》:「季文子三思而後行。子聞之,曰:『再,斯可矣。』」。
〔註278〕《論語・憲問12》。
〔註279〕《論語・季氏10》。
〔註280〕《論語・爲政15》,錢穆解:「罔,迷惘義。只向外面學,不反之己心,自加精思,則必迷惘無所得…殆,殆義,亦疑義。思而不學,則事無徵驗,疑不能定,危殆不安。」(《論語新解》,頁42)。
〔註281〕《論語注疏》,頁21。
〔註282〕徐復觀:《中國人性論史・先秦篇》,台北市:台灣商務,1969,頁72,後僅標註書名及頁碼。
〔註283〕朱熹注:「憤者,心求通而未得之意。悱者,口欲言而未能之貌。」(《四書章句集注》,頁92)錢穆説:「…舉一隅示之,當思類推其三」(《論語新解》,頁183)。

不以三隅反思其類，則不復重教之矣。」〔註284〕而此亦近似「告諸往而知來者」〔註285〕及「溫故而知新」〔註286〕所標示之義，另外「不憤不啓」、「不悱不發」所體現出的「主動義」，其不僅對應於「思」所蘊含的主動性，且又呼應於「學之目的」（如前文所述，以「自我的卓越／優化」爲目的）及「求仁在己」〔註287〕，因當中涉及個人主體之「欲」與選擇，所以傅佩榮說：「…正因爲注意思考，才能長於『選擇』（指「擇善」）。」〔註288〕、「…孔子的『啓發式』教學必須以學生自己有心向上爲前提。」〔註289〕而〈子張06〉亦言：「子夏曰：『博學而篤志，切問而近思，仁在其中矣。』」〔註290〕。

承上所述，故「擇善」與〈衛靈公03〉當可作爲孔子「重思」之佐證，其云：「子曰：『賜也，女以予爲多學而識之者與？』對曰：『然，非與？』曰：『非也，予一以貫之。』」而「一以貫之」便即意謂著「『思』之果」，如邢昺疏：「…孔子答言，已之善道，非多學而識之也，我但用一理以通貫之。以其善有元，事有會，知其元則眾善舉矣，故不待多學，一以知之。」〔註291〕因此，「一以貫之」所示之義，可說是孔子以多學、「博學」爲基礎所倡議之態度及原則，即朝向「以思爲學」（「以『思』作爲『爲學』之方法」）之主張，如張岱年說：「…孔子並非不注重多學而識，不過認爲如僅多學而識，所得只是零雜的知識而已，上不足以爲眞學問，必須發見一個大學則以貫通所有知識方可。」〔註292〕。

然而「思」雖爲重要，但孔子卻也明確標示「學」對於「思」乃有著不

〔註284〕《論語注疏》，頁96。

〔註285〕《論語・學而15》：「子貢曰：『貧而無諂，富而無驕，何如？』子曰：『可也。未若貧而樂，富而好禮者也。』子貢曰：『《詩》云：「如切如磋，如琢如磨。」其斯之謂與？』子曰：『賜也，始可與言詩已矣！告諸往而知來者。』」朱熹注：「往者，其所已言者。來者，其所未言者。」（《四書章句集注》，頁54）故「告諸往而知來者」乃指「不可安於小成而不自勉於益求精進。」（《論語新解》，頁22）。

〔註286〕《論語・爲政11》：「子曰：『溫故而知新，可以爲師矣。』」。

〔註287〕見於本章第一節第四部份，而〈季氏30〉則載：「仁遠乎哉？我欲仁，斯仁至矣。」。

〔註288〕《儒家哲學新論》，頁249。

〔註289〕傅佩榮解讀：《論語》，頁159。

〔註290〕朱熹注「四者皆學問思辨之事耳，未及乎力行而爲仁也。然從事於此，則心不外馳，而所存自熟，故曰仁在其中矣。」（《四書章句集注》，頁176）。

〔註291〕《論語注疏》，頁236。

〔註292〕《中國哲學大綱》，頁576。

可或缺的存在性意義，如〈衛靈公　31〉載：「子曰：『吾嘗終日不食，終夜不寢，以思，無益，不如學也。』」而錢穆以「日」、「火」爲喻，指出：「…學如日，靜居而獨思則如火。捨學而思，譬猶去日之明於庭，而就火之光於室；可以小見，不可以大知。」〔註293〕因此筆者以爲，「學而不思則罔，思而不學則殆」一語所意謂的「學思並重」，其當是以學、思的「交互及維持作用」爲旨，也就是說，「學」好比人之外在五官，其功能乃就在於對外在資訊／刺激的蒐集或網羅，而對於所獲之與件的判斷、分析或組合便是「思」之表現，故錢穆認爲：「僅學不思，將失去了自己。僅思不學，亦是把自己封閉孤立了。」〔註294〕換言之，「無學之思」或「無思之學」乃將朝向於空想、盲從，而朱熹引程子言：「博學、審問、愼思、明辨、篤行五者，廢其一，非學也。」〔註295〕此則表露出「思」在「學」中乃佔有其重要價值。

四、好學力行

　　如上所言爲是，則孔子所論之「學」，其概略而言便是憑藉博學、多聞與多見等「無常師」的積累，以達自我能力、素養或人格的卓越／優化，促進個人成就或趨近於「理想人格」，而孔氏自述：「吾十有五而志於學，三十而立，四十而不惑，五十而知天命，六十而耳順，七十而從心所欲，不踰矩。」〔註296〕其中，「志於學」一語除體現出「以學爲重」的價值評斷外，同時也對應其「非生而知之」的存在性質之設定／假說。

　　據此，故孔子所謂「好學」，其即指涉爲「修身」，是個人「爲己」之負責態度，也就是在「生命」當中彰顯積極向上、追求進步等精神或態度，如〈學而14〉云：「子曰：『君子食無求飽，居無求安，敏於事而愼於言，就有道而正焉，可謂好學也已。』」因此，「有恥」、「愛己」似乎另也是「好學」所關乎之義，如同顏回因「不遷怒，不貳過」而被讚爲「好學」，〔註297〕而

〔註293〕《論語新解》，頁 448。

〔註294〕《論語新解》，頁 42。

〔註295〕《四書章句集注》，頁 58。

〔註296〕《論語・爲政04》，邢昺疏：「…孔子輙言此者，欲以勉人志學，而善始令終也。」（《論語注疏》，頁 17）錢穆析：「此章乃孔子自述其一生學之所至，其與年俱進之階程有如此。」（《論語新解》，頁 31）。

〔註297〕《論語・雍也03》：「哀公問：『弟子孰爲好學？』孔子對曰：『有顏回者好學，不遷怒，不貳過。不幸短命死矣！今也則亡，未聞好學者也。』」朱熹注：「…怒於甲者，不移於乙；過於前者，不復於後。顏子克己之功至於如此，可謂

透露著「取善」、「進取」之義的「不恥下問」，則亦被視爲「好學」之作爲。〔註298〕

　　所以總的來說，無論是「學」或「好學」，其所標示之要，最終乃與「貴行」及「用」是緊密相連的，也就是著眼於「個人自身」的履踐、力行，如〈子罕 24〉載：「子曰：『法語之言，能無從乎？改之爲貴。巽與之言，能無說乎？繹之爲貴。說而不繹，從而不改，吾末如之何也已矣。』」朱熹注：「法語者，正言之也。」〔註299〕邢昺疏：「謂人有過，以禮法正道之言告語之，當時口無不順從之者。口雖服從，未足可貴，能必自改之，乃爲貴耳。」〔註300〕因此，孔子方才以「天」之「無言」爲喻，標示出「行」的重要價值，〔註301〕另又憑「退而省其私，亦足以發」而稱「顏回不愚」，〔註302〕子夏也才「由行證學」，認爲：「賢賢易色，事父母能竭其力，事君能致其身，與朋友交言而有信。雖曰未學，吾必謂之學矣。」〔註303〕所以徐復觀指出：「立德是實踐；所以立德的方法，是實踐方法。」〔註304〕錢穆亦說：「教在人而學在己。人縱

　　　　眞好學矣。」（《四書章句集注》，頁82）錢穆說：「本章孔子稱顏淵爲好學，而特舉不遷怒、不貳過二事。可見孔門之學，主要在何以修心，何以爲人，此爲學的。」（《論語新解》，頁149）。

〔註298〕《論語・公冶長15》：「子貢問曰：『孔文子何以謂之文也？』子曰：『敏而好學，不恥下問，是以謂之文也。』」錢穆說：「以能問於不能，以多問於寡，皆稱下問，不專指位與年之高下。敏而好學，不恥下問，則其進於善也不難矣。」（《論語新解》，頁131）。

〔註299〕《四書章句集注》，頁109。

〔註300〕《論語注疏》，頁135。

〔註301〕《論語・陽貨19》：「子曰：『予欲無言。』子貢曰：『子如不言，則小子何述焉？』子曰：『天何言哉？四時行焉，百物生焉，天何言哉？』」邢昺疏：「…此孔子舉天亦不言而令行以爲譬也。天何嘗有言語哉？而四時之令遞行焉，百物皆依時而生焉，天何嘗有言語教命哉？以喻人若無言，但有其行，不亦可乎！」（《論語注疏》，頁274）錢穆則說：「爲何孔子無端發『欲無言』之歎？或說：孔子懼學者徒以言語求道，故發此以警之…。」（《論語新解》，頁494）。

〔註302〕《論語・爲政09》：「子曰：『吾與回言終日，不違如愚。退而省其私，亦足以發。回也，不愚。』」朱熹注：「私，謂燕居獨處，非進見請問之時。發，謂發明所言之理。」（《四書章句集注》，頁59）何晏說：「孔曰：『察其退還與二三子說釋道義，發明大體，知其不愚。』」（《論語注疏》，頁19～20）。

〔註303〕《論語・學而07》，朱熹注：「四者皆人倫之大者，而行之必盡其誠，學求如是而已。故子夏言有能如是之人，苟非生質之美，必其務學之至。雖或以爲未嘗爲學，我必謂之已學也。」（《四書章句集注》，頁52）。

〔註304〕《中國人性論史・先秦篇》，頁74。

善教，己不善學，則教者亦無如之何。」〔註305〕。

但如同孔子對於「不恥下問」以及顏回不懈怠的進取精神之稱讚（「吾見其進也，未見其止也」〔註306〕），此種「對己」不間斷的自我要求／期許，似乎也就意謂著「學無止息」，誠如孔氏言：「學如不及，猶恐失之。」〔註307〕而即便已是「入則孝，出則弟，謹而信，汎愛眾，而親仁」者，「學文」亦是其不可或缺之作為，〔註308〕另外，〈子張 13〉載：「子夏曰：『仕而優則學，學而優則仕。』」其義也就在於「勸學」，是種對於「終身之『學』」的標示，如邢昺疏：「言人之仕官行己職而優閒有餘力，則以學先王之遺文也。若學而德業優長者則當仕進，以行君臣之義也。」〔註309〕。

綜上所述，故「學」在《論語》或孔子之思想系統中，乃涉及「好學」、「深思」與「力行」等向度，意謂著自我卓越／優化的「修身」、「進德」〔註310〕之事，且又依「性相近也，習相遠也」一語所示，此即標明「後天習染」對於人者的存在乃具有相當之影響或決定力量，是種對人之「可塑性」的側重和強調，所以誠如唐君毅言：「人由學習所成就者如何，初係乎人之所志與所學。」〔註311〕徐復觀說：「求知是對客觀對象的認識；而立德則須追求一個人的內在動機。」〔註312〕張岱年則以「動機」釋「志」，〔註313〕據此，以致

〔註305〕 《論語新解》，頁 257。

〔註306〕 《論語・子罕 21》：「子謂顏淵，曰：『惜乎！吾見其進也，未見其止也。』」何晏引包氏言：「孔子謂顏淵進益未止，痛惜之甚。」（《論語注疏》，頁 134）。

〔註307〕 《論語・泰伯 17》，朱熹注：「言人之為學，既如有所不及矣，而其心猶竦然，惟恐其或失之，警學者當如是也。」（《四書章句集注》，頁 102）。

〔註308〕 《論語・學而 06》：「子曰：『弟子入則孝，出則弟，謹而信，汎愛眾，而親仁。行有餘力，則以學文。』」朱熹引洪氏言：「未有餘力而學文，則文滅其質；有餘力而不學文，則質勝而野。」（《四書章句集注》，頁 51）錢穆析：「若一意於書籍文字，則有文滅其質之弊。但專重德行，不學於文求多聞博識，則心胸不開，志趣不高，僅一鄉里自好之士，無以達深大之境。」（《論語新解》，頁 11）。

〔註309〕 《論語注疏》，頁 295，

〔註310〕 蔡仁厚說：「孔子心目中的『學』，其著重點不在知識，主要是指『進德』而言…孔子的『仁智雙彰』亦仍然是『攝智歸仁』。而『知』的功能，亦主要在於了解人之本身，以助成人之進德。」（蔡仁厚：《孔孟荀哲學》，台北市：台灣學生，1984，頁 149）。

〔註311〕 《中國哲學原論・原性篇》，頁 31。

〔註312〕 《中國人性論史・先秦篇》，頁 75。

〔註313〕 參見《中國哲學大綱》，頁 536。

吾人應可斷言孔氏「重志」，因「志」即是對人之內在動機或志向的指稱，其乃影響著「人能──學」的發用，關乎於人的生命走向或人格成就。

第三節 從「志學」到「立志」

承上所言，故孔子以「志於學」〔註314〕作爲自述之首，當中除流露著對於「學」的強調，對應其「我非生而知之」〔註315〕的假說之外，吾人應可另將「吾十有五」與「志學」的聯結，視爲「七十而從心所欲，不踰矩」得以成就或達致之原因，而總歸來說，孔氏可謂是以「人生發展當以『志』爲基石」警惕世人，標明「人者『立志』」的必要性，誠如王陽明說：「夫學，莫先於立志。志之不立，猶不種其根而徒事培擁灌溉，勞苦無成矣。」〔註316〕故孔子不僅「言志」，且常和其弟子進行以「志」爲題的分享、析論，如：〈公冶長26〉〔註317〕、〈先進26〉〔註318〕等，而「各言其志，以觀其器能」〔註319〕應就是其所能達到之效用。

〔註314〕《論語・爲政04》：「吾十有五而志於學，三十而立，四十而不惑，五十而知天命，六十而耳順，七十而從心所欲，不踰矩。」。

〔註315〕《論語・述而20》：「子曰：『我非生而知之者，好古，敏以求之者也。』」。

〔註316〕此言出自王守仁著作〈示弟子立志說〉，見於〔明〕王守仁撰、王雲五主編：《王文成公全書・卷七・文錄四》，台北市：台灣商務，1979，頁253。

〔註317〕《論語・公冶長26》：「顏淵、季路侍。子曰：『盍各言爾志？』子路曰：『願車馬、衣輕裘，與朋友共。敝之而無憾。』顏淵曰：『願無伐善，無施勞。』子路曰：『願聞子之志。』子曰：『老者安之，朋友信之，少者懷之。』」。

〔註318〕《論語・先進26》：「子路、曾皙、冉有、公西華侍坐。子曰：『以吾一日長乎爾，毋吾以也。居則曰：『不吾知也！』如或知爾，則何以哉？』子路率爾而對曰：『千乘之國，攝乎大國之間，加之以師旅，因之以饑饉；由也爲之，比及三年，可使有勇，且知方也。』夫子哂之。『求！爾何如？』對曰：『方六七十，如五六十，求也爲之，比及三年，可使足民。如其禮樂，以俟君子。』『赤！爾何如？』對曰：『非曰能之，願學焉。宗廟之事，如會同，端章甫，願爲小相焉。』『點！爾何如？』鼓瑟希，鏗爾，舍瑟而作。對曰：『異乎三子者之撰。』子曰：『何傷乎？亦各言其志也。』曰：『莫春者，春服既成。冠者五六人，童子六七人，浴乎沂，風乎舞雩，詠而歸。』夫子喟然歎曰：『吾與點也！』三子者出，曾皙後。曾皙曰：『夫三子者之言何如？』子曰：『亦各言其志也已矣。』曰：『夫子何哂由也？』曰：『爲國以禮，其言不讓，是故哂之。』『唯求則非邦也與？』『安見方六七十如五六十而非邦也者？』『唯赤則非邦也與？』『宗廟會同，非諸侯而何？赤也爲之小，孰能爲之大？』」。

〔註319〕《論語注疏》，頁173。

一、論「志學」

關於「志」，朱熹乃以「心之所之」〔註 320〕解之，而此不僅標示「志」乃關乎一目的／標外，且也意謂著某種人者的意識及價值呈顯，如孔子說：「士而懷居，不足以爲士矣。」〔註 321〕因此，「屬己」和「內在（性）」可說是「志」所蘊含之要義，即指「志」乃無法離開對「個人」或「主體」之依附，另如〈子罕 26〉云：「子曰：『三軍可奪帥也，匹夫不可奪志也。』」〔註 322〕此不僅透露出孔氏「重志」之主張，且亦指出「立志」乃攸關個人的「自覺」和「主動性」，如金春峰言：「…特別是『士』要有志，強調個人在道德修養中發揚主觀能動性的重要…其精神是強調士在建立這種秩序中的個人自覺和能動性的重要。」〔註 323〕而「帥」、「志」的相互對舉，似乎即標明「志」對人之生命或生活乃具有「主導性」，如孔氏言：「隱居以求其志，行義以達其道。」〔註 324〕其旨便近似於此。

承上述，因此對於「吾十有五而志於學」一語，劉寶楠雖引《禮記・大學》之言，認爲：「始『致知格物』，終『治國平天下』，皆所謂大節大義也。夫子生知之聖，而以學知自居，故云『志於學』。」〔註 325〕然筆者以爲，依〈述而 20〉之所示，故孔子可謂是源於「非生而知之」的自覺／體認，以致擇「學」爲首，欲藉「學」以求得自身之卓越或滿全，換言之，個人依據「現況」而有的「要求／期許」，此當是「志」能否產生之關鍵，故孔氏言：「不降其志，不辱其身」、「降志辱身」，〔註 326〕且又依「血氣之變」，指出自少及老時所應

〔註 320〕《四書章句集注》，頁 91；《論語・述而 06》：「子曰：『志於道，據於德，依於仁，游於藝。』」。

〔註 321〕《論語・憲問 02》，邢昺疏：「此章言士當志於道，不求安居。而懷安其居，則非士也。」（《論語注疏》，頁 207）。

〔註 322〕朱熹引侯氏言：「三軍之勇在人，匹夫之志在己。故帥可奪而志不可奪，如可奪，則亦不足謂之志矣。」（《四書章句集注》，頁 109）。

〔註 323〕金春峰：《哲學：理性與信仰》，台北市：東大，1997，頁 34。

〔註 324〕《論語・季氏 11》：「孔子曰：『見善如不及，見不善如探湯。吾見其人矣，吾聞其語矣。隱居以求其志，行義以達其道。吾聞其語矣，未見其人也。』」朱熹注：「求其志，守其所達之道也。達其道，行其所求之志也。」（《四書章句集注》，頁 162）。

〔註 325〕《論語正義》，頁 43～44，朱熹注：「古者十五而入大學…此所謂學，即大學之道也。」（《四書章句集注》，頁 55～56）。

〔註 326〕《論語・微子 08》：「逸民：伯夷、叔齊、虞仲、夷逸、朱張、柳下惠、少連。子曰：『不降其志，不辱其身，伯夷、叔齊與！』謂：『柳下惠、少連，降志辱身矣。言中倫，行中慮，其斯而已矣。』謂：『虞仲、夷逸，隱居放言。身

戒慎之事。〔註327〕

　　然所謂「辱身」，其義乃出於「對人之『區別』」，而並非是以鄙視或貶低之意涵爲重，誠如「各言其志，以觀其器能」一語所示，也就是說，因「志」乃是以個人之自覺、主動爲起始，故孔氏「言志」或「論志」，其應是欲藉「志向／趣」之交流來達至「啓迪」之目的，〔註328〕如同朱熹說：「爲學雖有階漸，然合下立志，亦須略見義理大槩規模，於自己方寸閒，若有惕然愧懼奮然勇決之志，然後可以加之討論玩索之功，存養省察之力，而期於有得，夫子所謂志學，所謂發憤正謂此也。」〔註329〕故此亦透露著「志」與個人之行爲處事有著緊密連結。

　　另誠如〈陽貨 22〉載：「子曰：『飽食終日，無所用心，難矣哉！不有博弈者乎，爲之猶賢乎已。』」〔註330〕其中，「無所用心」所蘊含之義，乃就在於對「學」的怠惰，也就是呈顯個人在自我要求、期許及卓越的稍有懈怠，故此種對「己」的「無心之舉」，亦即透露出「無志之立」，因此，即便「志」在高遠，但如裹足不前，則該亦屬「無志」之表現，所以〈學而 14〉云：「君子食無求飽，居無求安，敏於事而慎於言，就有道而正焉，可謂好學也已。」朱熹注：「不求安飽者，志有在而不暇及也。敏於事者，勉其所不足。慎於言者，不敢盡其所有餘也。然猶不敢自是，而必就有道之人，以正其是非，則

中清，廢中權。』『我則異於是，無可無不可。』」。

〔註327〕《論語‧季氏 07》：「孔子曰：『君子有三戒：少之時，血氣未定，戒之在色；及其壯也，血氣方剛，戒之在鬭；及其老也，血氣既衰，戒之在得。』」朱熹引范氏言：「聖人同於人者血氣也，異於人者志氣也。血氣有時而衰，志氣則無時而衰也。少未定、壯而剛、老而衰者，血氣也。戒於色、戒於鬭、戒於得者，志氣也。」（《四書章句集注》，頁 161）錢穆說：「血氣，人之生理之隨時有變者…君子終生有所戒，則其血氣無時不爲志所率。後人言志，多指有爲，不知有戒，是亦失之。」（《論語新解》，頁 468）。

〔註328〕參見韓鍾文：《先秦儒家教育哲學思想研究》，濟南：齊魯書社，2003，頁 196，「…孔子力求將『仁學』精神貫徹於教學實踐和人生實踐之中，『老者安之，朋友信之，少者懷之』所體現的是儒家『親親而仁民，仁民而愛物』的精微博大精神。以此來啓迪學生，目的是要他們志存高遠，不從時俗爲轉移，不曲學以阿世。」。

〔註329〕〔清〕李光地等撰：《性理精義》，台北市：中華書局，1971，頁 16，見於陸費逵總勘：《四部備要‧子部》。

〔註330〕錢穆解：「本章甚言人心必有所用。」（《論語新解》，頁 498）朱熹引李氏言：「聖人非教人博弈也，所以甚言無所用心之不可爾。」（《四書章句集注》，頁 169）邢昺疏：「此章疾人之不學也。『子曰：飽食終日，無所用心，難矣哉』者，言人飽食終日，於善道無所用心，則難以爲處矣哉。」（《論語注疏》，頁 277）。

可謂好學矣…尹氏曰：『君子之學，能是四者，可謂篤志力行者矣…。』」〔註331〕此即表示孔子在論「君子好學」時，乃不離「志」之所「立」，食無求飽、居無求安所體現之事，便在於立志、求志上的「專」與「堅」，是種個人對「己」或「生命」之用心，然無論此君子之「志」所指向的是「仁」或「學」，〔註332〕其皆是對「個人卓越」的邁進，亦即是自身之「內在動機」的確立表現，因此蒙培元說：「『志於學』是超越的開始，重在立志。中國哲學很重視『立志』，爲善爲惡都在於志…中國的哲學家都把『立志』作爲實現『眞我』的重要條件，這一點是從孔子首先提出的。」〔註333〕。

二、論「立志」

　　承上所述，因此爲了成就「個人卓越」之「志」、「所求」或「內在動機」，故孔子方才以「德之不脩」與「不善不能改」爲其憂慮之事，〔註334〕重視個人自身的「改過」與「自省」，以避免居於「下流之地」，〔註335〕如其言：「過而不改，是謂過矣。」〔註336〕所以對孔氏來說，「人非聖賢，孰能無過」〔註337〕，其焦點乃在於「過則勿憚改」〔註338〕，況且「人之過也，各於其

〔註331〕《四書章句集注》，頁 54。
〔註332〕邢昺疏：「此章述好學之事。『君子食無求飽，居無求安』者，言學者之志，樂道忘飢，故不暇求其安飽也。」（《論語注疏》，頁 13）而依君子以「仁」爲「道」，故此「志」應是以「仁」爲內容，然而錢穆則將此「志」立於「學」，言：「不求安飽，志在學，不暇及也。一簞食，一瓢飲，在陋巷，樂亦在其中。若志在求安飽，亦將畢生無暇他及矣。」（《論語新解》，頁 21）。
〔註333〕蒙培元：《中國哲學主體思維》，北京：東方出版社，1993，頁 156。
〔註334〕《論語・述而 03》：「子曰：『德之不脩，學之不講，聞義不能徙，不善不能改，是吾憂也。』」。
〔註335〕《論語・子張 20》：「子貢曰：『紂之不善，不如是之甚也。是以君子惡居下流，天下之惡皆歸焉。』」朱熹注：「下流，地形卑下之處，眾流之所歸。喻人身有汙賤之實，亦惡名之所聚也。」（《四書章句集注》，頁 178）邢昺疏：「下流者，謂爲惡行而處人下，若地形卑下，則眾流所歸。人之爲惡處下，眾惡所歸，是以君子常爲善，不爲惡，惡居下流故也。紂爲惡行，居下流，則人皆以天下之惡歸之於紂也。」（《論語注疏》，頁 297）而傅佩榮則將此章引申爲「若不力爭上游，就會趨於墮落」之義（傅佩榮解讀：《論語》，頁 489）。
〔註336〕《論語・衛靈公 30》，朱熹注：「過而能改，則復於無過。惟不改則其過遂成，而將不及改矣。」（《四書章句集注》，頁 156）邢昺疏：「人誰無過，過而能改，善莫大焉。過而不改，是謂過矣。」（《論語注疏》，頁 246）。
〔註337〕《左傳・宣公二年》：「…人誰無過，過而能改，善莫大焉。」。
〔註338〕見於〈學而 08〉、〈子罕 25〉，邢昺疏：「言人誰無過，過而不改，是謂過矣；過而能改，善莫大焉。故苟有過，無得難於改也。」（《論語注疏》，頁 9～10）。

黨。觀過，斯知仁矣。」〔註339〕因此，子夏亦才會指出：「小人之過也必文。」〔註340〕。

　　然誠如孔子在與其弟子論「志」時說：「老者安之，朋友信之，少者懷之。」〔註341〕故筆者以爲，「志於眾」應可謂是孔氏之「志」的眞正所在，如同其以「眾」作爲「仁（學）」最終所關懷之對象一般（如前文所述），因此，吾人乃不能將「學」或「個人卓越」視爲目的，其本身僅是過程而非終點，近似「脩己以敬、脩己以安人、脩己以安百姓」〔註342〕之所示，也就是說，孔子之「志」就猶如「舵」般，直接影響著船舶之行進方向，而其所朝向的便是「公眾善」的實現，船體本身則好比人之「身（體）」或「生命」，所以孔氏相當看重「立志」〔註343〕之問題，如其言：「苟志於仁矣，無惡也。」〔註344〕另〈里仁09〉也載：「子曰：『士志於道，而恥惡衣惡食者，未足與議也。』」朱熹注：「心欲求道，而以口體之奉不若人爲恥，其識趣之卑陋甚矣，何足與議於道哉？程子曰：『志於道而心役乎外，何足與議也？』」〔註345〕故錢穆說：「蓋道關係天下後世之公，衣食則屬一人之私，其人不能忘情於一己衣食之美惡，豈能爲天下後世作大公之計而努力以赴之？此等人，心不乾淨，留有許多齟齬渣滓。縱有志，亦是虛志。道不虛行，故未足與議。」〔註346〕。

〔註339〕《論語·里仁07》，朱熹注：「…言人雖有過，猶可即此而知其厚薄，非謂必俟其有過。」（《四書章句集注》，頁70）另子貢乃以日月之蝕爲喻，指出「君子之過也，如日月之食焉：過也，人皆見之；更也，人皆仰之。」〈子張21〉邢昺疏：「此章論君子之過，似日月之食也。更，改也。言君子苟有過也，則爲眾所知，如日月正當食時，則萬物皆觀也。及其改過之時，則人皆復仰其德，如日月明生之後，則萬物亦皆仰其明。」（《論語注疏》，頁297）。

〔註340〕《論語·子張08》，邢昺疏：「此章言小人不能改過也。言小人之有過也，必文飾其過，彊爲辭理，不言情實也。」（《論語注疏》，頁293）。

〔註341〕《論語·公冶長26》。

〔註342〕《論語·憲問42》云：「子路問君子。子曰：『脩己以敬。』曰：『如斯而已乎？』曰：『脩己以安人。』曰：『如斯而已乎？』曰：『脩己以安百姓。脩己以安百姓，堯舜其猶病諸！』」。

〔註343〕在《論語》全書中，並未有「立志」一詞，而筆者所使用之「立志」，內涵上乃屬對「志在何方／處？」之答覆，而「立」誠如《左傳·襄公二十四年》所載：「太上有立德，其次有立功，其次有立言，雖久不廢，此之謂不朽。」具有樹立、確立之意思。

〔註344〕《論語·里仁04》，朱熹注：「其心誠在於仁，則必無爲惡之事矣。」（《四書章句集注》，頁69）。

〔註345〕《四書章句集注》，頁70。

〔註346〕《論語新解》，頁98～99。

　　然除上述外，〈衛靈公 09〉亦云：「子曰：『志士仁人，無求生以害仁，有殺身以成仁。』」邢昺疏：「此章言志善之士，仁愛之人，無求生而害仁。若身死而後成仁，則志士仁人不愛其身，有殺其身以成其仁者也。」〔註 347〕所以孔子所謂「殺身成仁」，其中不僅體現出孔氏對「仁──道」的重視，同時亦顯明的標示著「志」的價值涵義，也就是說，「以『志』爲先」應是孔子對於人之生命與生活所隱含的重要命題，即提倡「爲生命立志」、「爲生活立志」，憑藉著對於某一目標之努力，以表現出個人對於自身生命的肯定及負責態度。

　　換言之，「立志」之所以重要，其原因或許也就在於此「己志」（指「屬己之志」）之「立」，能幫助個人釐清生命價值，使個人免於「同流合汙」之弊，進而朝向「出淤泥而不染」之境地，如孔子說：「可與共學，未可與適道；可與適道，未可與立。」〔註 348〕而此語另即透露著「異人──異志」之影響，邢昺疏：「適，之也。言人雖可與共學，所學或得異端，未必能之正道，故未可與也…言人雖能之道，未必能有所立，故未可與也。」〔註 349〕因此，錢穆說：「同一向學，或志不在道，如學以求祿之類。故可與共學，未必可與共適道。」〔註 350〕故如以「有德者」之成就爲例，則「志於德」乃必爲其始，猶如在求仁、成仁之途徑上，「欲仁」當是其首要，〔註 351〕而孔子言：「道聽而塗說，德之棄也。」〔註 352〕其似乎也就直指「己」之於「德」的重要，並與前文所論之「倚慎求仁」、「好學力行」等相呼應，如朱熹注：「雖聞善言，不爲己有，是自棄其德也。」〔註 353〕錢氏則解：「德必由內心修而後成。故必尊師博文，獲聞嘉言懿訓，而反體之於我心，潛修密詣，深造而默成之，始得爲己之德。道聽，聽之易。塗說，說之易。入於耳，即出於口，不內入於心，縱聞善言，亦不爲己有。其德終無可成。」〔註 354〕因此傅佩榮說：「道德修行必須由聞而思而修，若是好爲口說，正是背道而馳。」〔註 355〕。

〔註 347〕《論語注疏》，頁 239。
〔註 348〕《論語・子罕 30》：「子曰：『可與共學，未可與適道；可與適道，未可與立；可與立，未可與權。』」。
〔註 349〕《論語注疏》，頁 138。
〔註 350〕《論語新解》，頁 262。
〔註 351〕《論語・述而 30》：「子曰：『仁遠乎哉？我欲仁，斯仁至矣。』」。
〔註 352〕《論語・陽貨 14》。
〔註 353〕《四書章句集注》，頁 167。
〔註 354〕《論語新解》，頁 490～491。
〔註 355〕傅佩榮解讀：《論語》，頁 449。

綜上所述，故吾人應可以〈憲問 35〉〔註356〕中的「不怨天，不尤人」及「下學而上達」來作爲《論語》或孔子學說之歸結，因爲此二語所顯露之義，可謂就是將「個人自身」（或言「己」）的主體性予以顯明的標示，並將「生命」的責任交付於「人」，而「學」所蘊含之義，便是主體性的顯露，同時也是「人」能否邁向卓越或「上達」〔註357〕之途徑，因此概略來說，「人」之首要價值應就在於其能「立道」、「立志」，能爲「自身」找尋生命的價值與出路。

第四節　小結

綜上所述可知，如僅以「背誦」的方式來面對《論語》或其「仁德」思想，此易造成意蘊上的錯誤解讀，進而損及經典的價值呈顯，甚至抹煞可能的「成德之教」，誠如張岱年之警示：「…一般都認爲孔子不曾確切的說出仁的意謂，以爲孔子弟子問仁，孔子所答，都是因材施教，隨宜指示，故所說都是仁的片斷，而不曾總括的說出仁的整個意謂。」〔註358〕故筆者以爲，在閱讀《論》時，應當以「義理」爲向度，講究概念的認識、理解，以「系統」的視角看待《論》書，掌握其思考脈絡，如同「愛以立達」、「克己思敬」、「全德不憂」和「倚慎求仁」等「仁德」之義，其乃能相互融會、呼應，而「仁（德）」又與「學」、「（立）志」等作爲是有所關聯的。

此外，藉由對《論語》之「仁」的研析可知，「仁」乃涉及個人修養、人際關係、治國爲政等界域，不僅關係著人者的「自處」向度，且又和與他者的「共處」問題相連接，故其意蘊可謂相當深厚，如楊儒賓說：「孔門的『仁』貫穿了主體性與群體性兩極，因此，孔門所理解的人格因素中的主體性必然是群體性中的主體性，其群體性，也必然是主體性中的群體性。」〔註359〕所

〔註356〕《論語‧憲問 35》：「子曰：『莫我知也夫！』子貢曰：『何爲其莫知子也？』子曰：『不怨天，不尤人。下學而上達。知我者，其天乎！』」。

〔註357〕關於「上達」一語，何晏、邢昺乃將其解爲：「上知天命。」（《論語注疏》，頁 225～226），朱熹則引程子之言：「學者須守下學上達之語，乃學之要。蓋凡下學人事，便是上達天理。然習而不察，則亦不能以上達矣。」（《四書章句集注》，頁 148）然筆者在此欲取傅佩榮、錢穆於〈憲問 23〉──「子曰：『君子上達，小人下達。』」之解讀，即以「上達」爲上進、進取之義（參見傅佩榮解讀：《論語》，頁 366、《論語新解》，頁 401）。

〔註358〕《中國哲學大綱》，頁 313。

〔註359〕楊儒賓：〈穿透「主體性」與「群體性」的「仁學」〉，《通識教育季刊》，第 11 卷第 4 期，台北：中華民國通識教育學會，2004 年 12 月，頁 97～106。

以，《論》「仁」當體現出對於「人」之「個體」及「群體性」的正視態度，如同徐復觀認爲「仁」乃包含個人「對『己』之人格建立和知識追求」以及「對『他人』感到應盡責任」等兩面向，〔註360〕因此孔子之仁學思想，亦即意謂其「人學」主張。

　　然論及「仁者」或「君子」的「成德之教」，人能的後天發用乃是其重要關鍵，而「學」即是孔子在此所欲標明之人能，亦即主張人具有可塑性，因此，「人能改變」（或稱「能變」）當是孔氏所抱持之肯定態度；此外，就「學」之概念來說，其所指向的乃是個人對「己」的卓越／優化意識，關乎著個人「爲己」之負責態度，然其中乃蘊含「志於眾」之色彩，是以「立人」、「達人」爲終點，回歸至以「愛人」爲要的仁學架構。

　　而「志」之所以備受孔子關注，其所標明的目的性、內在性可謂便是原因之所在，亦即表示「志」能對人之生命或人格產生導引、開拓之作用，故「志」之概念應蘊含有個人對於未來的有所期望，肯定人者可依其「心之所向」般，獲致可能之改變（或稱「可變」）。

　　最後，依循「志」的特殊性及影響力，筆者以爲，吾人應可將「爲己立志」安置於《論語》之「讀」後，自省身處「個體」、「群體」、「能變」與「可變」中之「己」，應如何進行「自我存在」之安置或定位，而此種對於生命的創造及未來性思考，當可與「人無遠慮，必有近憂」〔註361〕及「往者不可諫，來者猶可追」〔註362〕等言說之義相對應。

〔註360〕參見《中國人性論史・先秦篇》，頁 91。
〔註361〕《論語・衛靈公 12》。
〔註362〕《論語・微子 05》。

第四章 《孟子》之「義」與人能的發用

綜觀《孟子》全書，其「義（德）」所蘊含之義，應可以「非有勿取，取之有道」、「羞惡之心，人禽有別」和「君臣之義，敬長從兄」等予以概括，即關係著人生在世的「處事」及「待人」問題，然由「端」所指涉的「未完成」狀態可知，「養」、「志」可謂是使孟子之倫理思想得以完善的重要關鍵，而對此二者之研析，本章將以文本——「故苟得其養，無物不長；苟失其養，無物不消」及「持其志，無暴其氣」為進路。研究發現，今人如欲以教條或規約方式來認識或理解《孟子》之「義（德）」主張，此將容易造成其價值意涵的限縮與誤讀可能，因在道德理念的建構上，孟氏乃同重人之「先天性」與「後天性」，關注「人之所以為人」的價值履踐，而「養」、「志」除作為修養工夫及人之主體性的標示外，其另亦涉及個人對於「自我」與「社會／群體」的省思和期望。

第一節 論「義（德）」

除「仁（德）」外，儒家所關注的另一重要德行可謂就是「義」，如孔子乃將「義」視為君子之本質，[註1] 且又言「徙義」，擔憂「聞義不能徙」，[註2]

〔註1〕《論語・衛靈公 18》與〈陽貨 23〉分別云：「子曰：『君子義以為質，禮以行之，孫以出之，信以成之。君子哉！』」、「子路曰：『君子尚勇乎？』子曰：『君子義以為上。君子有勇而無義為亂，小人有勇而無義為盜。』」。

〔註2〕「徙義」一詞乃見於《論語・顏淵 10》：「子張問崇德、辨惑。子曰：『主忠信，徙義，崇德也。愛之欲其生，惡之欲其死。既欲其生，又欲其死，是惑也。』

而在孟子學說中，「義」可說獲得了顯明的價值提升，此從「仁」、「義」二字的連用首見於《孟子》，並數次使用之情形中略可窺悉；然「義」作爲一種「德行／目」，但其卻分落於《孟子》諸篇章中，〔註3〕故爲便於概念的梳理與意涵釐清，以下筆者將以三子題──「非有勿取，取之有道」、「羞惡之心，人禽有別」和「君臣之義，敬長從兄」之論述方式，進行相關內容的歸納及闡釋。

一、非有勿取，取之有道

作爲孔子之後的重要儒學代表，孟子與其學說可謂是對孔氏思想的承襲和發揚，如其言：「由孔子而來至於今，百有餘歲，去聖人之世，若此其未遠也；近聖人之居，若此其甚也，然而無有乎爾，則亦無有乎爾。」〔註4〕而此語不僅體現出孟氏的理想及抱負，且亦流露著「當今之世，舍我其誰」〔註5〕之豪氣和自信，另外「亞聖」的傳世美稱，則印證著孟氏應有其眞才實學；〔註6〕

『誠不以富，亦祗以異。』」而「聞義不能徙」則載於〈述而03〉：「子曰：『德之不脩，學之不講，聞義不能徙，不善不能改，是吾憂也。』」。

〔註3〕 依筆者自行統計之結果，「義」在《孟子》諸篇中皆有出現，而各篇之分落細目爲〈梁惠王上〉3章7次、〈梁惠王下〉2章2次、〈公孫丑上〉3章7次、〈公孫丑下〉1章5次、〈滕文公上〉1章2次、〈滕文公下〉5章7次、〈離婁上〉4章8次、〈離婁下〉5章8次、〈萬章上〉3章6次、〈萬章下〉4章9次、〈告子上〉10章20次、〈告子下〉1章8次、〈盡心上〉5章11次、〈盡心下〉5章7次（總計共52章，107次）。

〔註4〕 《孟子·盡心下38》，朱熹注：「林氏曰：『孟子言孔子至今時未遠，鄒魯相去又近，然而已無有見而知之者矣；則五百餘歲之後，又豈復有聞而知之者乎？』…此言，雖若不敢自謂已得其傳，而憂後世遂失其傳，然乃所以自見其有不得辭者，而又以見夫天理民彝（一′）不可泯滅，百世之下，必將有神會而心得之者耳。」（〔宋〕朱熹：《四書章句集注》，北京：中華書局，2011，頁352～353，後僅標註書名及頁碼）趙岐、焦循則分別指出：「言己足以識孔子之道，能奉而行之。」、「孟子意自以當之。」（〔漢〕趙岐注，〔宋〕孫奭疏，李學勤主編：《孟子注疏》，台北市：台灣古籍，2001，頁481、〔清〕焦循撰，沈文倬點校：《孟子正義》，北京：中華書局，1987，頁1037；此二書不僅皆以〈離婁下〉爲界分上、下兩冊，且同使用順號之方式編排頁碼，故筆者文後將僅以書名及頁碼方式標註，而不列上、下冊）。

〔註5〕 《孟子·公孫丑下13》。

〔註6〕 「亞聖」一詞首見於《孟子題辭》：「…有風人之託物，《二雅》之正言。可謂直而不倨，曲而不屈，命世亞聖之大才者也。」（〔清〕焦循撰，沈文倬點校：《孟子正義·孟子題辭》，北京：中華書局，1987，頁13）然而「亞聖」原初亦可謂是對顏回之指稱，直至元朝之際，孟子、顏回才正式被分封爲「亞聖」及「復聖」，但誠如劉清平說：「…只有孟子才以後世儒者繞不過去的原創性方式，繼承發展了孔子首倡的普遍仁義觀念。」可見無論如何，孟子被以「亞

然關於《孟子》中「義（德）」的意蘊問題，其所強調的內容之一應就在於「非有勿取，取之有道」，而後者（指「取之有道」）則又能與論題——「義利之辨」相連結。

（一）非有勿取

孟子曾與公孫丑談論「聖人」，指出「行一不義、殺一不辜而得天下，皆不爲也」乃是伯夷、伊尹及孔子的共同處，[註7] 亦即是對「有德者」之指稱，如趙岐注：「此三人君國，皆能使鄰國諸侯尊敬其德而朝之，不以其義得之，皆不爲也，是則孔子同之矣。」[註8] 而誠如〈盡心上 33〉、〈滕文公下 08〉所載，個人將非屬自己之物的取來或占有，孟子即稱此爲「非義之行／舉」：

> （孟子）曰：「殺一無罪，非仁也；非其有而取之，非義也。居惡在？仁是也；路惡在？義是也。居仁由義，大人之事備矣。」

> 孟子曰：「今有人日攘其鄰之雞者，或告之曰：『是非君子之道。』曰：『請損之，月攘一雞，以待來年，然後已。』如知其非義，斯速已矣，何待來年。」

故筆者以爲，孟子應是視「非有勿取」爲「義」，也就是認爲「義（德）者乃不取非己之物」，而在孟氏對於陳仲子的評述當中，其亦曾提及相似之主張；依《孟子》所載，陳氏乃是以「不義」或「不應有」爲理由，因而「不受」、「不食」和「不居」，〈盡心上 34〉載：「仲子，不義與之齊國而弗受…。」〈滕文公下 10〉則云：

> 於齊國之士，吾必以仲子爲巨擘焉…仲子，齊之世家也。兄戴，蓋祿萬鍾。以兄之祿爲不義之祿而不食也，以兄之室爲不義之室而不

聖」稱之，其應是當之無愧的（參見趙宇：〈儒家「亞聖」名號變遷考——關於宋元政治與理學道統論之互動研究〉，《歷史研究》，2017 年第 04 期，北京：中國社會雜誌社，2017 年 08 月，頁 43～61、劉清平：〈孟子何以「亞聖」？〉，《人文雜誌》，2014 年第 10 期，陝西：陝西省社會科學院，2014 年 10 月，頁 1～5）。

〔註7〕《孟子‧公孫丑上 02》：「（公孫丑）曰：『伯夷、伊尹何如？』（孟子）曰：『不同道。非其君不事，非其民不使；治則進，亂則退，伯夷也。何事非君，何使非民；治亦進，亂亦進，伊尹也。可以仕則仕，可以止則止，可以久則久，可以速則速，孔子也。皆古聖人也，吾未能有行焉；乃所願，則學孔子也。』『伯夷、伊尹於孔子，若是班乎？』曰：『否。自有生民以來，未有孔子也。』曰：『然則有同與？』曰：『有。得百里之地而君之，皆能以朝諸侯有天下。行一不義、殺一不辜而得天下，皆不爲也。是則同。』」。

〔註8〕《孟子注疏》，頁 95。

居也，辟兄離母，處於於陵。

故對於陳仲子，孟子乃以「巨擘」〔註9〕一詞稱許之，而其論述基礎或許即於自「人有不爲也，而後可以有爲」〔註10〕，也就是認爲「有不爲，知所擇也。惟能有不爲，是以可以有爲」〔註11〕，孫奭疏：「此章指言貴賤廉恥，乃有不爲，不爲非義，義乃可由也。孟子言人之有不爲非義之事，然後可以有爲其義矣。又所謂人皆有所不爲，達之於其所爲義也，亦是意也。」〔註12〕即指在行爲處事上，乃有所評斷、取捨的，如同「擇善固執」一般，是「選擇而爲」的。

然話雖如此，但對於陳仲子的行爲表現，孟子卻也非是持完全認同或肯定之態度，如其言：「仲子惡能廉？充仲子之操，則蚓而後可者也…若仲子者，蚓而後充其操者也。」〔註13〕、「…人莫大焉亡親戚、君臣、上下。以其小者信其大者，奚可哉？」〔註14〕朱熹注：「言仲子未得爲廉也，必若滿其所守之志，則惟丘蚓之無求於世，然後可以爲廉耳…今仲子於此則不食不居，於彼則食之居之，豈爲能充滿其操守之類者乎？必其無求自足，如丘蚓然，乃爲能滿其志而得爲廉耳，然豈人之所可爲哉？」〔註15〕、「言仲子設若非義而與之齊國，必不肯受。齊人皆信其賢，然此但小廉耳。其辟兄離母，不食君祿，無人道之大倫，罪莫大焉。豈可以小廉信其大節，而遂以爲賢哉？」〔註16〕因此總的來說，陳氏的行爲在孟氏眼中乃應屬於「尚未完備」的，且有異於「聖賢之舉（止）」〔註17〕，而筆者以爲，當中所存在之問題應就在於「矯枉

〔註9〕 趙岐注：「巨擘，大指也。比於齊國之士，吾必以仲子爲指中大者耳。」（《孟子注疏》，頁216）。

〔註10〕 《孟子·離婁下08》。

〔註11〕 朱熹引程子之言（《四書章句集注》，頁272）。

〔註12〕 《孟子注疏》，頁259。

〔註13〕 《孟子·滕文公下10》。

〔註14〕 《孟子·盡心上34》。

〔註15〕 《四書章句集注》，頁255～256。

〔註16〕 《四書章句集注》，頁336；於同章（〈盡心上34〉），孫奭疏：「此章指言事有輕重，行有大小，以大包小可也，以小信大，未之聞者也…今陳仲子避兄離母，處於陵而不仕，是棄親戚君臣上下之大分，爾徒取其辭受之小節而已。而信廉之大，又安可哉？以其非義之本耳。」（《孟子注疏》，頁435）。

〔註17〕 孟子相當重視對於先王聖賢的行爲仿效，如其曾明白表示：「規矩，方員之至也；聖人，人倫之至也。欲爲君盡君道，欲爲臣盡臣道，二者皆法堯舜而已矣。不以舜之所以事堯事君，不敬其君者也；不以堯之所以治民治民，賊其民者也…。」（〈離婁上02〉）趙岐注：「至，極也。人事之善者，莫大取法於

過正」和「避世」，因對於「賢者」，孟氏曾明白表示其應「使人昭昭」〔註18〕，而傅佩榮則說：「…後代的人無從追究自己所食所用是善人還是惡人的產品，所以廉潔之士所重視的首先應該是自己內心的原則。」〔註19〕故此似乎即標示著在「非有勿取」當中，乃含藏一較具主動和積極性之命題——「取之有道」（或言「取有其道」）。

（二）取之有道

孟子說：「君子之守，修其身而天下平。人病舍其田而芸人之田，所求於人者重，而所以自任者輕。」〔註20〕而此言應是強調「以心為原」〔註21〕，亦即標示人之「務本」的重要，如趙岐注：「身正物正，天下平矣…芸，治也。田以喻身，捨身不治，而欲責人治，是求人太重，自任太輕也。」〔註22〕〈離婁下23〉則載：

> 孟子曰：「可以取，可以無取，取傷廉；可以與，可以無與，與傷惠；
> 可以死，可以無死，死傷勇。」

孫奭疏：「…蓋言凡於所取之道，可以取之則取之，故無傷害於為廉；可以無取而乃取之，是為傷害於廉也。」〔註23〕然朱熹注：「先言可以者，略見而自許之辭也，後言可以無者，深察而自疑之辭也。」〔註24〕故筆者以為，

聖人，猶方員須規矩也。」（《孟子注疏》，頁224）朱熹亦言：「規矩盡所以為方員之理，猶聖人盡所以為人之道…法堯舜以盡君臣之道，猶用規矩以盡方員之極…。」（《四書章句集注》，頁259）另外，「我非堯舜之道，不敢以陳於王前」（〈公孫丑下02〉）、「…是故君子有終身之憂，無一朝之患也。乃若所憂則有之：舜人也，我亦人也。舜為法於天下，可傳於後世，我由未免為鄉人也，是則可憂也。」（〈離婁下28〉）等言說，亦可作為此觀點之說明／佐證。

〔註18〕《孟子‧盡心下20》：「孟子曰：『賢者以其昭昭，使人昭昭；今以其昏昏，使人昭昭。』」朱熹注：「昭昭，明也。昏昏，闇也。尹氏曰：『大學之道，在自昭明德，而施於天下國家，其有不順者寡矣。』」（《四書章句集注》，頁345）。

〔註19〕孟子著，傅佩榮解讀：《孟子解讀：新世紀繼往開來的思想經典》，新北市：立緒文化，2013，頁132，後僅標註書名及頁碼。

〔註20〕《孟子‧盡心下32》。

〔註21〕史次耘：《孟子今註今譯》，台北市：台灣商務，2009，頁446，後僅標註書名及頁碼。

〔註22〕《孟子注疏》，頁471；孫奭疏：「此章指言言道之善，以心為原，當求諸己…以其君子之所守，特在修身，而天下由是平矣，是所謂正己而物正者也。且人病在舍其己之田，而耕芸他人之田也，是所求於人者為重，而所以自任其在己者太輕耳。」（《孟子注疏》，頁471～472）。

〔註23〕《孟子注疏》，頁269。

〔註24〕《四書章句集注》，頁276。

孟子應是以「應當與否」爲核心，關注「名正言順」於行爲舉止當中之體現，如陳大齊說：「每種作爲，若取其可爲與可不爲以爲標準，都可以分爲三個階段。可爲與可不爲，是其上下兩種極端，亦可爲亦可不爲，則爲其中間段…孟子限制甚嚴，將其停止界線設在上極端與中極端之間，亦即僅有可爲的，方許其爲，可爲可不爲以下，即不許其無。」〔註25〕因此，「古之人未嘗不欲仕也，又惡不由其道。不由其道而往者，與鑽穴隙之類也」〔註26〕所示之義，可謂即在於此，孫奭說：「此章指言君子務仕，思播其道，達義行仁，待禮而動，苟容干祿，逾牆之女，人之所賤，故弗爲也。」〔註27〕朱熹則言：「…蓋君子雖不潔身以亂倫，而亦不殉利而忘義也。」〔註28〕而〈公孫丑下03、14〉另分別云：

> 陳臻問曰：「前日於齊，王餽兼金一百而不受；於宋，餽七十鎰而受；於薛，餽五十鎰而受。前日之不受是，則今日之受非也；今日之受是，則前日之不受非也。夫子必居一於此矣。」孟子曰：「皆是也。當在宋也，予將有遠行。行者必以贐，辭曰：『餽贐。』予何爲不受？當在薛也，予有戒心。辭曰：『聞戒。』故爲兵餽之，予何爲不受？若於齊，則未有處也。無處而餽之，是貨之也。焉有君子而可以貨取乎？」

> 孟子去齊，居休。公孫丑問曰：「仕而不受祿，古之道乎？」曰：「非也。於崇，吾得見王。退而有去志，不欲變，故不受也。繼而有師命，不可以請。久於齊，非我志也。」

於前章，趙岐注：「…我在齊時無事，於義未有所處也。義無所處而饋之，是以貨財取我，欲使我懷惠也。安有君子而可以貨財見取之乎？」〔註29〕故朱熹以「皆適於義也」解「皆是也」一語，〔註30〕孫奭疏：「此章指言取與之道，必得其禮，於其可也，雖少不辭，義之無處，兼金不顧。」〔註31〕而後

〔註25〕陳大齊：《孟子待解錄》，台北市：台灣商務，1980，頁74～75，後僅標註書名及頁碼。
〔註26〕《孟子・滕文公下03》。
〔註27〕《孟子注疏》，頁196。
〔註28〕《四書章句集注》，頁249。
〔註29〕《孟子注疏》，頁129。
〔註30〕《四書章句集注》，頁226。
〔註31〕《孟子注疏》，頁129；史次耘說：「此章言君子取與，皆以義爲依歸，其合於義，雖少不辭；無當於義，兼金不顧。」（《孟子今註今譯》，頁100）。

章之要亦近似於此，即指「無其事而食其祿，君子不由也」〔註 32〕，所以總的來說，「取」的「名正言順」除意謂著「義（德）」的履踐以外，同時亦表露著「取之有道」之命題。

　　承上所言，故無論是「取之有道」或「取的名正言順」，其皆指向於道德行為的實踐問題，然「取」乃關係著「欲」、「利」之概念，而此二者在孟子思想中的關聯及發展為何？此即是筆者以下所欲析論之內容；現如以行為表現——「取」為對象，可知其動機應是源自於「欲」（指『『取』出於『欲』之所求」），其關聯就如同「飢者欲食，渴者欲飲」一般，而〈萬章上 01〉中標明，「悅之」、「好色」、「富」和「貴」等皆是人所共具之「欲（求）」，〔註 33〕故取富、取貴不僅非是無端、無始、無源的行為表現，其根據更在人身便能有所發覺，此外，依循「欲」所蘊含的不足或缺乏之義可知，「利」應關乎於「欲」之滿足，意謂著某種好處或利益的實現和取得。

　　而因著孟子曾以「何必曰利」答梁惠王及宋牼，〔註 34〕以致實有人斷言孟氏思想乃隱含「斥利」、「去利」或「恥利」、「禁利」等特徵，然筆者以為，此推論尚有可議之處，因誠如孟氏所述：「…上下交征利而國危矣。萬乘之國弒其君者，必千乘之家；千乘之國弒其君者，必百乘之家。萬取千焉，千取百焉，不為不多矣。苟為後義而先利，不奪不饜。」〔註 35〕、「…先生以利說秦楚之王…是君臣、父子、兄弟終去仁義，懷利以相接，然而不亡者，未之有也。先生以仁義說秦楚之王…是君臣、父子、兄弟去利，懷仁義以相接也。然而不王者，未之有也。」〔註 36〕此言說／章句雖是以「唯利是圖，則交相必爭，家國必危」為旨，但依「苟為後義而先利，不奪不饜」所示，〔註 37〕

〔註 32〕《孟子注疏》，頁 151。

〔註 33〕《孟子·萬章上 01》：「…天下之士悅之，人之所欲也，而不足以解憂；好色，人之所欲，妻帝之二女，而不足以解憂；富，人之所欲，富有天下，而不足以解憂；貴，人之所欲，貴為天子，而不足以解憂…。」

〔註 34〕關於「何必曰利」一語，其在《孟子》中共出現於兩章，分別為〈梁惠王上 01〉：「…未有仁而遺其親者也，未有義而後其君者也。王亦曰仁義而已矣，何必曰利？」與〈告子下 04〉：「…為人臣者懷仁義以事其君，為人子者懷仁義以事其父，為人弟者懷仁義以事其兄，是君臣、父子、兄弟去利，懷仁義以相接也。然而不王者，未之有也。何必曰利？」。

〔註 35〕《孟子·梁惠王上 01》。

〔註 36〕《孟子·告子下 04》。

〔註 37〕《孟子·梁惠王上 01》，趙岐注：「苟，誠也。誠令大臣皆後仁義而先自利，則不篡奪君位，不足自饜飽其欲矣。」（《孟子注疏》，頁 3）朱熹亦指出：「饜，

吾人應可以「不可無條件的言利」（指「不單言利」）視爲「何必曰利」一語中所流露之義，〔註38〕即指稱「利」、「欲」應不能在毫無條件或限制的情況下獲得實踐／滿全，而「義」便即是孟氏所主張之條件／限制，故由此亦可見知，該觀點可說是對孔子「見得思義」、「見利思義」等概念的承襲和體現。

　　承上所述，所以黃俊傑說：「春秋時代的人一般均認爲『義以生利』…到了孟子手中，『義』、『利』才發展成爲互不相容的敵體…」〔註39〕程繼松亦言：「孟子繼承了孔子的學說，但在重義輕利上更甚於孔子，進而把義與利對立起來並推向極端。」〔註40〕等，此類指稱「孟子言仁義而不言或輕利」的觀點／立場，皆應是有待商榷的；另外，孟氏雖曾藉「善」、「利」的對舉以明「舜」、「盜」之分，如〈盡心上25〉載：「雞鳴而起，孳孳爲善者，舜之徒也。雞鳴而起，孳孳爲利者，蹠之徒也。欲知舜與蹠之分，無他，利與善之間也。」〔註41〕然依據「孳孳」所表示的「勤勉之意」〔註42〕爲線索，故譚立忠指出：「…但要注意的是，若孟子反利，直言反利即可，並不須以『孳孳』爲前提再行反對，可見孟子反對的是孳孳爲利的心態與行爲，而非利的本身…『孳孳爲利』——這是孟子內心深層的隱憂。」〔註43〕而相似之觀點也見於錢遜的論述當中，言：「…聖人（舜）和大盜（蹠）之間的區別只在於是孳孳求善還是孳孳求利。這反映了孟子提倡仁義，反對一昧爭利的基本思想。」〔註44〕因此，如將孟氏思想定位於對「利」的輕視或否定，該當是可予以否定的。

　　足也…若又以義爲後而以利爲先，則不弒其君而盡奪之，其心未肯以爲足也。」（《四書章句集注》，頁187～188）。

〔註38〕 參見《孟子待解錄》，頁65。

〔註39〕 黃俊傑：《孟學思想史論》，台北市：東大出版，1991，頁144。

〔註40〕 程繼松：《義——照亮歷史的道德之光》，廣西：廣西人民出版社，1996，頁33。

〔註41〕 文中之「蹠」字，於《孟子注疏》中乃以「跖」載，史次耘、楊伯峻則認爲此二字能相等同（《孟子今註今譯》，頁397、楊伯峻：《孟子譯注》，北京：中華書局，2011，頁289）而其義乃如趙岐所注：「跖，盜跖也。跖，舜之分，故以此別之也。」（《孟子注疏》，頁431）傅佩榮說：「蹠，就是盜跖…在孟子看來，他是舜的反面代表。」、「盜跖是春秋時代著名大盜…原名展跖，被稱爲『盜跖』，則成了貪殘之輩的代表。」（《孟子解讀：新世紀繼往開來的思想經典》，頁132、300）。

〔註42〕 《四書章句集注》，頁334。

〔註43〕 譚立忠：〈辯孟子不言利〉，《輔仁國文學報》，第40期，新北市：輔仁大學中國文學系，2015年04月，頁1～16。

〔註44〕 錢遜：《孟子讀本》，北京：中華書局，2010，頁238，後僅標註書名及頁碼。

　　除此之外，朱熹也引楊氏言，說：「舜、蹠之相去遠矣，而其分，乃在利善之閒而已，是豈可以不謹？然講之不熟，見之不明，未有不以利為義者，又學者所當深察也。」〔註45〕〈梁惠王上07〉與〈盡心下10〉又分別云：「…是故明君制民之產，必使仰足以事父母，俯足以畜妻子，樂歲終身飽，凶年免於死亡。」、「孟子曰：『周于利者，凶年不能殺；周于德者，邪世不能亂。』」則此不僅可視為孟子不斥、不去或不以利為恥之佐證，當中甚至更隱藏有「重利」之價值思維，如趙岐注：「周達於利，營苟得之利而趨生，雖凶年不能殺之。」〔註46〕焦循則說：「趙氏謂達於取利，則凡苟得之利，皆營求之，故雖兇荒之年，有心計足以趨生，故不死。」〔註47〕。

　　另吾人如以「凶年免於死亡」、「凶年不能殺」等言說為憑，則應可推知「生命」或許即是孟子「論利」、「不捨利」之原因，也就是以「人『同』於禽獸處」〔註48〕為奠基，如孫奭疏：「人與禽獸，俱含天氣，就利避害，其間不希…孟子言世之人所以有別異於禽獸畜者無幾也，以其皆含天地之氣而生耳，皆能辟去其害而就其利矣。」〔註49〕焦氏則引《漢書·匈奴傳》為注，云：「下及魚鱉，上及飛鳥，跂行喙息蠕動之類，莫不就安利，避危殆。」〔註50〕所以總的來說，孟氏不但非是以貶抑、負面的視角言「利」，其更可謂是一種以「理所當然」的態度看待人者「求利」之表現，但與此同時，人卻也因著與禽獸的有異、有別（指「性善」），具有良知、良能，能行「道德判斷」，〔註51〕故就人者的生命來說，其開展方向或目標便不應只有「『僅』求利」或「『單』求生」之選擇，「具有德行或道德的生活」亦應是可能的選項之一，如朱熹引程子言：「君子未嘗不欲利，但專以利為心則有害。惟仁義則不求利而未嘗不利也。當是之時，天下之人惟利是求，而不復知有仁義。故孟子言

〔註45〕《四書章句集注》，頁334。
〔註46〕《孟子注疏》，頁454。
〔註47〕《孟子正義》，頁970。
〔註48〕此言改自「人之所以異於禽獸者幾希」（〈離婁下19〉），徐復觀依此章之述說：「孟子這句話的意思是說人與一般禽獸，在渴飲饑食等一般的生理刺激反應上，都是相同的。」（徐復觀：《中國人性論史·先秦篇》，台北市：台灣商務，1969，頁165，後僅標註書名及頁碼）。
〔註49〕《孟子注疏》，頁264。
〔註50〕《孟子正義》，頁569。
〔註51〕此乃關乎孟子對於「人性」之主張，而相關的內容闡釋，筆者欲在第二子題──「羞惡之心，人禽有別」中再行論述。

仁義而不言利，所以拔本塞源而救其弊，此聖賢之心也。」〔註52〕而著名的孟氏之言──「生，亦我所欲也；義，亦我所欲也，二者不可得兼，舍生而取義者也」〔註53〕，其要旨似乎即在於此，故楊祖漢認爲：「…孟子這一教法，也可以讓人對自己的眞生命、眞主體當下有一肯定。當下就可以從現實利害的牽連計較中超拔而出，這是非常警策動人的。」〔註54〕。

綜上所述，以致筆者以「非有勿取，取之由道」作爲《孟子》之「義（德）」內容的其一表示，此應有著合理性的存在，而「義」所關乎之事，即在於對「非屬己之物」的不取、不拿（指「非有勿取」），表現出一種較爲基礎、被動之行爲傾向；然有別於「非有勿取」，「取之有道」則涉及行爲表現上的「名正言順」與「先義後利」，而相較之下，此可謂正是「義」所呈顯之積極向度。

另外，孟子認爲「先義後利」方才得以使個人、家國免於爭亂，而此觀點之建立，亦可說是始自人者先天固有之德及先驗的道德判斷能力，〔註55〕據此，故「以『義』爲先」除了意謂一種「順性」之表現外，同時亦被視爲「智（者）」的結果顯露，〈離婁下26〉載：

> 孟子曰：「天下之言性也，則故而已矣。故者以利爲本。所惡於智者，爲其鑿也。如智者若禹之行水也，則無惡於智矣。禹之行水也，行其所無事也。如智者亦行其所無事，則智亦大矣。天之高也，星辰之遠也，苟求其故，千歲之日至，可坐而致也。」

孫奭疏：「此章指言能修性守故，天道可知，妄智改常，必與道乖，性命之指也。」〔註56〕朱熹則言：「性者，人物所得以生之理也。故者，其已然之跡，若所謂天下之故者也。利，猶順也，語其自然之勢也…順而循之，則爲大智。若用小智而鑿以自私，則害於性而反爲不智。」〔註57〕所以，「非有勿

〔註52〕《四書章句集注》，頁188。
〔註53〕《孟子‧告子上10》。
〔註54〕楊祖漢：〈孟子告子之辯的再探討〉，《鵝湖學誌》，第60期，新北市：鵝湖月刊社，2018年06月，頁83～116。
〔註55〕就孟子而言，「義」乃爲一種人者先天固有之德，《孟子‧告子上06》：「…羞惡之心，人皆有之…羞惡之心，義也…仁義禮智，非由外鑠我也，我固有之也，弗思耳矣。」換言之，此亦即標示著人者先天應即具有行道德判斷之能力。
〔註56〕《孟子注疏》，頁273。
〔註57〕《四書章句集注》，頁277。

取，取之由道」對孟子而言，其根基乃應是建立在「人者當不離其性，而行應做之事」，標示著「人之所以為人」的資質或能力顯露，如蔡仁厚說：「…故『義』不在事物本身，而在人對事物處置之合理合宜上。」〔註58〕。

另外，〈告子上 17〉則也透露出孟子對於人之存在價值所秉持的肯定態度，關注於「人性」的返還，云：「欲貴者，人之同心也。人人有貴於己者，弗思耳。人之所貴者，非良貴也。」〔註59〕因此，為人者除基於人的「普遍性」而無須憂己不如人（「己不憂不及人」〔註60〕）以外，其另一意涵乃指向「不以『欲』傷『心』」，因為如此，方才能使「人之異於禽獸處」（指「善性」）獲得彰顯之可能，誠如孟氏說：「飢者甘食，渴者甘飲，是未得飲食之正也，飢渴害之也。豈惟口腹有飢渴之害？人心亦皆有害。人能無以飢渴之害為心害，則不及人不為憂矣。」〔註61〕、「所以考其善不善者，豈有他哉？於己取之而已矣。」〔註62〕朱熹注：「口腹為飢渴所害，故於飲食不暇擇，而失其正味；人心為貧賤所害，故於富貴不暇擇，而失其正理…人能不以貧賤之故而動其心，則過人遠矣。」〔註63〕、「人於一身，固當兼養，然欲考其所養之善否者，惟在反之於身，以審其輕重而已矣。」〔註64〕所以，如同孔子將成仁、成德之關鍵置於個人自身一般，孟氏亦強調「反身」的重要，也就是將修養工夫奠基於「人性」的萌發。

〔註58〕蔡仁厚：《中國哲學史・上冊》，台北市：台灣學生書局，2009，頁132，後僅標註書名及頁碼。

〔註59〕趙岐注：「人皆同欲貴之心，人人自有貴者在己身，不思之耳。在己者，謂仁義廣譽也。」孫奭疏：「此章指言所貴在身，人不知求，膏粱文繡，己之所優…孟子言凡所願欲其貴者，世人所同其心也，以其人皆欲之也。然而人人有貴，只在其己者，但不思之耳。凡人所貴者，非是良貴也。」（《孟子注疏》，頁371～372）焦循則指出：「人人所自有，此是解人人有貴於己者，言仁義不待外求。」（《孟子注疏》，頁797）錢遜說：「…天賦的善性才是人真正的尊貴之處，它是人人自身固有，別人無法剝奪。而人所給予的尊貴是最不可靠的，人家能把尊貴給予你，也就能把它剝奪掉。」（《孟子讀本》，頁204）。

〔註60〕《孟子正義》，頁921。

〔註61〕《孟子・盡心上27》，趙岐注：「為利欲所害，亦猶飢渴得之…人能守正，不為邪利所害，雖謂富貴之事不及逮人，猶為君子。不為善，人所憂患也。」孫奭疏：「此章指言飢不妄食，忍情抑欲，賤不失道，不為苟求。能無心害，夫將何憂。」（《孟子注疏》，頁432）。

〔註62〕《孟子・告子上14》。

〔註63〕《四書章句集注》，頁355。

〔註64〕《四書章句集注》，頁313。

二、羞惡之心，人禽有別

　　而由上章可知，「恥」乃是孔子所重視的情意表現之一，因其不僅涉及言、行的相副與一致，同時也關係著個人對於自我的要求和期許，相異於內省不疚、問心無愧等，誠如「古者言之不出，恥躬之不逮也」〔註65〕、「君子恥其言而過其行」〔註66〕等言說所示，而孟子所論之「義（德）」及「羞惡之心」，即與其有著意涵上的相近似。

（一）羞惡之心

　　對於孟子的思想界說，吾人常以「性善」的概念予以概括，如〈滕文公上 01〉云：「孟子道性善，言必稱堯舜。」〔註67〕然此「性善說／論」乃與其以惻隱、羞惡、辭讓、是非為要旨的「四心」主張有關，〔註68〕體現出以「即心言性」〔註69〕為骨幹的學說架構，如徐復觀說：「『性善』兩字，直到孟子

〔註65〕《論語・里仁22》，邢昺疏：「此章明慎言躬身也。」何晏引包氏言：「古人之言不妄出口，為身行之將不及。」（《論語注疏》，頁 57）朱熹注：「言古者所以不出其言，以見今之不然。逮，及也。行不及言，可恥之甚。古者所以不出其言，為此故也。」（《四書章句集注》，頁 72）。

〔註66〕《論語・憲問27》，邢昺疏：「此章勉人使言行相副也。君子言行相顧，若言過其行，謂有言而行不副，君子所恥也。」（《論語注疏》，頁 223）。

〔註67〕朱熹注：「道，言也。性者，人所稟於天以生之理也，渾然至善，未嘗有惡。」（《四書章句集注》，頁 234）。

〔註68〕本文所言之「四心」，乃是為符應孟子所指之惻隱、羞惡、辭讓、是非等四心，而非真言人有四顆心，也就是說，所謂「四」，其實仍為「一（本）心」，如牟宗三說：「就孟子言，四端之心皆是指點一本心，本心發為惻隱之心（不忍人之心）便是仁，發為羞惡之心便是義，發為恭敬之心就是禮，發為是非之心就是智，本心即理，本心之分別表現即是理之分別表現。」（牟宗三著、沙淑芬編：《牟宗三先生全集 07・心體與性體（第三冊）》，台北：聯經，2003，頁 290，後僅標註書名及頁碼）另蒙培元亦指出：「所謂『四端之心』，就是四種道德情感…因為在孟子看來，其他三種道德情感，與『不忍人之心』、『惻隱之心』同出一個心，只是在不同場合有不同表現而已。」（蒙培元：《蒙培元講孟子》，北京：北京大學，2006，頁 142、145，後僅標註書名及頁碼）所以總的來說，惻隱、羞惡、辭讓與是非之心僅是「本心」不同面向之呈顯，而孟子的心性論主張即奠基於此。

〔註69〕唐君毅指出「即心言性」（或言「即心善以言性善」）乃是孟子學說之特點，其言：「孟子方由人之能欲仁為仁，而心不為仁，進以言此心之性之善，而更於言上、理上，教人充達此天所與我心之性，以貫通於天所生之吾人之自然生命而為之主。」、「…即心言性，及此心即性情心、德性心之義。所謂即心言性善，乃就心之直接感應，以指證此心之性之善。」、「孟子之即心言性，乃又即此心之生以言性。所謂即心之生以言性，乃直接就惻隱、羞惡、辭讓、是非等心之生處而言性。此與吾人前文謂孟子之言性，乃就心之直接感應言

始能正式明白地說出…孟子所說的性善，實際便是心善。」〔註70〕、「…四端
為人心之所固有，隨機而發，由此而可證明『心善』。孟子便把這種『心善』
稱為『性善』。」〔註71〕蔡仁厚言：「孟子所謂性善，並不是從事行上指說人
有如此如彼之善行善事…性乃是潛隱自存的本體，它必須通過心的覺用活動
而呈顯。所以，性不可見，由心而見。」〔註72〕而本章所論之「義（德）」，
即指向「羞惡（之心）」，〈公孫丑上06〉載：

> 孟子曰：「…無惻隱之心，非人也；<u>無羞惡之心，非人也</u>；無辭讓之
> 心，非人也；無是非之心，非人也。惻隱之心，仁之端也；<u>羞惡之
> 心，義之端也</u>；辭讓之心，禮之端也；是非之心，智之端也。人之
> 有是四端也，猶其有四體也。」

　　據此，故就孟子而言，其不僅認為「『人者』皆具有『羞惡之心』」，且又
將「『羞惡之心』視為『義之端』」，而吾人如以此為推論前提／條件，則應可
得出一重要結論——「人者皆具義之端」，如同〈告子上06〉云：

> …惻隱之心，人皆有之；<u>羞惡之心，人皆有之</u>；恭敬之心，人皆有
> 之；是非之心，人皆有之。惻隱之心，仁也；<u>羞惡之心，義也</u>；恭
> 敬之心，禮也；是非之心，智也。

　　孫奭疏：「此章指言天之生人，皆有善性，引而趨之，善惡異衢，高下自
懸，賢愚舛（ㄔㄨㄢˇ）殊，尋其本者，乃能一諸…蓋以惻隱、羞惡、恭敬、
是非之心，人皆有是心也，人能順此而為之，是謂仁、義、禮、智也，仁、
義、禮、智即善也。」〔註73〕因此，孟子應是認為「人人皆有先天本善的內
在道德性」，即指人者先天／驗的擁有對於是非、善惡之判斷能力，並能依此
產生相應的行為活動，故其言：「人之所不學而能者，其良能也；所不慮而知
者，其良知也。孩提之童，無不知愛其親者；及其長也，無不知敬其兄也。
親親，仁也；敬長，義也。無他，達之天下也。」〔註74〕而此觀點當可以張

　　　性相通。所謂就心之直接感應言性者，即如就心之感孺子將入井，而直接的、
　　　別無目的的，即應之以不忍。」（唐君毅：《中國哲學原論・原性篇》，臺北市：
　　　臺灣學生，1991，頁32、38、46～47）。
〔註70〕《中國人性論史・先秦篇》，頁163。
〔註71〕《中國人性論史・先秦篇》，頁172。
〔註72〕蔡仁厚：《孔孟荀哲學》，臺北市：台灣學生，1984，頁198～199，後僅標註
　　　書名及頁碼。
〔註73〕《孟子注疏》，頁355。
〔註74〕《孟子・盡心上15》，孫奭疏：「孟子言人之所以不學而性自能，是謂良能者

岱年之論述爲歸結,其言:「孟子以爲性中有仁義禮智四端…在性中已具其端,乃性所固有,非本來無有而勉強練成的…仁義禮智之端,都是人所固有的,隨時而發現,無待於習…仁義是人之良知良能,乃不待學不待慮的;一切道德,皆出於人之性。」〔註75〕然筆者在此欲先聚焦於「羞惡(之心)」的內涵探悉,對「端」的說明暫且「存而不論」。〔註76〕

關於「羞惡之心」,蒙培元說:「『羞惡之心』即是羞恥之心,『惡』者恥也,即厭惡之義…『羞惡之心』就是中國的恥感文化。」〔註77〕然筆者以爲,此闡釋似乎略爲簡要,因誠如朱熹所注:「羞,恥己之不善也。惡,憎人之不善也。」〔註78〕即指出「羞惡之心」不僅是以「不善」作爲否定對象,其所呈顯之內容,亦關乎於「對己」及「對人」,也就是說,「羞」乃與個人之自處有關,「惡」則朝向個人和他人的相處(或言「人際」)層次。

然依循孟子之思想架構,「不善」所意謂之義,乃是「人者」對其「性」的不順或不從,而非是以「人之本質」作爲論述核心,如其言:「若夫爲不善,非才之罪也。」〔註79〕孫奭、朱熹說:「孟子言人之乃順其情,則皆可以爲善矣,是所謂性善也。若夫人爲不善者,非天之降才爾殊也,其所以爲不善者,乃自汨(ㄇㄧㄝ)喪之耳,故言非稟天才之罪也。」〔註80〕、「才,猶材質,人之能也…人之爲不善,乃物欲陷溺而然,非其才之罪也。」〔註81〕因此,勞思光言:「『才』指本質言。人之不能實現價值,並非由於人之『性』中無此能力…人所以不能實現價值,乃由於人未能發揮其本性中之價值意識,此

也;所以不待思慮而自然知者,是謂良知者也。」(《孟子注疏》,頁423)。

〔註75〕 張岱年:《中國哲學大綱》,台北市:藍燈文化,1992,頁244,後僅標註書名及頁碼。

〔註76〕 孟子言仁、義、禮、智等「四端」,其「端」乃具「始點」之意蘊,並與「擴而充之」(〈公孫丑上06〉)等修養工夫構建爲一系,而相關內容闡釋,筆者將待「人禽有別」處再行論述。

〔註77〕 《蒙培元講孟子》,頁142、145。

〔註78〕 《四書章句集注》,頁221。

〔註79〕 《孟子・告子上06》:「孟子曰:『乃若其情,則可以爲善矣,乃所謂善也。若夫爲不善,非才之罪也…。』」趙岐注:「若,順也。性與情相爲表裏,性善勝情,情則從之…能順此情,使之善者,眞所謂善也。若隨人而強作善者,非善者之善也。若爲不善者,非所受天才之罪,物動之故也。」(《孟子注疏》,頁354)。

〔註80〕 《孟子注疏》,頁355。

〔註81〕 《四書章句集注》,頁307。

即『不能盡其才』」〔註82〕牟宗三則亦指出：「孟子說此『才』字猶不只是靜態的質地義，且有動態的『能』義（活動義）。但此『能』又不是一般意義的『才能』之能。它即是『性之能』。故此才字，其實義是動靜合一的。」〔註83〕所以總的來說，「『不爲』而非『不能』」〔註84〕應即是「不善」所蘊含之要旨，而「羞」、「惡」所透露之事，似乎也就在於個人視「自身的背反人性爲恥」，以及「厭惡背反人性之人」。

　　承上所述，因此「羞惡之心」對於生命的開展而言，可說內含有促人向上、實踐人性等積極意義，如孟子於論「恥」時提及：「人不可以無恥。無恥之恥，無恥矣。」〔註85〕、「恥之於人大矣。爲機變之巧者，無所用恥焉。不恥不若人，何若人有？」〔註86〕換言之，人者如不以「人性的背反」爲恥、爲惡，則此便揭示著對於「不善」的趨近，走向「非人」、「禽獸」之境地，〔註87〕

〔註82〕勞思光：《新編中國哲學史（一）》，台北市：三民，2001，頁160，後僅標註書名及頁碼。

〔註83〕《牟宗三先生全集07・心體與性體（第三冊）》，頁462。

〔註84〕孟子曾對「不爲」與「不能」進行界說，《孟子・梁惠王上07》：「（齊宣王）曰：『不爲者與不能者之形何以異？』曰：『挾太山以超北海，語人曰「我不能」，是誠不能。爲長者折枝，語人曰「我不能」，是不爲也，非不能也。故王之不王，非挾太山以超北海之類也；王之不王，是折枝之類也。』」孫奭疏：「…是孟子又以此比喻而解王問不爲與不能之異狀也。言今有人云挾太山而超過北海，而語人曰我不能挾太山超北海，此眞不能也；如爲長者按摩手節，而語人曰我不能爲長者按摩手節，是恥見役使，但不爲之耳，非不能也。」（《孟子注疏》，頁32）。

〔註85〕《孟子・盡心上06》，趙岐注：「人能恥己之無所恥…是能改行從善之人，終身無復有恥辱之累矣。」孫奭疏：「…孟子言人之不可無其羞恥也。人能無恥而尚有羞恥，是爲遷善遠罪之人，終身無複有恥辱累之矣。」（《孟子注疏》，頁415）。

〔註86〕《孟子・盡心上07》，趙岐注：「恥者爲不正之道，正人之所恥爲也。今造機變阱陷之巧以攻戰者，非古之正道也。取爲一切可勝敵之宜，無以錯於廉恥之心…不恥不如古之聖人，何有如賢人之名也？」（《孟子注疏》，頁416）朱熹說：「恥者，吾所固有羞惡之心也。存之則進於聖賢，失之則入於禽獸，故所繫爲甚大…爲機械變詐之巧者，所爲之事皆人所深恥，而彼方且自以爲得計，故無所用其愧恥之心也…但無恥一事不如人，則事事不如人矣。」（《四書章句集注》，頁329）。

〔註87〕《孟子・公孫丑上06》：「…無惻隱之心，非人也；無羞惡之心，非人也；無辭讓之心，非人也；無是非之心，非人也。」趙岐注：「言無此四者，當若禽獸，非人心耳。爲人則有之矣。凡人但不能演用爲行耳。」孫奭疏：「…禽獸所以無惻隱不忍之心，又無羞惡慚恥之心，又無辭讓揖遜之心，又無是非好惡之心者也。言苟無此四者，所以皆謂之非人也，乃禽獸之類也。」（《孟子

而「羞惡之心」的發用，即標示著對於「（人）性」的自覺及順從，意謂「善」與「義（德）」之履踐，如同傅佩榮對於「四端」的闡釋：「『惻隱、羞惡、辭讓、是非』是心之四端，都是人心在特定情況下，對於特定對象的趨力，亦即要求自己付諸行動的力量…『仁義禮智』這四種善，是由四端所實踐的『行為』。」〔註88〕邵鐵峰亦言：「正因為羞感是先天的、以善為指向的、幡然而作的情感，具有不可消除的主動性，所以才能最大限度地確立起人之為人的道德主體性。」〔註89〕且認為：「孟子相信，羞恥之心本身即是好的，並因此能夠構成人實現自身之道德主體性的原初動力…孟子則將羞恥感視為本身即有著道德蘊涵的先天情感。」〔註90〕。

然對於「羞惡之心」的存在問題，孟子僅可謂是以間接、暗示的方式論證其實在性，也就是只憑藉以「惻隱之心」、「不忍之心」〔註91〕及「性善」為要之事例——「孺子將入於井」，如徐復觀指出：「孟子在生活體驗中發現了心獨立而自主的活動，乃是人的道德主體之所在，這才能建立性善說的根據。僅從人所受以生的性上言性善，實際只是一種推論。」〔註92〕；依循〈公孫丑06〉所述：「人皆有不忍人之心…所以謂人皆有不忍人之心者，今人乍見孺子將入於井，皆有怵惕惻隱之心。非所以內交於孺子之父母也，非所以要譽於鄉黨朋友也，非惡其聲而然也。」蔡仁厚說：「『乍見』二字，乃表示此時之『心』，是在沒有受到『欲望裏脅』的情形下而當體呈露的。這是本心的直接呈現，是真心的自然流露。」〔註93〕故蒙培元言：「『羞惡之心』從一定意義上說是『不忍之心』的另一面，如果『不忍』是正面表述的話，『羞惡』就是反面表述，如看見小孩要掉進井裡而我不去救，就會有『羞惡之心』。」

注疏》，頁113～114）。

〔註88〕《孟子解讀：新世紀繼往開來的思想經典》，頁73～74。

〔註89〕邵鐵峰：〈《孟子》中的羞惡之心：關於羞恥的比較研究〉，《哲學與文化》，第45卷第12期，臺北：哲學與文化月刊雜誌社，2018年12月，頁115～129，後僅標註作者、篇名及刊名。

〔註90〕邵鐵峰：〈《孟子》中的羞惡之心：關於羞恥的比較研究〉，《哲學與文化》。

〔註91〕所謂「不忍之心」，依趙岐之義，即指「不忍加惡於人之心」（《孟子注疏》，頁112）。

〔註92〕《中國人性論史・先秦篇》，頁174。

〔註93〕《中國哲學史・上冊》，頁122；而相似之論述亦見於《中國人性論史・先秦篇》，頁172～173，其載：「『乍見』二字，是在說明此一情況之下，心未受到生理欲望的裏脅，而當體呈露…『乍見』是心在特殊環境之下，無意地擺脫了生理欲望的裏脅…心在擺脫了生理欲望的裏脅時，自然呈露出了四端的活動。」。

〔註94〕勞思光則認爲：「人對某種已有之事象，若覺其不應有，即顯現拒斥割離之自覺，此在孟子，説爲『羞惡』。」〔註95〕所以總的來説，「羞惡之心」所指涉的乃非爲一獨立自存之心，而是人之「本心」所體現出的某一面向，是一種異於惻隱或不忍之心的情意顯露。

承上述，故「羞惡之心」作爲「義（德）」或「義之端」，〔註96〕其意蘊應就在於以「人」爲判準或基石的「行所應行，爲所當爲」，以致徐復觀説：「人的道德意識，出現得很早。但在自己心的活動中找到道德的根據，恐怕到了孟子才明白有此自覺。」〔註97〕魏元珪則言：「按羞惡之心，乃人靈明白自覺之反應…羞惡之心實人類善善惡惡與行爲之基準，亦『作爲』，『不作爲』合宜問題之判準…故羞惡之心，實人類自知之張本，爲人類道德生命自覺並策進之動力，若失此自覺，必恬然無恥。」〔註98〕因此，孟子常以「路」喻「義」（如：「義，人之正路也」〔註99〕、「夫義，路也」〔註100〕、「義，人路也」〔註101〕、「路惡在？義是也。」〔註102〕），強調「居仁由義」〔註103〕，而傅佩榮以此「（義）路」爲「選擇」的闡釋方式，〔註104〕則呼應於人者對其

〔註94〕《蒙培元講孟子》，頁145。
〔註95〕《新編中國哲學史（一）》，頁157。
〔註96〕《孟子・公孫丑上06》與〈告子上06〉分別云：「…羞惡之心，義之端也…。」、「…羞惡之心，義也…。」。
〔註97〕《中國人性論史・先秦篇》，頁173。
〔註98〕魏元珪：《孟荀道德哲學》，台北市：海天出版社，1980，頁93，後僅標註書名及頁碼。
〔註99〕《孟子・離婁上10》，朱熹注：「義者，宜也，乃天理之當行，無人欲之邪曲，故曰正路。」（《四書章句集注》，頁263）。
〔註100〕《孟子・萬章下07》。
〔註101〕《孟子・告子上11》，朱熹注：「義者行事之宜，謂之人路，則可以見其爲出入往來必由之道，而不可須臾舍矣。」（《四書章句集注》，頁312）孫奭疏：「義者是人之路也，是人人皆得而行之者也。今有人乃舍去其路而不行，放散其心而不知求之者，可哀憫哉！」（《孟子注疏》，頁366）。
〔註102〕《孟子・盡心上33》，史次耘注：「惡，猶何也。」（《孟子今註今譯》，頁403）。
〔註103〕「居仁由義」一語見於《孟子・離婁上10》及〈盡心上33〉，而此「居仁由義」對孟子而言，即是成就「大人」之法，是「有德者」所應行之道；所謂「大人」，其乃泛指側重道德之人，魏元珪説：「按孟子所云之大人，當與易傳中所云之大人同其旨趣，亦即大德之人矣…是以大德之人，惟義是從，從權達變，以守其正也，此亦孟子論大人之德矣，且貴由平時力行之。」（《孟荀道德哲學》，頁184～185）。
〔註104〕傅佩榮説：「這裡的『路』當然不指具體的道路，而是就人的選擇而言，眾多選擇所合成的人生途徑，應該以『義』無依歸。人『應該』子什麼路，並不

「德行生活」之選擇（如前文所示）。

綜上所述，故「羞惡之心」或「義」所標示之要，當是個人以「（人）性」（或稱「人之結構」）爲條件的舉止合宜，因此，在以「不善」爲「恥」、「惡」的思想／學說結構下，「自律」可說是其另一論旨，如〈滕文公下01〉與〈告子上14〉所云：「枉己者，未有能直人者也。」〔註105〕、「所以考其善不善者，豈有他哉？於己取之而已矣。」〔註106〕即指向以「守身以正，不可枉己從人」爲要務，魏元珪說：「孟子著重道德理想之自律主義，不重他律主義…必出自我內在道德生命之自覺，自願，方爲道德理想之自發…故孟子特將道德之理想主義，落腳於主體性之體現。」〔註107〕邵鐵峰亦言：「有了羞恥之心，就會讓人自覺地有所不爲，就此而言，羞恥最本質的效用即在於淨化或克制人的欲望。」〔註108〕所以，孟子不僅認爲：「富貴不能淫，貧賤不能移，威武不能屈，此之謂大丈夫。」〔註109〕且又說：「禍福無不自己求之者。」〔註110〕孫奭注：「此章指言國必修政，君必行仁，禍福由己，不專在天，當防患於未亂也。」〔註111〕而傅佩榮則將「強調自己的主體性與無可推卸的責任」〔註112〕視爲此言所指涉之義。

（二）人禽有別

另依「人皆有之」、「仁義禮智，非由外鑠我也，我固有之」等言說所示，〔註113〕此即呈顯出孟子將「善」視爲本於人、根於心、源於性之思想

表示人在實際上會這樣走。也因爲如此，孟子才須奔走呼號。」（《孟子解讀：新世紀繼往開來的思想經典》，頁247）。

〔註105〕朱熹引楊氏言，說：「何其不自重也，枉己其能直人乎？古之人寧道之不行，而不輕棄去就。」（《四書章句集注》，頁247）趙岐亦注：「人當以直矯枉耳，己自枉曲，何能正人。」（《孟子注疏》，頁191）。

〔註106〕朱熹注：「人於一身，固當兼養，然欲考其所養之善否者，惟在反之於身，以審其輕重而已矣。」（《四書章句集注》，頁313）。

〔註107〕《孟荀道德哲學》，頁81。

〔註108〕邵鐵峰：〈《孟子》中的羞惡之心：關於羞恥的比較研究〉，《哲學與文化》。

〔註109〕《孟子・滕文公下02》，趙岐注：「淫，亂其心也；移，易其行也；屈，挫其志也：三者不惑，乃可以爲之大丈夫矣。」（《孟子注疏》，頁193）朱熹則指出：「淫，蕩其心也。移，變其節也。屈，挫其志也。」（《四書章句集注》，頁248）。

〔註110〕《孟子・公孫丑上04》。

〔註111〕《孟子注疏》，頁107。

〔註112〕《孟子解讀：新世紀繼往開來的思想經典》，頁70。

〔註113〕《孟子・告子上06》：「…惻隱之心，人皆有之；羞惡之心，人皆有之；恭敬

架構，是對「生而既有」、「非本來無有而勉強練成」〔註114〕的強調及標明，誠如趙岐所注：「仁、義、禮、智，人皆有其端，懷之於內，非從外銷鑠我也⋯所以惡乃至是者，不能自盡其才性也。」孫奭疏：「此章指言天之生人，皆有善性⋯然而仁、義、禮、智之善，非自外銷鑠我而亡之也，我有生之初固有之也，但人不思而求之耳，故曰求則得而存，舍而弗求則亡之矣。」〔註115〕。

　　據此，故孟子另以「由仁義行，非行仁義也」〔註116〕標示「仁義」之於個人自身的「內在性」，〔註117〕傳達出以「自力」而非「他力」為要務的修養訊息，如蔡仁厚指出「由仁義行」乃是：「順我先天本有的仁義天理而行，這樣作道德實踐，是自覺的、自律的、自主的、自覺的，是自發命令，自定方向的。」〔註118〕「行仁義」則為：「將內在於心的仁義天理推出去，視為外在的價值標準，然後遵而從之。這樣的道德實踐，正是轉主動為被動，是被動地遵奉一個外在的道德價值之標準，而不是自主自決地踐行一個內在的生命原則。」〔註119〕而相似之闡釋，亦見於魏元珪的言說當中：「『由仁義行』，即貴乎本仁義之本心⋯『行仁義者』，則未必有仁義之本心，亦非由仁義之初衷而發，但效法仁義之行而已，其去仁義之道遠矣。」〔註120〕、「孟子以『仁義行者』，由心而發，同於大道。『行於仁義』者，則有意造作，『仁義行』者本心之自然，『行仁義』者乃心思外加乃有意之揉造，非必出乎真誠矣。」〔註121〕故在此點上，孔、孟間乃有著思想上的傳承意蘊。

　　承上所述，故陳大齊指出：「仁義禮智，正是孟子所說的人性的內容，在孟子看來，無一不是人所固有的，無一不是自始即內在於人的，都不是外力為人所鍛鍊出來的⋯總而言之，人之有性及性之存亡，均出於人的努力，其

　　之心，人皆有之：是非之心，人皆有之⋯仁義禮智，非由外鑠我也，我固有之也，弗思耳矣。」。
〔註114〕張岱年語，見於《中國哲學大綱》，頁244。
〔註115〕《孟子注疏》，頁354～355。
〔註116〕《孟子・離婁下19》。
〔註117〕指「仁義」對於「個人」而言，乃非是一種始源於外的價值標準，又或是從外界尋找或建立之行事法則。
〔註118〕《中國哲學史・上冊》，頁133。
〔註119〕《中國哲學史・上冊》，頁133。
〔註120〕《孟荀道德哲學》，頁98。
〔註121〕《孟荀道德哲學》，頁98～99。

主動力不在於外。」〔註122〕而不論是「四端」（仁、義、禮、智）、「四心」（惻隱、羞惡、辭讓／恭敬、是非）又或是「不學而能，不慮而知」的「良能」、「良知」，其所標示的「性（之）善」，便是孟子所認爲的人、禽相異處，也就是「人禽之辨」所涉及的核心理念，如〈離婁下 19〉載：

> 孟子曰：「人之所以異於禽於獸者幾希，庶民去之，君子存之。舜明
> 於庶物，察於人倫，由仁義行，非行仁義也。」

趙岐注：「幾希，無幾也。知義與不知義之間耳。眾民去義，君子存義也…故道性善，言必稱於堯舜。但君子存之，庶民去之而不由爾。」孫奭疏：「…君子知存其異於禽獸之心，所以爲君子也。所謂異於禽獸之心者，即仁義是也。禽獸俱不知仁義，所以爲禽獸。」〔註123〕朱熹則指出：「幾希，少也…雖曰少異，然人物之所以分，實在於此。眾人不知此而去之，則名雖爲人，而實無以異於禽獸。君子知此而存之，是以戰兢惕厲，而卒能有以全其所受之理也。」〔註124〕所以總的來說，孟子在此所闡釋之義，應可歸結爲三點：1.「人」與「禽獸」僅有「幾希」之異、2.「善性」的擁有與否即是此「幾希」之所指、3.此「幾希」的存養乃關係著「人之所以爲人」的價值履踐。

據此，以致吾人不能將「善性」視爲「人性之全」，因爲「善性」所指的，僅是人所「固有之『部分』」，僅是「人禽有別」之所在，如陳大齊說：「…性只是人所固有者的一部分，不是人所固有者的全部。所以只可說：性是固有的，不得說：固有的是性。」〔註125〕徐復觀亦言：「孟子不是從人身的一切本能而言性善，而只是從異於禽獸的幾希處言性善。幾希是生而既有的，所以可稱之爲性；幾希即是仁義之端，本來是善的，所以可稱之爲性善。」〔註126〕換言之，「善性」不等於「人性」，「善性」僅是「人性」的部分及獨特處。

承此主張，故孟子相當重視此「幾希」或「善性」的去存／存養問題，而對於「擁有善性」所抱持之肯定態度，則可謂是其學說系統的重要基底，因爲唯有先以「擁有」爲前提／條件，才得以使「去之」、「存之」成爲可能

〔註122〕《孟子待解錄》，頁 4。
〔註123〕《孟子注疏》，頁 264～265。
〔註124〕《四書章句集注》，頁 274。
〔註125〕《孟子待解錄》，頁 6。
〔註126〕《中國人性論史・先秦篇》，頁 165。

之事，〔註127〕然而此擁有僅在於「端」〔註128〕，以致「凡有四端於我者，知
皆擴而充之矣⋯苟能充之，足以保四海；苟不充之，不足以事父母」〔註129〕、
「君子所以異於人者，以其存心也」〔註130〕及「苟得其養，無物不長；苟失
其養，無物不消」〔註131〕等言說之義，即標明修養工夫之於人者的應然關係；
以此爲憑，所以在道德的履踐之事上，孟氏乃以「自棄」爲斥／戒，視其爲
世人所應當警惕之所在，因爲「自棄」並非指向「才能的消逝或沒有」，而是
標示著「個人將本有的能力或資質棄之不顧、隱而不顯」，如〈離婁上10〉云：

> 孟子曰：「自暴者，不可與有言也；自棄者，不可與有爲也。言非禮
> 義，謂之自暴也；吾身不能居仁由義，謂之自棄也。仁，人之安宅
> 也；義，人之正路也。曠安宅而弗居，舍正路而不由，哀哉！」

〔註127〕所謂「去之」，其義乃非指向善性或良心的去除，「因失其養，而梏亡其良心」
（《孟子今註今譯》，頁329）才可謂是其要旨，如孟子曾以牛山林木爲喻（見
〈告子上08〉），標示出「山之本性既非灌灌光禿亦非草木盛美，而是『能夠』
發出萌芽。人的本性既非本善亦非本惡，而是『能夠』行善。」（傅佩榮：《儒
家哲學新論》，台北市：業強，1993，頁177，後僅標註書名及頁碼）故張力
文說：「山上的林木在於維護，人的道德在於培養。善性良心得到培養，便可
以爲善爲美；得不到培養，便必然爲醜爲惡。」（張立文：《性》，台北市：七
略，1997，頁31，後僅標註書名及頁碼）。

〔註128〕誠如趙岐於《孟子・公孫丑上06》之注：「端者，首也。人皆有仁義禮智之
首，可引用之。」（《孟子注疏》，頁113）因此就「四端」之於「人性」來說，
其乃意謂著「性」的尚未完備，故能「去之」或「存之」，如張岱年說：「此
種人之所以爲人之特徵，實非已完成的，而僅是萌芽，故孟子稱之爲『端』。
性中所有者，不過仁義禮智之端。」（《中國哲學大綱》，頁246）羅光則說：
「孟子講心有仁義禮智四德之端，即是能。能須培養，須發揮，儒家的善德，
是心的德能的發育，發在內，顯於外⋯孟子主張善德爲心的德能，修德便是
養心，德由內發。」（羅光：《儒家生命哲學》，台北：台灣學生書局，1995，
頁404～405）。

〔註129〕《孟子・公孫丑上06》，趙岐注：「擴，廓也。凡有四端在於我者，知皆廓而
充大之，若火、泉之始微小，廣大之則無所不至。」（《孟子注疏》，頁114）
朱熹則引程子言：「人皆有是心，惟君子爲能擴而充之。不能然者，皆自棄也。
然其充與不充，亦在我而已矣。」（《四書章句集注》，頁221）。

〔註130〕《孟子・離婁下28》，趙岐注：「存，在也。君子之在心者，仁與禮也。」孫
奭疏：「此章指言君子責己，小人不改，比之禽獸，不足難矣，蹈仁行禮，不
患其患，惟不若舜，可以憂也⋯孟子言君子之人所以有別於眾人者，以其存
心與眾人別也，君子之人，常以仁道存乎心，又以禮存乎心。」（《孟子注疏》，
頁275～276）。

〔註131〕《孟子・告子上08》，孫奭疏：「此章指言秉心持正，使邪不幹，猶止斧斤，
不伐牛山，山則木茂，人則稱仁也。」（《孟子注疏》，頁360）。

趙岐注:「言人尚自暴自棄,何可與有言、有爲。」〔註132〕朱熹亦言:「自棄其身者,猶知仁義之爲美,但弱於怠惰,自謂必不能行,與之有爲必不能勉也。」〔註133〕故就孟子而言,不論是「善性」或是「義(德)」的履踐,其所體現之精神,應就在於人者對其生命的自覺、負責及肯定,如勞思光所述:「孟子所欲肯定者,乃價值意識內在於自覺心,或爲自覺心所本有…此種價值自覺,通過各種形式之表現,即成爲各種德性之根源,自另一面言之,人由於對當前自覺之反省,發現此中含各種德性之種子,即可肯定人之自覺心本有成就此各種德性之能力…德性之完成必爲自覺努力之成果。」〔註134〕換言之,「羞惡之心的虧損、欠缺或淪喪都只是『舍』…羞惡之心的遮蔽或隱匿就是祛除『人之異於禽獸者幾希』的『幾希』,也就是失卻本心,不存其心。」〔註135〕而此「自棄」之果,不僅有損於生命開展,且也會對個人在人際相處上產生不利之影響,誠如傅佩榮之譯:「…放棄自己的人,不可能同他有所作爲。」〔註136〕。

另除以「人之所以異於禽於獸者幾希」爲言,孟子又說:「無惻隱之心,非人也;無羞惡之心,非人也;無辭讓之心,非人也;無是非之心,非人也。」〔註137〕此即呈顯出孟氏以「類」爲範疇的思考方式,也就是標示著以「善」爲「人質」(指「人之本質」)、「種差」之意涵,如張立文說:「孟子論人性,以禽獸作爲其參照系,將人性相較於木石禽獸之性而言…這種道德良知良能存在於人心,是人類後天道德的善端。」〔註138〕張岱年亦言:「孟子所謂性者,正指人之所以異於禽獸之特殊性徵。人之所同於禽獸者,不可謂爲人之性;所謂人之性,乃專指人之所以爲人者,實即是人之『特性』。」〔註139〕因此,孟氏應是以人當行「自覺」、「存心」、「養性」之事爲主張,而所謂「『不行』

〔註132〕《孟子注疏》,頁 235。
〔註133〕《四書章句集注》,頁 263。
〔註134〕《新編中國哲學史(一)》,頁 157～158。
〔註135〕邵鐵峰:〈《孟子》中的羞惡之心:關於羞恥的比較研究〉,《哲學與文化》。
〔註136〕《孟子解讀:新世紀繼往開來的思想經典》,頁 144;史次耘則譯:「…自己放棄自己的責任,不可和他有所作爲。」(《孟子今註今譯》,頁 202)錢遜:「自己拋棄自己的人,不能與他一道做甚麼善事。」(《孟子讀本》,頁 124)楊伯峻:「自己拋棄自己的人,不能和他做出有價值的事業。」(楊伯峻:《孟子譯注》,北京:中華書局,2011,頁 158)。
〔註137〕《孟子・公孫丑上 06》。
〔註138〕《性》,頁 30。
〔註139〕《中國哲學大綱》,頁 245。

當行之事」，即指向個人的「自棄」，意謂著一種僅具人之「皮囊」的存在，不僅無人實，且反近於禽，如朱熹言：「…眾人不知此而去之，則名雖爲人，而實無以異於禽獸。」〔註140〕故孟氏在此所予人之告誡，應就在於「有名有實」的人者成就，講究一種由內而外（指聚焦於人之內在性）、名正言順的精神顯露。

　　而孟子以「類」爲範疇，區分人、禽二類之主張，此即意謂著「善性」之於人類的「普遍性」及「特殊性」（就「人禽有別」而言），張岱年說：「孟子所謂性善，應非謂人生來的本能都是善的，乃是說人之所以爲人的特殊要素即人之特性是善的。孟子認爲人所以異於禽獸者，在於生來即有仁義禮智之端，故人性是善。」〔註141〕所以，孟氏肯定「堯舜與人同耳」〔註142〕及「人者皆可以爲堯舜」〔註143〕，〈告子上07〉則載：

> …故凡同類者，舉相似也，何獨至於人而疑之？聖人與我同類者…口之於味也，有同耆焉；耳之於聲也，有同聽焉；目之於色也，有同美焉。至於心，獨無所同然乎？心之所同然者何也？謂理也，義也。聖人先得我心之所同然耳。故理義之悅我心，猶芻豢之悅我口。

　　趙岐注：「聖人亦人也，其相覺者，以心知耳。故體類與人同，故舉相似也…心所同者者，義理也。理者，得道之理。聖人先得理義之要耳。理義之悅心，如芻豢之悅口，誰不同也。」〔註144〕朱熹亦言：「聖人亦人耳，其性之善，無不同也…程子曰：『在物爲理，處物爲義，體用之謂也。孟子言人心無不悅理義者，但聖人則先知先覺乎此耳，非有以異於人也。』」〔註145〕、「人與堯舜初無少異，但眾人汨於私欲而失之，堯舜則無私欲之蔽，而能充其性爾。」〔註146〕此即指「所有人天生具有一種善的道德性，這種道德性與聖人『同質

〔註140〕　《四書章句集注》，頁274。
〔註141〕　《中國哲學大綱》，頁247。
〔註142〕　《孟子·離婁下 32》：「儲子曰：『王使人瞯夫子，果有以異於人乎？』孟子曰：『何以異於人哉？堯舜與人同耳。』」趙岐注：「人生同受法於天地之形，我當何以異於人哉？且堯舜之貌與凡人同耳。其所以異，乃以仁義之道，在於內也。」（《孟子注疏》，頁282～283）。
〔註143〕　《孟子·告子下 02》：「曹交問曰：『人皆可以爲堯舜，有諸？』孟子曰：『然。』」趙岐注：「答曰然者，言人皆有仁義之心，堯舜行仁義而已。」（《孟子注疏》，頁377）。
〔註144〕　《孟子注疏》，頁356～357。
〔註145〕　《四書章句集注》，頁309。
〔註146〕　《四書章句集注》，頁234。

等量』且『恆具』於我們的『性』中，再者這樣的『善性』一定會剎那的呈顯於我們生活與生命之中」〔註147〕，所以孟子對「人（類）」之存在價值當抱持肯定、自信的態度，而由「人禽有別」、「聖人與我同類」到「人皆可以爲堯舜」，其要領亦就在於對「自棄」的提醒，同時透露出人者能對其生活「有所選擇」，誠如曹喜博、關健英說：「『人禽之別』的命題不僅具有儒家思想上的學理意義，還給予現時代的人們以警醒和深思，在追求物質優越的同時，不但要警惕道德上的妥協和墮落、精神上的鬆懈和沉淪，更要『見賢思齊』，不忘初心。」〔註148〕。

三、君臣之義，敬長從兄

最後，綜觀《孟子》諸篇章可知，在涉及「國」、「家」場域的相關論述中，亦有「義」之出現，連接著「君臣」〔註149〕與「兄長」等人倫關係，而其所標示之要旨，應即是以「敬人」爲內容。

（一）君臣之義

有別於其他文化群體，對於「人倫關係」的關注及看重，可謂是中華文化所體現出的一大特徵，而《孟子》中不僅首見「人倫」一詞，〔註150〕〈滕

〔註147〕 許宗興：〈「孟子性善論」解析〉，《華梵人文學報》，第 4 期，新北市：華梵大學，2005 年 01 月，頁 31～71。

〔註148〕 曹喜博、關健英：〈孟子「人禽之別」命題中關於人存在的三個維度〉，《倫理學研究》，2018 年第 3 期，湖南：湖南師范大學倫理學研究所，2018 年 05月，頁 54～57；另關健英亦言：「故在儒家看來，人之所以淪爲小人甚至沒入禽獸之類，是在『存』與『去』之間、『爲』與『舍』之際，完全放棄人之爲人的高貴，拋棄人倫之理，摒棄自律的約束、規範的導引和教化的塑造，任由自然欲望的牽引、甚至唯欲是從的結果。」（關健英：〈儒家道德形上學的論述元點、價值依據及對其的追問〉，《哲學研究》，2010 年第 3 期，北京：中國社會科學院哲學研究所，2010 年 03 月，頁 42～46）。

〔註149〕 對於「君臣」的認知，一般而言乃有廣義與狹義之分，如張岱年指出：「狹義的君臣都屬於統治階級，臣與君雖有從屬關係，但都是統治人民的。廣義的君臣關係包括君民關係，民是被統治的群眾。所以，君臣關係包括階級關係。」（張岱年：《中國倫理思想研究》，南京：江蘇教育出版社，2005，頁 112）。

〔註150〕 《孟子》中的「人倫」一詞，分別見於：「…夏曰校，殷曰序，周曰庠，學則三代共之，皆所以明人倫也。人倫明於上，小民親於下。有王者起，必來取法，是爲王者師也。」（〈滕文公上 03〉）、「…聖人有憂之，使契爲司徒，教以人倫：父子有親，君臣有義，夫婦有別，長幼有序，朋友有信。」（〈滕文公上 04〉）、「規矩，方員之至也；聖人，人倫之至也。欲爲君盡君道，欲爲臣盡臣道，二者皆法堯舜而已矣。」（〈離婁上 02〉）、「…舜明於庶物，察於

文公上 04〉中所提及的「五倫（思想）」，更被後世以一種「總綱性」的視角
看待，深切影響著日常言行活動之開展，其云：「父子有親，君臣有義，夫婦
有別，長幼有序，朋友有信。」。

　　然關於「君臣有義」，其和「義之於君臣也」〔註151〕可謂有著相似之意
涵，也就是對「君臣之間應要求義行」的一種顯明標示，且依循趙岐之注：
「…然亦才性有之，故可用也。凡人則歸之命祿，在天而已，不復治性。」
〔註152〕與孫奭之疏判斷——「治性勤禮」、「以其有性存焉」，〔註153〕不論
是「義」或「德」，其闡釋或發展乃非是朝向於對「（人）性之背離」，亦言
之，「論德不離人性」當是孟子思想所揭示的思考方略，也就是強調以「性」
為基底，視「義」或「德」為「人（本身）」所蘊含之物，而非求之於外的，
所以，此觀點／主張即能與前文所論之「自棄」概念相符應，呈顯出緊密相
連的系統性。

　　論及「君臣之義」，常有人僅以「單向」的視角／方式理解其內涵，也就
是聚焦於「『臣對君』所當行之舉止／作為」，並由此進行「義（德）」之意涵
闡釋，而其立論莫過是以「未有仁而遺其親者也，未有義而後其君者也」〔註
154〕為基礎，如趙岐、孫奭及朱熹所述：「…義者尊尊…無行義而忽後其君長」
〔註155〕、「（孟子言）…亦未有存義而後去其君者」〔註156〕、「義者必急其君」
〔註157〕，此外，〈離婁上 01〉則也標示為人臣子應當「事／輔君有『義』」，
載：

　　　　事君無義，進退無禮，言則非先王之道者，猶沓沓也。故曰：責難

　　　　人倫，由仁義行，非行仁義也。」（〈離婁下 19〉）、「…今居中國，去人倫，
　　　　無君子，如之何其可也？陶以寡，且不可以為國，況無君子乎？欲輕之於堯
　　　　舜之道者，大貉小貉也；欲重之於堯舜之道者，大桀小桀也。」（〈告子下 10〉）
　　　　等處。
〔註151〕《孟子·盡心下 24》：「孟子曰：『…仁之於父子也，義之於君臣也，禮之於
　　　　賓主也，智之於賢者也，聖人之於天道也，命也，有性焉，君子不謂命也。』」。
〔註152〕《孟子注疏》，頁 464。
〔註153〕孫奭疏：「此章指言尊德樂道，不任佚性，治性勤禮，不專委命。君子所能，
　　　　小人所病。究言其事，以勸戒也…然而有是五者，皆稟乎天性也，以其有性
　　　　存焉。君子以為有性，在所可求，而不可不勉也，是所以不謂之命也。孟子
　　　　言之，所以分別凡人、君子，以勸戒時人。」（《孟子注疏》，頁 464）。
〔註154〕《孟子·梁惠王上 01》。
〔註155〕《孟子注疏》，頁 4。
〔註156〕《孟子注疏》，頁 5。
〔註157〕《四書章句集注》，頁 188。

於君謂之恭，陳善閉邪謂之敬，吾君不能謂之賊。〔註158〕

趙岐注：「人臣之道，當進君於善，責難爲之事，使君勉之。謂行堯舜之仁，是爲恭臣。陳善法以禁閉君之邪心，是爲敬君。言吾君不肖，不能行善，因不諫正，此爲賊其君也。故有恭敬賊三者之善。」〔註159〕故此「義（德）」所指向的，應就在於「導君於善」及「不『賊其君』」〔註160〕，而「君子之事君也，務引其君以當道，志於仁而已。」〔註161〕亦可作爲此觀點之佐證。

但此種將「義（德）」制約或限制在「臣對君」的斷言乃非屬完備，因孫奭不僅曾以「明上下相須，而道化行也」〔註162〕爲疏，〈滕文公上03〉、〈萬章下03〉也分別云：「是故賢君必恭儉禮下，取於民有制。」〔註163〕、「用下敬上，謂之貴貴；用上敬下，謂之尊賢。貴貴、尊賢，其義一也。」〔註164〕趙岐注：「古之賢君，身行恭儉，禮下大臣，賦取於民不過十一之制也。」〔註165〕、

〔註158〕 《孟子・離婁上 01》：「…《詩》曰：『天之方蹶，無然泄泄。』泄泄，猶沓沓也。事君無義，進退無禮，言則非先王之道者，猶沓沓也。」故「沓沓」、「泄泄」相通應無誤，而朱熹注：「泄，弋制反…泄泄，怠緩悅從之貌。」所以李凱乃以「胡說亂道」爲其譯文，但史次耘認爲，「泄」乃與呭、詍通，而段玉裁說：「詍，多言也。」因此，傅佩榮以「喋喋不休就是放肆隨便」解「泄泄，猶沓沓也」亦有其立場根據，但不論如何，當中所顯露之義應就在於「諞君不諫」、「不急救正」（《四書章句集注》，頁 258、李凱：《孟子詮釋思想研究》，台北市：萬卷樓，2012，頁 254、《孟子今註今譯》，頁 188～189、〔漢〕許慎著，〔清〕段玉裁注：《說文解字注》，「說文解字」網站，網址：http://www.shuowen.org/，〈詍〉，後僅標註書名及詞條、《孟子解讀：新世紀繼往開來的思想經典》，頁 134）。

〔註159〕 《孟子注疏》，頁 221。

〔註160〕 「賊」依史次耘所言乃指「害也」（《孟子今註今譯》，頁 189）。

〔註161〕 《孟子・告子下 08》，趙岐注：「言君子事君之法，牽引其君以當正道者，仁也。」（《孟子注疏》，頁 398）。

〔註162〕 針對《孟子・離婁上 01》，孫奭疏：「此章指言雖有巧智，猶須法度，國由先王，禮義爲要，不仁在位，播越其惡，諞君不諫，故謂之賊。明上下相須，而道化行也…故云君之有難惡，當責之以善，能責君難惡以爲之善，是爲恭，臣恭其君也；陳之以善事，而閉其君之邪心，是謂敬其君者也。如不責之難，不陳善而閉君之邪，而乃曰我君不能行善，因不諫正之者，是謂殘賊其君者也。」（《孟子注疏》，頁 221、223）。

〔註163〕 傅佩榮譯：「…所以賢明的君主一定要恭敬節儉，以禮對待臣下，向百姓徵稅以制度。」（《孟子解讀：新世紀繼往開來的思想經典》，頁 103）。

〔註164〕 傅佩榮譯：「…地位低的人敬重地位高的，叫做尊重貴人；地位高的人敬重地位低的，叫做尊敬賢人，尊重貴人與尊敬賢人，其中的道理是一樣的。」（《孟子解讀：新世紀繼往開來的思想經典》，頁 218）。

〔註165〕 《孟子注疏》，頁 160。

「下敬上，臣恭於君也；上敬下，君禮於臣也：皆禮所尚，故云其義一也。」
〔註166〕以致在君、臣與「義」的關係內涵上，雙向、「相互」與「非絕對服從
的」〔註167〕當是孟子所持之視角，誠如朱熹言：「貴貴、尊賢，皆事之宜者。
然當時但知貴貴，而不知尊賢，故孟子曰『其義一也』。」〔註168〕故筆者以為，
此主張背後應即透露著孟氏以人際間的「互動（過程）」為焦點，並將「義」
指向當中的不放肆、不隨便〔註169〕之訊息。

　　承上所述，因此除「愛人者人恆愛之，敬人者人恆敬之」〔註170〕以外，
孟子不僅言：「…故將大有為之君，必有所不召之臣。欲有謀焉，則就之。其
尊德樂道，不如是不足與有為也。」〔註171〕且又以「君之視臣如手足，則臣
視君如腹心；君之視臣如犬馬，則臣視君如國人；君之視臣如土芥，則臣視
君如寇讎」〔註172〕告齊宣王，孫奭疏：「此章指言君臣之道，以義為表，以恩
為裡，表裡相應，猶若影響。」〔註173〕而「惟大人為能格君心之非。君仁莫
不仁，君義莫不義，君正莫不正。一正君而國定矣」〔註174〕及「君仁莫不仁，
君義莫不義」〔註175〕等孟氏言說，不僅標明「正君」和「君正」所蘊含的重
要性，「人際互動」對於「（個）人」所能產生的影響和感化，亦可說是其所
呈顯之事，如孫奭疏：「此章指言小人為政，不足間非；賢臣正君，使握道機。
君正國定，下不邪侈，將何間也？」〔註176〕、「此章指言君以仁義率眾，孰不

〔註166〕　《孟子注疏》，頁326。
〔註167〕　「相互的」與「非絕對服從的」為張岱年語，其言：「…父子、君臣、夫婦、
　　　　　長幼、朋友的關係是相互的。先秦儒家講五倫，還沒有要求子對於父、臣對
　　　　　於君、婦對於夫絕對服從的思想。」（張岱年：《中國古典哲學概念範疇要論》，
　　　　　北京：中國社會科學出版社，1987，頁182）。
〔註168〕　《四書章句集注》，頁297。
〔註169〕　「放肆」與「隨便」為傅佩榮譯《孟子·離婁上01》時所使用之詞語，原意
　　　　　乃是對「事君無義」之形容（《孟子解讀：新世紀繼往開來的思想經典》，頁
　　　　　134）。
〔註170〕　《孟子·離婁下28》。
〔註171〕　《孟子·公孫丑下02》，孫奭疏：「此章指言人君以尊德樂義為賢，君子以守道
　　　　　不回為志者也。」（《孟子注疏》，頁126）史次耘亦指出：「此章言人君當以禮賢
　　　　　下士，尊德樂義為貴，君子應以守道不回為志。」（《孟子今註今譯》，頁98）。
〔註172〕　《孟子·離婁下03》。
〔註173〕　《孟子注疏》，頁256。
〔註174〕　《孟子·離婁上20》：「孟子曰：『人不足與適也，政不足間也。惟大人為能
　　　　　格君心之非。君仁莫不仁，君義莫不義，君正莫不正。一正君而國定矣。』」。
〔註175〕　《孟子·離婁下05》。
〔註176〕　《孟子注疏》，頁245。

順焉，上爲下效也。孟子謂國君在上，能以仁義先率於一國，則一國之人莫不從而化之，亦以仁義爲也。」〔註177〕故此與孔子所言之「子帥以正，孰敢不正？」、「君子之德風，小人之德草。草上之風，必偃。」可謂有著近似之意涵。

　　綜上所述，故在君、臣關係及「君臣之『義』」的內容闡釋上，孟子應是回歸於「人」，朝向對「敬人」一事的強調，亦即非將「君臣問題」和「人的問題」視爲相斥或相異的兩類，而後者（「人的問題」）之所指，即涉及個人之「自處」與和他人之「共處」情事，因此，陳大齊根據孟、景對「君臣主敬」的辯析〔註178〕指出：「依孟子所說，所看得起的、是對方的人格，故告以仁義。依景子所說，所看得起的、是對方的地位，故奉命唯謹。」〔註179〕而相似之觀點也見於傅佩榮的言說中：「君臣之間的倫理關係是相互對待的，孟子並無『君要臣死，臣不得不死』的荒謬觀念。孟子這種想法，在當時極爲難得，而其基礎則是人有共同的人性，具有同等的價值與尊嚴。」〔註180〕此外，孟氏所主張的「暴君放伐」〔註181〕，其原因或許亦源自「暴行」（如：「壞宮室以爲汙池」、「棄田以爲園囿」）〔註182〕不僅是君王無立「仁義之心」，是其自暴、自棄的訊息顯露，且亦透露著對「敬人」一事的相背離，另外，傅

〔註177〕《孟子注疏》，頁258。
〔註178〕《孟子・公孫丑下 02》：「…景子曰：『內則父子，外則君臣，人之大倫也。父子主恩，君臣主敬。丑見王之敬子也，未見所以敬王也。』曰：『惡！是何言也！齊人無以仁義與王言者，豈以仁義爲不美也？其心曰「是何足與言仁義也」云爾，則不敬莫大乎是。我非堯舜之道，不敢以陳於王前，故齊人莫如我敬王也。』」趙岐注：「景丑責孟子不敬，何義也…曰惡者，深嗟歎。云景子之責我何言乎？今人皆謂王無知，不足與言仁義。云爾，絕語之辭也。人之不敬，無大於是者也…孟子言我每見王，常陳堯舜之道以勸勉王。齊人無有如我敬王者也。」（《孟子注疏》，頁124～125）。
〔註179〕《孟子待解錄》，頁49。
〔註180〕《孟子解讀：新世紀繼往開來的思想經典》，頁165。
〔註181〕《孟子・梁惠王下 08》：「齊宣王問曰：『湯放桀，武王伐紂，有諸？』孟子對曰：『於傳有之。』曰：『臣弒其君可乎？』曰：『賊仁者謂之賊，賊義者謂之殘，殘賊之人謂之一夫。聞誅一夫紂矣，未聞弒君也。』」趙岐注：「言殘賊仁義之道者，雖位在王公，將必降爲匹夫，故謂之一夫也。但聞武王誅一夫紂耳，不聞弒君也。」孫奭疏：「此章言孟子云紂崇惡，失其尊名，不得以君臣論之，欲以深寤（ㄨ丶）宣王，垂戒於後也。」（《孟子注疏》，頁64）。
〔註182〕《孟子・滕文公下 09》：「…堯、舜既沒，聖人之道衰。暴君代作，壞宮室以爲汙池，民無所安息；棄田以爲園囿，使民不得衣食。邪說暴行又作，園囿、汙池、沛澤多而禽獸至。及紂之身，天下又大亂。」

佩榮在釋「暴君放伐」時說:「⋯即使面對獨夫,若無商湯與周武王這樣的人君,也將無可奈何。」〔註183〕而此應與「無禮義,則上下亂」〔註184〕相呼應,因其即標示「尊卑之別」乃始於「義」,故高立梅言:「(義)就是由人心而發,依人心而裁度、判斷,從而行事之宜,由此實現人道的真正落實。」〔註185〕並講此視為孟子之「義(德)」總述。

(二)敬長從兄

除上述外,孟子又以「人」對其兄、長之情意表現為源,標示著「義——敬」之於人身的「先天性」和「內在性」,亦即指出「義(德)」與人之生命有著緊密的關聯性,〈盡心上15〉載:

> 孟子曰:「人之所不學而能者,其良能也;所不慮而知者,其良知也。孩提之童,無不知愛其親者;及其長也,無不知敬其兄也。親親,仁也;敬長,義也。無他,達之天下也。」

趙岐注:「不學而能,性所自能⋯少知愛親,長知敬兄,此所謂良能良知也⋯人仁義之心,少而皆有之,欲為善者無他。」孫奭疏:「此章指言本性良能,仁義是也⋯孩提緥褓之童子,無有不知愛其父母,及其長大,無不知欽順其兄,是則厚愛其親,欽順其兄,是仁義也,仁義即良知良能者也。」〔註186〕因此,「自然」應可謂是孟子所表露之重要概念,如傅佩榮指出:「『良』為自然之意,所謂『不學、不慮』,是隨著人的生命而展現的能力與覺悟。」〔註187〕史次耘說:「此章言仁義不假外求,親親長長,皆良知良能,達之天下,無不同也。」〔註188〕。

然此種將「義——敬」置於「自然」當中,並指向一種人之先天與內在性的觀點,即呼應於孟子所主張的「由仁義行」(如前文所示)、「仁義內在」〔註189〕,

---

〔註183〕《孟子解讀:新世紀繼往開來的思想經典》,頁46。

〔註184〕《孟子・盡心下12》:「孟子曰:『不信仁賢,則國空虛。無禮義,則上下亂。無政事,則財用不足。』」趙岐注:「無禮義以正尊卑,則上下之敘泯亂。」(《孟子注疏》,頁455)。

〔註185〕高立梅:〈孟子「仁義內在」說淺析〉,《華中科技大學學報(社會科學版)》,第20卷02期,湖北:華中科技大學,2006年03月,頁27～30。

〔註186〕《孟子注疏》,頁422～423。

〔註187〕《孟子解讀:新世紀繼往開來的思想經典》,頁291。

〔註188〕《孟子今註今譯》,頁387。

〔註189〕《孟子・告子上04》:「告子曰:『食色,性也。仁,內也,非外也;義,外也,非內也。』

也就是說，有別於告子之述，孟氏認爲「長者只是受義／敬的對象，義／敬乃發自行爲者，所以「長之者」（表現敬的人）方才是行義／敬的主體。」〔註190〕故蔡仁厚說：「長者是『彼』是『外』，長之者是『此』是『內』。」〔註191〕徐復觀則言：「『長者』固然是在外，但這只是一種實然，而不是一種應然的道德價值判斷，即無所謂義。『長之者』，對於年長者而承認其年長，因之自然有一種敬意，這才可稱之爲義。」〔註192〕、「義的對象是外在的，是隨情境而有變動的；但敬的道德判斷卻是內在的，是統一的…沒有內在的動機與目的，則客觀的事物，不能進入於吾人道德行爲的範疇。」〔註193〕而公都子以「行吾敬，故謂之內也」答孟季子，〔註194〕其根基應即是以此爲源，誠如朱熹注：「所敬之人雖在外，然知其當敬而行吾心之敬以敬之，則不在外也。」〔註195〕所以，對孟氏而言，「義——敬」的履踐乃是內發的，是種「由心所發」之體現結果。

　　然除「敬其兄」、「敬長」及「欽順其兄」等言說外，孟子又提及「從兄」，並指其爲「義之實」，如〈離婁上27〉云：

　　　　孟子曰：「仁之實，事親是也；義之實，從兄是也。智之實，知斯二
　　　　者弗去是也；禮之實，節文斯二者是也；樂之實，樂斯二者，樂則
　　　　生矣；生則惡可已也，惡可已，則不知足之蹈之、手之舞之。」

　　　　趙岐注：「事皆有實。事親、從兄，仁、義之實也。」孫奭疏：「孟子言

孟子曰：『何以謂仁內義外也？』曰：『彼長而我長之，非有長於我也；猶彼白而我白之，從其白於外也，故謂之外也。』曰：『異於白馬之白也，無以異於白人之白也；不識長馬之長也，無以異於長人之長與？且謂長者義乎？長之者義乎？』曰：『吾弟則愛之，秦人之弟則不愛也，是以我爲悅者也，故謂之內。長楚人之長，亦長吾之長，是以長爲悅者也，故謂之外也。』曰：『耆秦人之炙，無以異於耆吾炙。夫物則亦有然者也，然則耆炙亦有外與？』」趙岐注：「…敬老者，己也，何以爲外也…耆炙同等，情出於中。敬楚人之老，與敬己之老，亦同己情性敬之。雖非己炙，同美，故曰物則有然者也。如耆炙之意，豈在外邪。」孫奭疏：「此章指言事者雖從外，行其事者，皆發於中。明仁、義由內，所以曉告子之惑者也。」（《孟子注疏》，頁350）。

〔註190〕參閱《中國哲學史・上冊》，頁130
〔註191〕《中國哲學史・上冊》，頁130。
〔註192〕《中國人性論史・先秦篇》，頁192～193。
〔註193〕《中國人性論史・先秦篇》，頁195。
〔註194〕《孟子・告子上05》：「孟季子問公都子曰：『何以謂義內也？』曰：『行吾敬，故謂之內也。』『鄉人長於伯兄一歲，則誰敬？』曰：『敬兄。』」。
〔註195〕《四書章句集注》，頁306。

仁道之本實在事親是也，義之本實在從兄是也。以其事親，孝也；從兄，悌
也。能孝、悌，是爲仁、義矣。」〔註196〕因此在詮釋上，傳建增乃以「取悅
雙親」爲要旨，認爲悅親、從兄不僅是孟子開展孔子「孝悌」觀念之呈顯，
且亦是「性善」的第一次實現，更能與「爲人臣者懷仁義以事其君，爲人子
者懷仁義以事其父，爲人弟者懷仁義以事其兄」相對照，〔註197〕陳大齊則言：
「從兄的從，是言行方面的從，故當是遵從或聽從的意思…弟之事兄，注重
一個從字，臣之事君，注重一個正字。」並又以「父子之間不責善。責善則
離，離則不祥莫大焉」爲憑，指出：「此雖就父子說，當亦可適用於兄弟之間。
孟子之所以主張父子之間不責善，因恐責善足以傷害骨肉間的親愛，破壞家
庭間的和睦。」〔註198〕。

　　故依此而論，孟子將「義」與「敬兄／長」、「從兄」相連之作法，其目
的似乎欲是爲了以「家」及「事親」爲源，揭示「義（德）」的始、近與易，
如〈離婁上 11〉載：「孟子曰：『道在爾而求諸遠，事在易而求之難。人人親
其親、長其長而天下平。』」孫奭疏：「此章指言親親敬長，近取諸己，則邇
而易者也…孟子言道在近，而人乃求遠，事在易，而人乃求之於難。但人人
親愛其所親，敬長其所長，則天下即太平大治矣。親親即仁也，長長即義也。」
〔註199〕而其意蘊，可謂又與「徐行後長者謂之弟，疾行先長者謂之不弟。夫
徐行者，豈人所不能哉？所不爲也」〔註200〕相近似。

　　承上所述，因此「義（德）」乃關乎於「敬」，意謂著一種始於自然及長
幼關係的道德原則，如朱熹說：「仁主於愛，而愛莫切於事親；<u>義主於敬，而
敬莫先於從兄</u>。故仁義之道，其用至廣，而其實不越於事親從兄之間。蓋良
心之發，最爲切近而精實者。」〔註201〕故在認知上，吾人應不能將「義」、「敬」

〔註196〕《孟子注疏》，頁 249。
〔註197〕參見傅建增：〈孟子教育理論初探〉，《南開學報》，1994 年 01 期，天津：南
　　　　開大學，1994 年 01 月，頁 47～53；而「悅親」一詞，乃出自於《孟子・離
　　　　婁上 12》：「…悅親有道：反身不誠，不悅於親矣。」引文「爲人臣者…義以
　　　　事其兄。」則載於〈告子下 04〉。
〔註198〕《孟子待解錄》，頁 52；而引文「父子之間不責善…離則不祥莫大焉」乃見
　　　　於《孟子・離婁上 18》另〈離婁下 30〉亦載：「…責善，朋友之道也；父子
　　　　責善，賊恩之大者…。」。
〔註199〕《孟子注疏》，頁 236。
〔註200〕《孟子・告子下 02》，史次耘認爲：「此章言孝弟本乎天性，不假外求，但在
　　　　爲之而已矣。」（《孟子今註今譯》，頁 349）。
〔註201〕《四書章句集注》，頁 268。

視爲等同之概念，而僅能就「『義』乃始源於『敬』」的層面予以肯定；另外，如同陳來所述：「『敬長』屬於義，但義不限於敬長。仁和義都是具有更普遍意義的德行，包含著更廣泛的內容。」〔註202〕即此種以「家」爲源頭或起始的事親從兄、親親敬長，其「敬」或「義」乃又能擴展至「國」之場域，表現爲「君臣主敬」、「君臣有義」，〔註203〕而敬、義的由「家」入「國」，此似乎也就意謂著一種從「自然血緣」走向「社會性」的關係發展，故蒙培元說：「孟子關於人性是人的類本質的學說，雖然是先驗論，但是並沒有離開現實的社會存在…它是以血緣家族關係爲基礎的社會主體論。」〔註204〕並將此視爲孟子學說之重要特徵。

第二節　人能之用——「養」

然因著以「善端」（指仁、義、禮、智之「四端」）爲核心之學說系統，以致孟子相當關注後天的「人能之用」，而其關聯即如同種子的發芽一般，「端」或種子本身僅代表著始點、開端或「能（力）」的存在，後天的灌溉、施肥或作爲乃是發芽與否之另一關鍵，所以孟氏不只言：「人之有道也，飽食、煖衣、逸居而無教，則近於禽獸。」〔註205〕且又以「擴充」〔註206〕作爲「人」所應行之道，而「養」則可謂是其中所體現之要旨。

〔註202〕陳來：〈孟子的德性論〉，《哲學研究》，2010 年 05 期，北京：中國社會科學院哲學研究所，2010 年 05 月，頁 38～48。

〔註203〕「君臣主敬」載於《孟子·公孫丑下 02》，而其雖爲景子語，但孟子並未對此說法有所辯駁，故筆者認爲「君臣主敬」乃是孟氏所接受，另外，「君臣有義」則載於〈滕文公上 04〉。

〔註204〕蒙培元：《中國心性論》，台北市：台灣學生，1990，頁 34，後僅標註書名及頁碼。

〔註205〕《孟子·滕文公上 04》，朱熹注：「人之有道，言其皆有秉彝之性也。然無教則亦放逸怠惰而失之。」（《四書章句集注》，頁 242）而「秉彝」乃指「人心所持守的常道」，如《詩經》載：「民之秉彝，好是懿德。」。

〔註206〕關於「擴而充之」（《孟子·公孫丑上 06》：「…凡有四端於我者，知皆擴而充之矣。」）或「擴充」，朱熹注：「擴，推廣之意。充，滿也。四端在我，隨處發見。知皆即此推廣，而充滿其本然之量，則其日新又新，將有不能自已者矣。能由此而遂充之，則四海雖遠，亦吾度內，無難保者；不能充之，則雖事之至近而不能矣。」（《四書章句集注》，頁 221）徐復觀則說：「心之善只是『端』，只是『幾希』，但這是有無限生命力的種子，只要能『養』，能『存』，它便會作無限的伸長，或者意識地使其伸長，以使其形成一道德地人格世界。這種伸長，在孟子名之曰擴充。」（《中國人性論史·先秦篇》，頁 179）。

一、「養性」與「存心」

誠如前文所述，對於「人性」，孟子乃以「即心言性」的方式爲進路，並強調「四端之心」具有普遍性，不僅人人皆有，且又是人禽有別之所在，故其曾以牛山林木爲喻，〔註207〕指出「山上的林木在於維護，人的道德在於培養」，告誡世人勿將林木、道德或「善」的「未見」視爲一種本然或自然狀態，所以，孟氏指出：「故苟得其養，無物不長；苟失其養，無物不消。孔子曰：『操則存，舍則亡；出入無時，莫知其鄉。』惟心之謂與？」〔註208〕趙岐、朱熹分別注：「誠得其養，若雨露於草木，法度於仁義，何有不長也；誠失其養，若斧斤牛羊之消草木，利欲之消仁義，何有不盡也。」〔註209〕、「孔子言心，操之則在此，舍之則失去，其出入無定時，亦無定處如此。孟子引之，以明心之神明不測，得失之易，而保守之難，不可頃刻失其養。學者當無時而不用其力，使神清氣定，常如平旦之時，則此心常存，無適而非仁義也。」〔註210〕故所謂「養」，其在孟氏的思想脈絡當中，應指涉爲對「性」之「養」，此不僅作爲一種對於「『順』乎人性」、「『從』於人性」之表示，且是對「人之異於禽獸」處的彰顯，又如〈告子上01〉所云：

> 告子曰：「性，猶杞柳也；義，猶桮棬也。以人性爲仁義，猶以杞柳
> 爲桮棬。」孟子曰：「子能順杞柳之性而以爲桮棬乎？將戕賊杞柳而
> 後以爲桮棬也？如將戕賊杞柳而以爲桮棬，則亦將戕賊人以爲仁義
> 與？率天下之人而禍仁義者，必子之言夫！」

「戕賊」一語爲傷害、殘害義，孫奭疏：「此章指言養性長義，順夫自然，殘木爲器，變而後成。告子道偏，見有不純，仁內義外，違人之端。孟子拂

〔註207〕《孟子・告子上 08》：「孟子曰：『牛山之木嘗美矣，以其郊於大國也，斧斤
　　　　伐之，可以爲美乎？是其日夜之所息，雨露之所潤，非無萌蘗之生焉，牛羊
　　　　又從而牧之，是以若彼濯濯也。人見其濯濯也，以爲未嘗有材焉，此豈山之
　　　　性也哉？雖存乎人者，豈無仁義之心哉？其所以放其良心者，亦猶斧斤之於
　　　　木也，旦旦而伐之，可以爲美乎？其日夜之所息，平旦之氣，其好惡與人相
　　　　近也者幾希，則其旦晝之所爲，有梏亡之矣。梏之反覆，則其夜氣不足以存；
　　　　夜氣不足以存，則其違禽獸不遠矣。人見其禽獸也，而以爲未嘗有才焉者，
　　　　是豈人之情也哉？』」。
〔註208〕《孟子・告子上 08》，孫奭疏：「此章指言秉心持正，使邪不幹，猶止斧斤，
　　　　不伐牛山，山則木茂，人則稱仁也…凡此孟子所以言人心性本善，但當有常
　　　　操而存之者矣。」（《孟子注疏》，頁 360〜361）。
〔註209〕《孟子注疏》，頁 360。
〔註210〕《四書章句集注》，頁 310。

之，不假以言也。」趙岐說：「孟子言以人身爲仁義，豈可復殘傷其形體乃成仁義邪？明不可此杯棬。」〔註211〕焦循則明言：「杞柳之性，必戕賊之以爲桮棬，人之性，但順之即爲仁義…人爲仁義，在性不在形體，性能變也。以人力轉戾杞柳爲桮棬，杞柳不知也。以教化順人性爲仁義，仍其人自知之，自悟之，非他人力所能轉戾也。」〔註212〕因此，以「順」、「從」爲關鍵，強調「養性長義，順夫自然」，此可謂是該章及孟子所欲傳達之重要訊息。

　　然以「即心言性」爲進路，故在「養性」之概念外，孟子另提及「存心」的重要，〈盡心上01〉載：「孟子曰：『盡其心者，知其性也。知其性，則知天矣。存其心，養其性，所以事天也。殀壽不貳，修身以俟之，所以立命也。』」孫奭指出：「此章指言盡心竭性，足以承天，天壽禍福，秉心不違，立命之道，惟是爲珍者也。」〔註213〕趙岐、朱熹則分別注：「性有仁、義、禮、智之端，心以制之，惟心爲正。人能盡極其心，以思行善，則可謂知其性矣…能存其心，養育其正性，可謂仁人。」〔註214〕、「存，謂操而不舍；養，謂順而不害。」〔註215〕故所謂「存心」，其意涵應即在於「竭盡心思」（或言「用心」），透露著人對「心」的有所把／掌握。

　　承上所言，因此孟子乃將「存心」視爲君子與常人之相異處，如其言：「君子所以異於人者，以其存心也。君子以仁存心，以禮存心。」〔註216〕然而，孟氏另在其後表示：「有人於此，其待我以橫逆，則君子必自反也：我必不仁也，必無禮也，此物奚宜至哉？其自反而仁矣，自反而有禮矣，其橫逆由是也，君子必自反也：我必不忠。自反而忠矣，其橫逆由是也，君子曰：『此亦妄人也已矣。如此則與禽獸奚擇哉？於禽獸又何難焉？』」〔註217〕故「存心」所呈顯之事，應是以「自我反省」〔註218〕、「省察其心」〔註219〕爲內容，標示著以「己（身）」、「反（思）」爲要角的修養工夫，如趙岐注：「存，在也。君子之在心者，仁與禮也…橫逆者，以暴虐之道來加我也。君子反自思省，

〔註211〕《孟子注疏》，頁 346～347。
〔註212〕《孟子正義》，頁 734～735。
〔註213〕《孟子注疏》，頁 412。
〔註214〕《孟子注疏》，頁 412。
〔註215〕《四書章句集注》，頁 327。
〔註216〕《孟子・離婁下 28》。
〔註217〕《孟子・離婁下 28》。
〔註218〕《孟子今註今譯》，頁 253。
〔註219〕《孟子解讀：新世紀繼往開來的思想經典》，頁 186。

謂己仁、禮不至也，物，事也，推此人何爲以此事來加於我也。」〔註220〕焦循則指出：「趙氏以在釋存，蓋以在爲察。在心即省察其心。下文自反皆察也。」〔註221〕所以，「存心」、「養性」所涉及的工夫活動，當是以「責己」、「盡己」爲方略，強調「自反」之精神與態度，如同蒙培元指出，中國哲學主體思維的特徵即是把重心轉向主體自身，提倡對於人之所以爲人的內在本性之自我認識，〔註222〕而此不但對應於孟氏以「自棄」、「自侮」〔註223〕爲戒之主張，且亦符應於朱熹之示——「君子存心不苟，故無後憂」〔註224〕、「禍福之來，皆其自取」〔註225〕。

二、「求放心」與「養大體」

對於「存心」、「養性」，楊祖漢言：「所謂存心，即是常使此心存在腔子裡，而不讓它放失…養性，即涵養本有之善性，而不戕害之謂，養而不害，使可己性保持得完完全全，純然不雜。」〔註226〕潘小慧則說：「孟子所倡之『存心』，乃保有那原本人人均有的良心或四端之心；若一旦放失，則求其放心而以矣！」〔註227〕據此，故「存心」與「放心」在孟子學說中應是相對舉之概念，而其所朝向的目標應就在於「求放心」，誠如〈告子上11〉所載：

> 孟子曰：「仁，人心也；義，人路也。舍其路而弗由，放其心而不知求，哀哉！人有雞犬放，則知求之；有放心，而不知求。學問之道無他，求其放心而已矣。」

趙岐注：「不行仁義者，不由路，不求心者也，可哀憫哉…人知求雞犬，

〔註220〕《孟子注疏》，頁 275。

〔註221〕《孟子正義》，頁 595。

〔註222〕參見蒙培元：《中國哲學主體思維》，北京：東方出版社，1993，頁 12，後僅標註書名及頁碼。

〔註223〕「自侮」亦爲孟子語，其乃見於《孟子·離婁上08》：「…夫人必自侮，然後人侮之；家必自毀，而後人毀之；國必自伐，而後人伐之。」孫奭疏：「此章指言人之安危，皆由於己，先自毀伐，人乃討攻討，甚於天尊。」趙岐注：「人先自爲可侮慢之行，故見侮慢也；家先自爲可毀壞之道，故見毀也；國先自爲可誅伐之政，故見伐也。」（《孟子注疏》，頁 233）。

〔註224〕《四書章句集注》，頁 278。

〔註225〕《四書章句集注》，頁 262。

〔註226〕王邦雄、曾昭旭、楊祖漢：《孟子義理疏解》，台北市：鵝湖出版社，1982，頁 12。

〔註227〕潘小慧：《四德行論——以多瑪斯哲學與儒家哲學爲對比的探究》，台北：哲學與文化月刊雜誌社，2007，頁 68。

莫知求其心者，惑也。」孫奭疏：「今有人乃舍去其路而不行，放散其心而不知求之者，可哀憫哉！且人有雞犬放之則能求追逐之，有心放離之而不求追復。然而學問之道無他焉，但求其放心而已矣。能求放心，則仁義存矣。」〔註228〕因此總的來說，「放心」即是對人者「放失其本心」的指稱，而「求放心」所意謂之義，便是將本心的找回。

然依循朱熹之注——「哀哉二字，最宜詳味，令人惕然有深省處。」〔註229〕及孟子言：「其所以放其良心者，亦猶斧斤之於木也，旦旦而伐之，可以為美乎？」〔註230〕可知「求放心」所體現之事，應較近似於「（回）復」、「返（回）」，當中乃蘊含一前提／條件——「原初本有」，如〈盡心上03〉云：「孟子曰：『求則得之，舍則失之，是求有益於得也，求在我者也。求之有道，得之有命，是求無益於得也，求在外者也。』」朱熹注：「在我者，謂仁義禮智，凡性之所有者。」〔註231〕孫奭疏：「孟子言仁、義、禮、智，性之所有，如就性而求之則得之，舍而不求則亡。是則仁、義、禮、智，求之有益於得者也，是求之在我者也。」〔註232〕所以，陳福濱說：「求放心是一種逆覺功夫，使放溺的心返回來自覺。」〔註233〕吳汝鈞亦指出：「『求』是一種主體的自覺活動，它自覺所應為，便這樣去做了。」〔註234〕故總的來說，「養性」、「存心」及「求放心」所透露之要領，應就在於以「良心」或「四端之心」為對象，朝向對其之覺察、培養與顯露，誠如徐復觀說：「孟子所說之性善即是心善，而心之善，其見端甚微，且又易受環境的影響，易於放失；所以他對於心，在消極方面便主張求放心…求放心，即是把『以小害大』的大，從小中解脫出來，以復其心的本位。在積極方面，則特別重視『養』。養心則心存，故『養』與『存』常關聯在一起的。養是把見端甚微的善，好好把它培養起來。」〔註235〕。

而徐復觀所言之「小」、「大」，其不僅作為孟子「小體」、「大體」之標示，

〔註228〕《孟子注疏》，頁365～366。

〔註229〕《四書章句集注》，頁312。

〔註230〕《孟子・告子上08》，孫奭疏：「然人之所以放去其良心而無仁義者，亦如斧斤之伐於牛山之木也。是日日而伐滅之，可為美材乎？言不可為美材也。」（《孟子注疏》，頁360）。

〔註231〕《四書章句集注》，頁328。

〔註232〕《孟子注疏》，頁414。

〔註233〕陳福濱：《中國哲學史講義》，台北市：至潔有限公司，2014，頁51。

〔註234〕吳汝鈞：《儒家哲學》，台北市：台灣商務，1995，頁39。

〔註235〕《中國人性論史・先秦篇》，頁178。

此二體則又關係著「小人」、「大人」之成就，〈告子上14、15〉云：

> 孟子曰：「…體有貴賤，有小大。無以小害大，無以賤害貴。養其小者爲小人，養其大者爲大人…飲食之人，則人賤之矣，爲其養小以失大也。飲食之人無有失也，則口腹豈適爲尺寸之膚哉？」

> 公都子問曰：「鈞是人也，或爲大人，或爲小人，何也？」孟子曰：「從其大體爲大人，從其小體爲小人。」

於前章，趙岐注：「養小則害大，養賤則害貴。小，口腹也。大，心志也…務口腹者爲小人，治心志者爲大人…飲食之人，人所以賤之者，爲其養口腹而失道德耳。如使不失道德，存仁義以往，不嫌於養口腹也。」孫奭疏：「…人體有貴亦有賤，有小亦有大，於人之一身，合而言之則謂之體；自體而言之，又有耳、目、口、鼻、形、心者也…言人之於一體，不可務愛養其賤者小者，以害其貴者大者也。如養其小者，則爲之小人，養其大者，則爲之大人。以其耳、目、口、鼻、形五者所好，不過利慾而已；而心稟於有生之初，仁義之道俱存於其間。是以養心者爲大人君子，養耳、目、口、鼻、形者以利慾爲小人耳。」〔註236〕而在後章，趙氏則以「大體，心思禮義。小體，縱恣情慾。」爲注，孫氏則說：「從事於大體，而以仁義養其心，是從其大體，故謂之大人也；從其小體，以利慾養其耳目之官，是從其小體，故謂之小人也。」〔註237〕簡言之，孟子乃認爲「大體，心也。小體，耳目之類也」，〔註238〕並主張「人的生命有『身』有『心』，皆不可忽。但心之與身有大小、貴賤、主從、輕重之別，這是不可以顛倒的」〔註239〕，所以在修養工夫與「成德」途徑上，孟氏以「大體之養」（或言「養心」）爲要旨，視「惡」始於「小體之養」，是種以小害大、以賤爲貴之結果，換言之，「選擇」亦可謂是孟氏於此所欲標示之事，即人者當對其行爲表現，進行審思與抉擇，強調人者當履踐其「（生而）爲人」之事。

此外，孟子之所以視「心」爲重，關注「心」、「身」的大小、貴賤，其基礎應即在於「心之官則思」，〈告子上15〉載：

> （公都子）曰：「鈞是人也，或從其大體，或從其小體，何也？」（孟

〔註236〕《孟子注疏》，頁367～369。
〔註237〕《孟子注疏》，頁369～370。
〔註238〕《四書章句集注》，頁313。
〔註239〕《中國哲學史·上冊》，頁152。

子）曰：「耳目之官不思，而蔽於物，物交物，則引之而已矣。心之官則思，思則得之，不思則不得也。」

趙岐注：「人有耳目之官，不思，故爲物所蔽。官，精神所在也，謂人有五官六府。物，事也。利欲之事來交引其精神，心官不思善，故失其道而陷爲小人也。此乃天所與人情性，先立乎其大者，謂生而有善性也。」孫奭疏：「人有耳目之官，不以心思主之，而遂蔽於耆慾之物，既蔽於物，則己亦已失矣…惟心之官則爲主於思，如心之所思，則有所得而無所喪，如不思，則失其所得而有以喪之耳…蓋耳目主視聽，是以爲官者也。心，君，主官者也，亦謂之官者，以其亦主思，故亦爲官矣。」〔註240〕也就是說，孟子當是以「心」（或言「大體」）之能——「思」作爲身心及大小二體之區別，而「思」之特點即在於「『非』引之而已矣」，是「不蔽於外物」的，且攸關人者之「成德」一事。〔註241〕

承上所述，故針對張立文所述：「人必須用心去『思』，去認識客體對象，才能認識事物及其道理，而在內心有所得。」〔註242〕筆者認爲，此語乃尚存疑義，因爲孟子所言之「思」，應是指涉「心」對「己身」的省察，也就是將認識焦點反於主體自身的一種能力表現，誠如徐復觀言：「思包含反省和思考兩種意思，在孟子則特重反省這一方面。仁義爲人所固有，一念的反省、自覺，便當下呈顯出來，所以說『思則得之』。人在無反省時便隨耳目之欲逐去，仁義善端即隱而不顯，所以說『不思則不得也』。」〔註243〕蔡仁厚、蒙培元也分別指出：「當人滿心只見理義，自然不會爲耳目之欲與聲色之娛所陷溺，所蒙蔽…大人與小人的分歧點，正是從耳目之官走或是從心走這一關鍵上，這是人人皆可以反己體察而即知即行的。」〔註244〕、「其（指孟子所言之『心』）特點是強調功能、作用，提倡向內反思，而不是向外認識推理。」〔註245〕故

〔註240〕《孟子注疏》，頁370～371。

〔註241〕蒙培元說：「…耳目等感知官能，是相對於外物而存在的，只能與客觀事物發生關係，隨客觀事物而轉移，因之容易爲事物所『引』，也容易爲事物所『蔽』。爲外物所『引』所『蔽』，就會喪失自己的主體性，變成外物的奴隸。心之官則不然。作爲眞正的思維主體，心之官不以外物爲轉移…思則能得，不思則不能得，得與不得，都是由主體自身決定的，不是由外物決定的。」（《中國哲學主體思維》，頁20）。

〔註242〕張立文：《心》，台北市：七略，1996，頁37。

〔註243〕《中國人性論史‧先秦篇》，頁171。

〔註244〕《中國哲學史‧上冊》，頁153。

〔註245〕《中國心性論》，頁34。

孟氏所言之修養工夫，其應是以「責己」、「盡己」為要務，側重與強調「弗思耳矣」〔註246〕，朱熹注：「言四者之心人所固有，但人自不思而求之耳，所以善惡相去之遠，由不思不求而不能擴充以盡其才也。」〔註247〕因此，傅佩榮乃以「人若不向內自省，覺悟自身的道德主體性，他的行為就沒有原則可言」〔註248〕為解讀，蒙培元則說：「自我反思便成為實現人性、完成人格的根本方法。」〔註249〕此皆應是合宜、合理之釋。

三、養浩然之氣

然孟子雖言「心」、「身」有大小、貴賤、輕重之分別，且又有「思」與「不思」之差異，但其所表露之要，應在於『「勿」以小害大，以賤害貴」，當中非是對「身」（如：耳、目等）有著鄙視、輕薄等價值評斷，如其曾言：「人之於身也，兼所愛。兼所愛，則兼所養也。無尺寸之膚不愛焉，則無尺寸之膚不養也。所以考其善不善者，豈有他哉？於己取之而已矣。」〔註250〕趙岐、朱熹分別注：「人之所愛則養之，於身也，一尺一寸之膚養相及也…考知其善否，皆在己之所養也。」〔註251〕、「人於一身，固當兼養，然欲考其所養之善否者，惟在反之於身，以審其輕重而已矣。」〔註252〕故分辨「心」、「身」（或言「大者」、「小者」）之本末、主從，此應是孟氏所欲警惕世人之事，而人者「知養樹木，而忘養其身」，便即是本末倒置、大小不分之結果體現，〈告子上 13〉云：

> 孟子曰：「拱把之桐梓，人苟欲生之，皆知所以養之者。至於身，而

〔註246〕《孟子・告子上 06》：「…仁義禮智，非由外鑠我也，我固有之也，弗思耳矣。」另外，〈告子上 17〉載：「…人人有貴於己者，弗思耳。」趙岐注：「…人人自有貴者在己身，不思之耳。在己者，謂仁義廣譽也。」孫奭疏：「此章指言所貴在身，人不知求，膏粱文繡，己之所優，趙孟所貴，何能比之。是以君子貧而樂也。」（《孟子注疏》，頁 371～372）。

〔註247〕《四書章句集注》，頁 307。

〔註248〕《孟子解讀：新世紀繼往開來的思想經典》，頁 239。

〔註249〕《中國哲學主體思維》，頁 21。

〔註250〕《孟子・告子上 14》。

〔註251〕《孟子注疏》，頁 367；孫奭疏：「孟子言人之於一身也，無有所不愛也，以其兼愛之矣。兼所愛，則必兼有所養也。是則一身之中，無有一尺一寸之肌膚不愛焉，則亦無有一尺一寸之肌膚不養之也。以其兼所愛，必兼所養而已。然而所以考究其有善、其有不善者，亦豈有他為哉？但亦於一己自取之而已矣。」（《孟子注疏》，頁 368）。

〔註252〕《四書章句集注》，頁 313。

　　不知所以養之者，豈愛身不若桐梓哉？弗思甚也。」

　　孫奭疏：「孟子言桐、梓之木，方於可拱把之時，人誠欲其生長，皆知所以灌溉而養之者。至於己之身，而不知以仁義之道養之者，豈人之愛保其身反不若桐、梓之爲急哉？但人弗思忖之而已，故以甚者也，宜誡之以此。」〔註253〕另外，「指不若人，則知惡之；心不若人，則不知惡，此之謂不知類也」〔註254〕所示之義，亦同於此，即指出一種著重外在形貌，而不知內省於心的舍本逐末之樣。

　　承上所述，故筆者對於孟子「義利之辯」的問題解讀，〔註255〕可謂符應於此本末有序、大小有分之觀點，而孟氏所主張的「養心莫善於寡欲」〔註256〕，其基礎當可說是以此爲源，孫奭、朱熹言：「孟子言此以教時人養心之術也。言人之治其心，莫善於少欲也，其爲人也少欲，則不爲外物之泪（《ㄨˇ）喪。」〔註257〕、「欲，如口鼻耳目四支之欲，雖人之所不能無，然多而不節，未有不失其本心者，學者所當深戒也。」〔註258〕徐復觀指出：「多欲，則耳目的官能可以壓倒心的作用。寡欲，則心所受的牽累少而容易將其本體呈露。」〔註259〕故「寡欲」方可謂是使「心」（或言「思」）得以明覺、促發之工夫，標示著對「心」之存養。

　　而除了「存心」、「養性」和「求、存、養心」之外，孟子另還明言其「善養浩然之氣」，並自評此修養工夫（指「養氣」）爲其自身所擅長之事，如〈公孫丑上02〉載：

　　　　（公孫丑）「敢問夫子惡乎長（ㄔㄤˊ）？」（孟子）曰：「我知言，
　　　　我善養吾浩然之氣。」「敢問何謂浩然之氣？」曰：「難言也。其爲

〔註253〕《孟子注疏》，頁367。
〔註254〕《孟子・告子上12》：「孟子曰：『今有無名之指，屈而不信，非疾痛害事也，如有能信之者，則不遠秦楚之路，爲指之不若人也。指不若人，則知惡之；心不若人，則不知惡，此之謂不知類也。』孫奭疏：「此章指言舍大惡小，不知其要，憂指忘心，不向於道。是以君子惡之者也。」（《孟子注疏》，頁366）。
〔註255〕於首節子題──「非有勿取，取之有道」內，筆者指出孟子應僅是認爲在「利」、「欲」的實踐及滿全上，乃不能毫無限制，也就是應「以義爲先」，視「義」爲其條件，據此，故以「具德行的生活」作爲人者開展其生活／命的可能選項，此亦可謂是孟氏所欲推倡之觀點。
〔註256〕《孟子・盡心下35》。
〔註257〕《孟子注疏》，頁474。
〔註258〕《四書章句集注》，頁350。
〔註259〕《中國人性論史・先秦篇》，頁179。

氣也，至大至剛，以直養而無害，則塞于天地之閒。其爲氣也，配
義與道；無是，餒也。是集義所生者，非義襲而取之也。行有不慊
於心，則餒矣。」

　　據此，故對於「浩然之氣」，吾人應可有以下認識：1.首先，「至大至剛」
〔註260〕乃爲「浩然之氣」之體現結果，也就是「浩然之氣」於人身所顯露之
感受、2.而「直養」、「配義與道」所揭示的，〔註261〕即在於「集義」〔註262〕
一事，也就是以「集義」作爲「浩然之氣」的生成原理、3.最後，「餒」〔註263〕
所蘊含之義，可謂是涉及「浩然之氣」的有所變化，即指此氣之存在乃有待
於維持，其非恆久不變；然筆者以爲，因循「難言也」一語所示，以致孟子
對於「浩然之氣」的說明／論述，乃可能並非完備，又或是具絕對性般的「就
是如此」，如趙岐、朱熹所注：「言此至大至剛，正直之氣也。然而貫洞纖微，
治於神明，故言之難也。」〔註264〕、「難言者，蓋其心所獨得，而無形聲之驗，
有未易以言語形容者。」〔註265〕故此番試圖對「浩然之氣」所進行的描述及
言說，其應蘊含有相當之主觀成分，意謂及表現出孟氏對於生命所抱持的某
種態度，即朝向以某生命狀態或境界爲對象之成就。

　　誠如前文所述，孟子主要是以「即心言性」、「人禽有別」的方式來對人
之存在性質進行闡釋，並視人皆有「四心」（惻隱、羞惡、辭讓／恭敬、是非）
及良知、良能，能追尋與履踐仁、義、禮、智等「四德」，因此，以「集義」
作爲「浩然之氣」的生成原理，其意涵可說是指向人之所以爲人的價值履踐，
成就人者當行之道，如朱熹所注：「集義，猶言積善，蓋欲事事皆合於義也…
言氣雖可以配乎道義，而其養之之始，乃由事皆合義，自反常直，是以無所
愧怍，而此氣自然發生於中。非由只行一事偶合於義，便可掩襲於外而得之

〔註260〕朱熹注：「至大初無限量，至剛不可屈撓。」（《四書章句集注》，頁215）。
〔註261〕趙岐以「義」爲「直」，注：「養之以義，不以邪事幹害之，則可使滋蔓，塞
　　　　滿天地之間，布旅德教，無窮極也…言此氣與道義相配偶俱行。義謂仁義，
　　　　可以立德之本也。」（《孟子注疏》，頁91）。
〔註262〕趙岐注：「集，雜也…言此浩然之氣，與義雜生，從內而出。人生受氣所自有。」
　　　　（《孟子注疏》，頁91）。
〔註263〕許慎說：「餒，飢也。」（《說文解字注》，〈餒〉）趙岐注：「…若其無此，則腹
　　　　腸饑虛，若人之餒餓也。」孫奭說：「…若無此氣與道義配偶，則餒矣，若人
　　　　之饑餓也。」（《孟子注疏》，頁91、98）。
〔註264〕《孟子注疏》，頁90～91。
〔註265〕《四書章句集注》，頁215。

也…言所行一有不合於義，而自反不直，則不足於心而其體有所不充矣。」〔註266〕故魏元珪認爲：「孟子所言之『浩然之氣』，不可與陰陽五行家之『氣』相提並論，亦不可與道家以及宋儒所言之『氣』相比擬。」〔註267〕因爲，「此浩然之氣，發自吾心，乃道德至誠之意志力，亦即道德之生命精神…孟子於此所言之氣實乃個人存養之氣象。」〔註268〕另外，蒙培元說：「『浩然之氣』是『養』出來的，不是現成的…它（指『養浩然之氣』）集中在『養氣』上，即展現爲一種具體的人格修養，是一種活生生的有生命力的感性實踐活動」〔註269〕任繼愈言：「…這樣的氣（浩然之氣）不是本來存在於自然界的精氣，而是由人的主觀意志培養出來的…所以它不是物質性的，而是一種主觀精神心理狀態。」〔註270〕而傅佩榮則以「把人的生命力發揮到極限」〔註271〕作爲「浩然之氣」的意蘊解讀，故以上論述皆可謂如蔡仁厚般，〔註272〕將「氣」視爲人之「生命力」的指稱及展現。

　　所以總的來說，孟子之「養浩然之氣」應即意謂著「養心」，也就是以「以心養氣，而不是以氣養氣」〔註273〕爲主張，其中則蘊含有順乎人心、履踐人性等多番意義，故「浩然之氣」所表示的，可說便是內省不疚、問心無愧，近似「仰不愧於天，俯不怍於人」〔註274〕的生命情操，對應於「行有不慊於心，則餒矣」〔註275〕之所示，另外，朱熹以「盛大流行之貌」〔註276〕、「如水之流不可止也」〔註277〕作爲「浩然」之注，當中似乎亦暗藏著對「順性」

〔註266〕《四書章句集注》，頁215～216。

〔註267〕《孟荀道德哲學》，頁167。

〔註268〕《孟荀道德哲學》，頁166、167。

〔註269〕《蒙培元講孟子》，頁199、201。

〔註270〕任繼愈：《中國哲學發展史・第一冊》，北京：人民出版社，1963，頁157。

〔註271〕《孟子解讀：新世紀繼往開來的思想經典》，頁65。

〔註272〕蔡仁厚說：「此所謂氣，是意指我們的生命力（氣是力量，不是實體）。」（《中國哲學史・上冊》，頁157）。

〔註273〕《蒙培元講孟子》，頁202。

〔註274〕《孟子・盡心上20》，趙岐注：「不愧天，又不怍人，心正無邪也。」孫奭疏：「…存誠於己，而仰無以有羞愧於天，俯無以有慚怍於人，此乃二樂也。」（《孟子注疏》，頁425）。

〔註275〕趙岐注：「慊，快也。自省所行，仁義不備，干害浩氣，則心腹饑餒矣。」（《孟子注疏》，頁91）故史次耘說：「慊，快也。足也。言人之所以苟有不快於心者，其內則生愧怍；生愧怍，則理屈而氣餒矣。」（《孟子今註今譯》，頁71）。

〔註276〕《四書章句集注》，頁215。

〔註277〕《四書章句集注》，頁232。

一事之標明。

　　此外，就「集義」而言，其除作爲「浩然之氣」乃是「以義爲根」之闡釋與標示，體現爲一種「內發」而非「外鑠」的工夫以外，「集」所意謂的聚集、積累之義，〔註278〕其中應關聯著時間要素，也就是說，所謂「集義」當是與「義襲」相對舉的概念，並絕非是對於「義行」之偶有或一蹴可幾之事的指稱，如趙岐、朱熹注：「密聲取敵曰襲。」〔註279〕、「襲，掩取也…非由只行一事偶合於義，便可掩襲於外而得之也。」〔註280〕故孟子反對「揠苗助長」，且應是以「一刻不忘記，但不必急求其增長」〔註281〕作爲其養氣／心主張，誠如陳大齊言：「『非義襲而取之也』，謂浩然之氣不是『義襲而取之』的…故『非義襲而取之也』，意謂浩然之氣要於平素積聚內在的義以資自然流露，不可臨時襲取些義以裝點門面。」〔註282〕因此，「集義」即猶如人者的「習慣」的養成般，關係著時間與積累要素，表現出「德行」和「生命」緊密相連之特徵，並意謂著個人生命的改變、履踐及傾向。

第三節　「持志」與「尚志」之說

　　然在「養氣」的工夫上，孟子可謂以「立志」〔註283〕作爲其中之要，如其言：「夫志，氣之帥也。」而此即明白表露出「養氣」乃和「志」的拓展有關，標示著「志」之於「人（之生命）」所具之主宰力量，如同王陽明所說：

〔註278〕聚集、積累之義乃取自「齊集有其一」（〈梁惠王上 07〉），朱熹注：「齊集有其一，言集合齊地，其方千里，是有天下九分之一也。」（《四書章句集注》，頁 196）另外，「七八月之閒雨集」（〈離婁下 18〉）與「孔子之謂集大成」（〈萬章下 01〉），其「集」皆同於此義。

〔註279〕《孟子注疏》，頁 91。

〔註280〕《四書章句集注》，頁 216。

〔註281〕「一刻不忘記，但不必急求其增長」爲譚宇權語，此見於其著作《孟子學術思想評論》，台北市：文津，1995，頁 317。

〔註282〕陳大齊：〈孟子「浩然之氣」淺釋〉，《國立政治大學學報》，第 09 期，臺北市：國立政治大學，1964 年 05 月，頁 1～7。

〔註283〕「立志」乃見於《孟子・萬章下 01》與〈盡心下 15〉，而其皆是以「懦夫有立志」爲表示，趙岐注：「懦弱之人，更思有立義之志也。」孫奭疏：「懦弱之夫莫不變而爲能有立其剛志也。」（《孟子注疏》，頁 315～317）而關於「立」，蒙培元說：「所謂『立』，顯然不是什麼抽象思辨或理論思辨，而是樹立起某種信念或意志，進行自我完成、自我實現的實踐功夫，是一種自律自立的意志行爲。」（《中國哲學主體思維》，頁 113）。

「志不立，天下無可成之事。雖百工技藝，未有不本於志者。」〔註284〕、「夫志，氣之帥也，人之命也，木之根也，水之源也。源不濬則流息，根不植則木枯，命不續則人死，志不立則氣昏。」〔註285〕以下筆者將以「志」爲範疇，梳理其在孟氏思想中所蘊含之價值。

一、論「持志」

關於「志」與「養氣」的關係連結，此可謂是孟子學說的一大特點，如朱熹曾引程子言：「孟子有功於聖門，不可勝言。仲尼只說一個仁字，孟子開口便說仁義。仲尼只說一個志，孟子便說許多養氣出來。」、「孟子性善、養氣之論，皆前聖所未發。」〔註286〕而在「志」的論述上，《孟子》乃有「持志」、「尚志」與「立志」等說法，〔註287〕其中，「持志」的概念可說尤其重要，因孟氏主張：「持其志，無暴其氣。」〔註288〕趙岐注：「暴，亂也。言志所嚮，氣隨之。當正持其志，無亂其氣，妄以喜怒加人也。」孫奭疏：「孟子言氣惟志之是從，但持揭其志，則無暴亂其氣矣。」〔註289〕所以，「持志」應即象徵「有序」，呈現出以「持志」爲法，則方能使人的「氣」（或言「生命力」）有序不亂之訊息，然筆者以爲，依朱熹於〈離婁上 10〉（「自暴章」）中以「猶害也」解「暴」，〔註290〕故「持其志，無暴其氣」也應可作爲「人憑藉『志』，而能使其生命（力）無受損害」之表示。

承上所述，因此「持志——暴氣」與「持志者——自暴者（「自害其身者」）」〔註291〕等概念，其內涵應即是相互對反的，且無論「暴」之意蘊爲何，「持其志，無暴其氣」所透露之義，應即指向「志嚮氣隨」，標明「『志』對於『氣』乃具有導引之能」，而如未以「持志」爲法，則「氣」或「生命力」便將處於

〔註284〕此言出自王守仁著作〈教條示龍場諸生〉，見於〔明〕王守仁撰、王雲五主編：《王文成公全書・卷二十六・續編一》，台北市：台灣商務，1979，頁 738。
〔註285〕王守仁：〈示弟子立志說〉，見於《王文成公全書・卷七・文錄四》，頁 254。
〔註286〕《四書章句集注・孟子序說》，頁 186。
〔註287〕「持志」、「尚志」二語乃分別見於〈公孫丑上 02〉及〈盡心上 33〉，而「立志」則出自〈萬章下 01〉與〈盡心下 14〉。
〔註288〕《孟子・公孫丑上 02》。
〔註289〕《孟子注疏》，頁 90、98。
〔註290〕《四書章句集注》，頁 263。
〔註291〕「自暴者」一詞見於〈離婁上 10〉，而「自害其身者」則爲朱熹之注（《四書章句集注》，頁 263）。

其原初狀態——「盲動」〔註292〕。

　　故誠如孟子言：「夫志，氣之帥也；氣，體之充也。夫志至焉，氣次焉。』」〔註293〕其論旨乃與前文之論述呈符應關係，二者存在著邏輯上的連貫及一致性，另如趙岐注：「志，心所念慮也⋯志帥氣而行之，度其可否也⋯志爲至要之本，氣爲其次焉。」〔註294〕因此，「志」與「心」應爲緊密相連之概念，〔註295〕前者（指「志」）即指涉「心之所之」〔註296〕。

　　然話雖如此，孟子卻也說：「志壹則動氣，氣壹則動志也。今夫蹶者趨者，是氣也，而反動其心。」即指「志」與「氣」間存在著相互影響性，如趙岐注：「孟子言壹者，志氣閉而爲壹也。志閉塞則氣不行，氣閉塞則志不通。蹶者相動，今夫行而蹶者，氣閉不能自持，故志氣顚倒。顚倒之間，無不動心而恐矣，則志氣之相動也。」〔註297〕也就是說，人之生命（力）雖能由「志」決定其發展方向，但生命所存在的本然狀態亦會對「心之所向」產生影響，筆者以爲，此就如同人天生無羽翼以致不能翶翔一般，因此有人並不會以「飛」作爲「心之所向」，然卻有人仍會循此而以「讓人飛」爲「志」，故孟氏在此所欲強調之義，或許即在標示人者「『應當』以志統氣」，而非「以氣制志」，如勞思光說：「但以心志統氣（以德性我統生命情意），乃一成德之境，是『應然』而非『必然』。」〔註298〕換言之，此「志」即凸顯出一種超越性，是種相對於現實而有的超越義。

　　據此，故「夫志至焉，氣次焉」所蘊含之理，當可說即是以此爲奠基，然以「至要——次要」、「將帥——卒徒」或「主——從」來詮解「志」、「氣」之關係，當中雖涉及貴賤性的價值評判，但其核心論旨仍在於「『勿』以賤害

〔註292〕蔡仁厚語，見於《中國哲學史・上冊》，頁157。
〔註293〕《孟子・公孫丑上02》。
〔註294〕《孟子注疏》，頁90。
〔註295〕勞思光更直言：「『志』與『心』爲一事，易其自而不改其義，此古代思想所常有者。『志』即『心』。二詞只有動靜之別。」（《新編中國哲學史（一）》，頁165）。
〔註296〕孫奭說：「孟子言人之志，心之所之之謂志，所以帥氣而行之者也，氣但能充滿形體者也⋯以其人之辭氣有不善者，皆心志所帥而行之矣，氣者但惟志是從也⋯蓋以氣由志之所發，志得氣而運之也。」（《孟子注疏》，頁90、98。）朱熹說：「⋯志固心之所之，而爲氣之將帥；然氣亦人之所以充滿於身，而爲志之卒徒者也。」（《四書章句集注》，頁214）。
〔註297〕《孟子注疏》，頁90。
〔註298〕《新編中國哲學史（一）》，頁167。

貴」，強調大小和本末「應當」有別、有序；另外，針對「氣，體之充也」一語，勞思光乃以「形軀我」言「體」，〔註299〕傳佩榮則是將「氣」歸至於「小體」的概念內，〔註300〕然而筆者以爲，此「體」所指稱的應當是「活生生的人」，是「善性──（禽）獸性」、「大體──小體」或「心──身」同具而不分的人，因爲誠如前文所言，孟子思想／學說乃著眼於貴賤、大小及本末所應有之序，聚焦在「爲人者『應當』如何」，而並非是爲了指稱人之存在僅有某部分或僅需某部分，故「氣」作爲某種「生命力」的體現，其所標示的當是「某（完整的）人」所呈顯的生命情操或態度，而非是就某人的某部分言之，畢竟也唯有以「活人」爲依憑，「氣」或「生命力」才得以有流露之可能。

二、言「尚志」

承上所述，故「志」在孟子思想／學說當中，乃應佔有其特殊地位，而此觀點之奠基，則可謂與孔子之說有關，如其曾言：「士志於道」、「三軍可奪帥也，匹夫不可奪志也。」、「不降其志，不辱其身」與「降志辱身」等，〔註301〕所以總的來說，「志」與「生命」或「體」間所存在的緊密關係，此不僅即是「志」所蘊含的價值意義，〔註302〕同時亦可謂是孔、孟皆視「志」爲重要範疇的根本原因。

另依循孟子「善養浩然之氣」與「以志統氣」的主張，故孟氏可謂是以「順性」、「養性」作爲「心之所之」，指向以「人之所以爲人的價值履踐」爲「志」，而其「尚志」之說，內容即近似於此，〈盡心上33〉云：

〔註299〕勞思光說：「『體』只形軀我。形軀我之活動直接受生命情意之力決定，離生命情意則形軀只成爲一組機械因子之連結，固與任何物質存在無殊。」（《新編中國哲學史（一）》，頁165）。

〔註300〕傳佩榮說：「氣是『體之充』，屬於小體，道義則屬於大體，由心之四端而來⋯。」（《儒家哲學新論》，頁179）。

〔註301〕前兩語分別出自《論語・里仁09》與〈子罕26〉，而〈微子08〉即是後兩語之出處。

〔註302〕此除指涉前文所言的「以志統氣」之外，《孟子・盡心上24》另載：「孟子曰：『孔子登東山而小魯，登太山而小天下。故觀於海者難爲水，遊於聖人之門者難爲言。觀水有術，必觀其瀾。日月有明，容光必照焉。流水之爲物也，不盈科不行；君子之志於道也，不成章不達。』」趙岐注：「所覽大者意大，觀小者志小也。」孫奭疏：「此章指言弘大明者無不照，包聖道者成其仁。是故賢者志大，宜爲君子。」（《孟子注疏》，430）也就是說，孟子應是認爲心志的開闊與否，乃會直接影響著人者對其生命目標之設定。

王子墊問曰：「士何事？」孟子曰：「尚志。」曰：「何謂尚志？」曰：
「仁義而已矣。殺一無罪，非仁也；非其有而取之，非義也。居惡
在？仁是也；路惡在？義是也。居仁由義，大人之事備矣。」

趙岐注：「尚，貴也。士當貴上於用志也。」〔註303〕朱熹則說：「尚，
高尚也。志者，心之所之也…非仁非義之事，雖小不爲；而所居所由，無不
在於仁義，此士所以尚其志也。」〔註304〕因此，孟子所言之「尚志」，其應
是以「立志於貴」爲其內涵，也就是強調人者當立「高尚之志」，如孫奭言：
「此章指言人當尚志，志於善也，善之所由，仁與義也。」〔註305〕所以總
的來說，孟氏以「行仁義」爲「志」，此即爲「尚志」，如同其對「先義後利」
的主張般，重視貴賤、大小、本末所應有之序（如前文所示），關注「人禽
有別」的彰顯／表現，換言之，「人所應有的樣子」似乎也唯有依循於「立
志」方才得以獲得顯露，如郭齊勇說：「孟子所倡導的道德選擇表現了超乎
自然生命之上的善的價值之極致，表現了人爲人格尊嚴而犧牲的殉道精神。」
〔註306〕而朱熹之注──「非仁非義之事，雖小不爲」，此與「集義」應具有
符應之關係。

據此，故孟子說：「苟不志於仁，終身憂辱，以陷於死亡。」〔註307〕並
又言：「君不鄉道，不志於仁，而求富之，是富桀也」及「君不鄉道，不志於
仁，而求爲之強戰，是輔桀也。」此皆標示著以「仁（義）」爲「志」之重要；
另外，〈滕文公下01〉、〈萬章下07〉所載之「志士不忘在溝壑」，其義也就在
於「修禮守正，非招不往，枉道富貴，君子不許」〔註308〕，指向「君子之志，
志於行道，不得其禮，亦不苟往」〔註309〕的生命情操，如同前文論「義（德）」
時所言及之「非有勿取，取之有道」，趙岐注：「志士，守義者也。君子固窮，
故常念死無棺槨，沒溝壑而不恨也。」〔註310〕所以總的來說，個人的「心志
剛恆，擇善固執」當可謂是孟子所欲標明之要務，誠如〈梁惠王上07〉云：「（孟

〔註303〕《孟子注疏》，頁434。
〔註304〕《四書章句集注》，頁336。
〔註305〕《孟子注疏》，頁435。
〔註306〕郭齊勇：〈孔孟道德哲學平議〉，《中國哲學與倫理學・下冊》，台北縣：輔仁
　　　　大學，1997，頁401～416，後僅標註作者、篇名及刊名。
〔註307〕《孟子・離婁上09》。
〔註308〕《孟子注疏》，頁191。
〔註309〕《孟子注疏》，頁340。
〔註310〕《孟子注疏》，頁190。

子）曰：『無恆產而有恆心者，惟士爲能…苟無恆心，放辟，邪侈，無不爲已。』」
〔註311〕趙氏言：「恒，常也…恒心，人常有善心也。…民誠無恒心，放溢辟邪，
侈於奸利，犯罪觸刑，無所不爲。」〔註312〕。

　　但又如〈滕文公下 02〉、〈盡心上 09〉所云：「孟子曰：『…得志與民由之，
不得志獨行其道。富貴不能淫，貧賤不能移，威武不能屈。此之謂大丈夫。』」、
「孟子曰：『…古之人，得志，澤加於民；不得志，脩身見於世。窮則獨善其
身，達則兼善天下。』」故筆者以爲，「兼善天下」或許方才是孟子之「志」
的眞正所在，如其言：「我亦欲正人心，息邪說，距詖行，放淫辭，以承三聖
者。」〔註313〕趙岐、朱熹分別注：「孟子言我亦欲正人心，距詖行，以奉禹、
周公、孔子也。」〔註314〕、「蓋邪說橫流，壞人心術，甚於洪水猛獸之災，慘
於夷狄篡弒之禍，故孟子深懼而力救之。」〔註315〕因此，不論是退隱或獨善，
其應僅是爲了「以待良時」，當中仍潛藏著「求志之得」的目的性，所以總的
來說，「以『眾』爲志」或許亦才是孟氏所眞正倡導之事，且呼應其「尚志」
（或言「志大」〔註316〕）之說，而其言：「老吾老，以及人之老；幼吾幼，以
及人之幼。」〔註317〕此亦即指向以「敬我之老，亦敬人之老；愛我之幼，亦
愛人之幼」〔註318〕爲勸戒之事，也就是說，個人的「獨治其身以立於世間，
不失其操也」（或言「獨善其身」），〔註319〕僅是爲達目的之過程，是人者對於
生命的變通及積極態度之體現結果，如郭齊勇指出：「孟子提倡獨善其身與兼
濟天下的統一。」〔註320〕而「人人親其親、長其長而天下平」〔註321〕、「如
欲平治天下，當今之世，舍我其誰也」〔註322〕及「君子之守，修其身而天下

〔註311〕《孟子・滕文公上 03》亦同載：「…苟無恆心，放辟邪侈，無不爲已。」。
〔註312〕《孟子注疏》，頁 28～29。
〔註313〕《孟子・滕文公下 09》。
〔註314〕《孟子注疏》，頁 211；而所謂「詖行」，其乃指不正當之行爲。
〔註315〕《四書章句集注》，頁 254。
〔註316〕孫奭語，見於《孟子注疏》，430。
〔註317〕《孟子・梁惠王上 07》，朱熹注：「老，以老事之也。吾老，謂我之父兄。人
　　　　之老，謂人之父兄。幼，以幼畜之也。吾幼，謂我之子弟。人之幼，謂人之
　　　　子弟。」（《四書章句集注》，頁 195）。
〔註318〕趙岐語，其言：「老猶敬也，幼猶愛也，敬我之老，亦敬人之老；愛我之幼，
　　　　亦愛人之幼。」（《孟子注疏》，頁 26）。
〔註319〕《孟子注疏》，頁 418。
〔註320〕郭齊勇：〈孔孟道德哲學平議〉，《中國哲學與倫理學・下冊》。
〔註321〕《孟子・離婁上 11》。
〔註322〕《孟子・公孫丑下 13》。

平」〔註323〕等語，則亦可作爲此觀點之佐證。

第四節 小結

綜上所述可知，《孟子》中所論之「義（德）」，其義應可以「非有勿取，取之有道」、「羞惡之心，人禽有別」和「君臣之義，敬長從兄」等予以概括，表現出與今人日常所言之「正義（justice）」，有著相異有別的意蘊、內涵與旨趣，然也因爲如此，以致吾人在讀《孟》時，應不能僅停留於「背誦」之法，又或是以教條或規約方式來作爲「義（德）」的表述，如此亦才能對孟氏之思想系統有著正確的認識，進而定位、審思其對當今社會所可能造就之價值，以避免陷入「批評稻草人」之謬誤當中。

而由對《孟子》之「義（德）」的研析可知，孟氏乃是以「人之存在性」作爲重要奠基，以構建其道德學說，其中「義（德）」所蘊含之義，應是以個人在「處事」及「待人」上之「（合）宜」爲要旨，然此處所言之「待人」，乃包含「待己」和「待他人」等向度，也就是指向於「如何看待己身」與「如何對待他人」之問題；另依循「先義後利」、「人禽有別」、「居仁由義」及「仁義內在」等命題可知，孟子可謂顯明的標明「人」作爲一「道德主體」，是價值與意志同在一體的存在物，即個人能爲自身下命令，支配自身的舉止活動，據此，故當中便流露著孟氏對於人之「生命價值」所秉持的關懷情意，側重與留心於人之所以爲人的價值實踐。

但由「義端」所指涉的「未完成」狀態可知，所謂「義者」或「有德者」的成就，其乃有賴於後天的人之作爲，也就是需憑藉著修養工夫，方才得以獲得實現之可能，所以孟子乃提出「養性」、「存心」、「求放心」、「養大體」與「養浩然之氣」等概念，強調貴賤、大小及輕重的有別、有序，標明人者應「爲己」進行選擇，當「勿」以賤養貴、「勿」以小害大、「勿」以輕爲重等。

而在此後天作爲或修養工夫當中，「志」的作用應即體現於內，因爲「志」乃蘊含有目標、統帥義，能「率氣」、導能，關係著人之生命拓展；然就孟子

〔註323〕《孟子·盡心下 32》，孫奭疏：「…是所謂守約而施博也，是孟子又自解其旨也。以其君子之所守，特在修身，而天下由是平矣，是所謂正己而物正者也。」（《孟子注疏》，472）。

而言，其應是以「眾」作爲最終之關懷對象，也就是「（立）志」在「兼善天下」、「天下平」或「平治天下」，而個人自身的成德、修德亦如孔子般，僅是爲達目的之過程，如李賢中指出：「綜觀孟子的性善論，他並非毫無目的地建立學說，而是有見於人群社會的實際需要；他亦非只是要透過理論來使人遵從，而是要人藉著親身的實踐，讓每一個人去發現本有的善心、善性。孟子不僅告訴世人『性』是善的，更勸勉世人要努力行善；他不僅指引世人發現自己本有的抉擇能力，更希望人人皆能擇善固執。」〔註324〕故「養」、「志」等概念，其除作爲人能或修養工夫，標示著人之「主體性」外，另亦涉及「個人」對於「自我」與「社會／群體」的反思和期望。

〔註324〕李賢中：〈孟子人性論之價值〉，《哲學與文化》，第 21 卷第 9 期，臺北：哲學與文化月刊雜誌社，1994 年 09 月，頁 823～829。

第五章　結　論

　　葉海煙曾說：「面對多元主義高唱入雲的當代文化，儒學從歷史走來，向人間開動，並不得不對未來不斷做出回應，實在已無所逃乎天地之間。」〔註1〕此言雖略帶感慨之情意，但著實亦表現出對於當代儒者的期許與激勵，而根據前文諸章所述，筆者欲將研究結論分為「以讀經為要」及「以《論》、《孟》為要」等兩部分進行闡釋。

一、以讀經為要的研究成果

　　根據前文對於「讀經」一事的析論可知，其爭議的發生，往往與具「傳統／封建性質」之內容及「背誦」之進行方式有關，故亦即多採取教條、規約的視角看待和應用「經典」，而不講究義理上的理解、省思，或將其視為次要之事，所以此舉不僅易造成今人對於古籍或經典的誤解、誤讀，更進而會衍伸出誤信、誤行等舉止活動，犯了／陷入批評稻草人之邏輯謬誤，因此，誠如袁保新說：「『經典不會說話，除非我們發問』…要為經典找到最恰當的意義形式，讓我們更有啟發性的理解自我，並為在歷史中的此時此刻的處境，找到出路。」〔註2〕所以為使「讀經」之事能成為合宜的「教育」方法或途徑，而避免獲得事倍功半的教育成果，擇以適切之「讀」，此或許才能促使古籍文獻所具有之意義與當代價值獲得更加有效的彰顯。

　　承上言，因此如欲以「讀經」作為「成德之教」，吾人即須知曉，「成德」

〔註1〕葉海煙：《中國哲學的倫理觀》，台北市：五南，2001，頁47。
〔註2〕袁保新：〈人性與歷史——從當代儒學的詮釋爭議到孟子人性論的新試探〉，《宗教哲學》，第82期，新北市：中華民國宗教哲學研究社，2017年12月，頁95～117。

乃與「生命價值」的思考與創造有關,是以個人意志的選擇爲要務,如同孔、孟同以「人能」(指人的後天作爲)和「志」作爲成德與否之關鍵,而冀劍制也指出:「道德教育或德行教育不僅只是讓這個社會更有道德、更和諧而已,這樣的教育甚至是培養一個人能夠發覺內心生命最重要的內在趨向。」〔註3〕故筆者以爲,採取以「義理」爲進路的讀經活動,其方才能使「讀者」對「經典(內容)」產生思辨可能,進而由「心」生成認同、相信等情意表現,也就是說,對於「經典」,吾人應非於初始階段,便僅能以「絕對服從」的意識形態予以視之或教授,「經典」當是生活教材而非「守則」,讀者或學習者本身方才是其「生活」與「生命」的創造及建構者,是具「主體性」之存在,所以筆者另認爲,關於「讀經」中的領讀者,其應非如王財貴所言的如此簡易,而須以「對所選讀之經典義理有所理解」作爲擔當條件,此或許可引朱熹之主張爲參照對象——「讀書無疑者,須教有疑;有疑者,卻要無疑,到這裏方是長進。」〔註4〕。

另誠如李賢中所言:「『志』不是理想,卻指向理想,理想爲『志』之內涵…『志』是構成行爲者思維情境的重要因素,使人活在對未來有所期待的當下,有前進的動力。『志』是提供行爲本身之意義的泉源。因爲人是追求意義的存在者。『志』可以超越於立志當下的眼界,它具有開創生命格局之作用。因爲『志』所指向的目標必然是立志者尚未達到的境界。」〔註5〕因此,筆者以爲「讀經」乃應以「立志」爲歸結,也就是說,讀者當「爲己立志」,由「己」去定位自身與古籍間之關係,建立彼此之關聯性,而此或許才是吾人在從事「經典閱讀」時最終所應關注之課題,近似朱熹所言之:「讀書,不可只專就紙上求理義,須反(返)來就自家身上以手自指。」〔註6〕畢竟「身爲人,我們具有思考的稟賦,因而也能藉思考而在生命途中採取方向」〔註7〕,而人的

〔註3〕冀劍制:〈服務學習的精神與實踐——以華梵大學「覺之教育」爲基礎〉,《實踐博雅學報》,第9期,台北市:實踐大學博雅學部,2008年01月,頁103～125。

〔註4〕〔宋〕黎靖德編:《朱子語類·卷第十一》,北京:中華書局,1986,頁186,後僅標註書名、卷數及頁碼。

〔註5〕李賢中:〈從「志」「功」關系看儒、墨兩家的理想與實踐〉,《職大學報》,2010年03期,蒙古:中華全國總工會宣傳部高教專委會聯合委托包頭職大,2010年09月,頁4～8。

〔註6〕《朱子語類·卷第十一》,頁181。

〔註7〕項退結:《中國哲學之路》,台北市:東大出版,1991,頁27。

特殊、尊嚴與價值應就顯露在能「面對過去，投向未來」。

二、以《論》、《孟》為要的研究成果

首先，藉由《論語》、《孟子》之諸章及其系統可知，不論是「仁」或「義」，其皆具有豐富之意蘊，關係著為人生活的「待人」、「處事」與「接物」，故仁、義之德應即意謂著孔、孟面對此三向度所豎立起的人生主張，誠如李賢中說：「中國哲學具有很強的人文精神，指出了人生的意義與價值，呈現生命整體的終極關懷，也體現了人類文化創造的價值和理想。」〔註8〕因此，仁、義應即揭示著孔、孟對於人之「獨特性」所抱持的肯定態度，也就是指出「人者」在與「他物」同有的物質生命之外，另還擁有「精神生命」的稟賦，能為自己的生命進行選擇、決定和開拓。

承上所述，故孔、孟所言之人，應皆處於「動」之狀態，而並非是「已完成的」，也就是說，「尚未完成」當是其論人時所共同透露之訊息，亦即指出「人」當保有「能變」和「可變」之能力，並「有待」人能的發用予之決定，故如蔡仁厚說：「道德並不是現成之物，而是要人自覺地去實踐、去表現的。表現它，它就有，不表現，它就沒有。」〔註9〕因此，不同於周克勤將人的「自我肯定」建立在人性之善或惡中，〔註10〕筆者以為，此種將人置於「動態」之觀點，才應是人者「自我肯定」的結果體現，因其乃標示著「人者」當有能力去改變現狀，抑或能創造、履踐自我之生命價值，而此意涵即近似吾人所常聽聞之語——「我們不能選擇怎麼死，但我們可以選擇怎麼活」。

換言之，從《論》之「仁」及《孟》之「義」的析論來看，此二德行乃與人之生命發展緊密相連，其所涉及的仁者、義者或「有德者」，抑或所關聯的「成德之教」，當即是以「人能」為關鍵要素，也就是說，「有德者」在孔、孟思想中乃是「『非』天生而成的」，其須倚靠後天的人之作為才得以獲得履踐及成就，而此「人能——學、養」工夫，亦始於人者對於「自身」的省思、

〔註8〕李賢中：〈中國哲學人文精神的直覺方法〉，《中西哲學的人文意蘊學術研討會會議論文集》，新北市：輔大書坊，2013年11月，頁73~99。
〔註9〕蔡仁厚：《孔孟荀哲學》，台北市：台灣學生，1984，頁294。
〔註10〕周克勤說：「自我肯定及自我否定，與人性善惡有密切的關聯，前者實際是後者的引伸。」（周克勤：〈自我肯定與自我否定——儒家與天主教倫理的比較〉，《現代學苑》，第7卷第1期，臺北：哲學與文化月刊雜誌社，1970年01月，頁17~26）。

定位，源自一種「對內」之活動，如沈清松說：「智慧的獲取，要從認識人開始…從自我開始，到與他人相處，到貢獻社會，到實現理想價值。」〔註 11〕所以，此背後似乎即流露著「吾人唯有先相信自己是怎樣的人，亦才能促發自身成爲怎樣的人」〔註 12〕之主張。

據此，所以孔、孟首重「內省」的人生態度，強調「爲己」的重要，如郭齊勇說：「人不論處在甚麼樣的情境，如何選擇人生道路、怎樣保持獨立的人格和氣節，終究是自我作主的事。」〔註 13〕然誠如陳皎眉在談論「人際關係」的複雜性時指出：「事實上，正因爲我們所能做的只有一定的限度，因此，只要對我們所能控制的，以及所能影響的部分負責就好。」〔註 14〕畢竟人生在世，在所難免會面臨許多不可抗拒之因素，進而打亂原有之計畫或目標，但此語卻也同時標明人生仍有自己所能掌握之事，故該言驟似消極，但其中卻亦隱含有「爲己負責」的積極傾向，然而「個人能爲何事負責？」，此或許即指向「立志」之課題，關乎著個人如何看待自己之存在。

最後，從對於「志」的探析中獲悉，「社會」、「群體」與「眾」應是孔、孟所正視與關懷之對象，如同《被討厭的勇氣》所云：「想過著沒有煩惱的生活，除非宇宙中只剩下自己。」此即透露一重要實情──「人無法自存於世」，故孔、孟同以「他者」爲「志」之內容，其所體現出的精神應就在於以積極、正向的方式面對「共處」之問題，視「他者」爲「己」所應負責之對象，據此，故「經典內容」（《論》、《孟》）亦非僅聚焦於個人生命的卓越或超拔之事，其中乃隱含有社會性課題，也就是說，個人的有德或成德，其對孔、孟而言僅當是爲使「公眾善」得以構建之過程，意謂個人作爲一種社會性存在的應有表現，亦即人者不當僅以「獨善其身」爲滿足，而應設法以「我好──你也好」爲目標，故誠如蒙培元說：「生命現象是整體的現象，生命是在與『他者』相連繫的整體中存在的。」〔註 15〕潘小慧亦指出：「儒家的『個人』與『主

〔註 11〕 沈清松：《追尋人生的意義：自我、社會與價值觀》，台北：台灣書店，1996，頁 2。
〔註 12〕 例如「有德者」的成就，人者唯有先相信自身能成爲有德者，其自身亦才能有成爲有德者之可能。
〔註 13〕 郭齊勇：〈孔孟道德哲學平議〉，《中國哲學與倫理學·下冊》，台北縣：輔仁大學，1997，頁 401～416
〔註 14〕 陳皎眉：《人際關係與人際溝通》，台北市：雙葉書廊，2013，頁 20。
〔註 15〕 蒙培元：〈中國哲學的方法論問題〉，《哲學動態》，2003 年第 10 期，北京：中國社會科學院哲學研究所，2003 年 10 月，頁 3～8。

體』意義恰恰是在群體脈絡中呈現的，因為德行完成於關係中、完成於人際互動中。」〔註16〕換言之，孔、孟所言的「德行」，其中乃蘊含有「以『眾』為『志』」的精神與態度。

而除上述外，此種側重於「志」，並以「志」為歸結的主張，應是能「古理今用」的，因為「立志」即猶如個人對於「生命意義」的確立，誠如對於「志」的探詢，許又新認為此乃符應心理治療之形式：「實際上，很多神經症病人並不明確自己所『志』為何，這就要求心理治療者幫助他們加以澄清。一旦明確了自己的『志』，一切就都好辦多了。」〔註17〕而「意義治療法」可謂即是其理論基礎，如劉翔平指出：「人的心理健康取決於他對生命意義的領悟，取決於自己對生活的選擇方式。」、「在意義治療中，自我超越是指一種去賦予意義的意圖。如果人能夠找到和實現他生命的意義，他不僅會變得很開心，還會面對生命的苦難。」〔註18〕所以，「立志」亦能與「自殺防治」相關聯，如林翠蓮、王秋文說：「…就生命本身，存在就是一種價值，唯有透過生命意義的啟發與教育，才能真正治癒和轉化自殺者對生命錯誤的執著。」〔註19〕張淑美也指出：「…培養較健康正面的人生觀，增加孩子對生命的吸引、降低其對生命的排斥，應是根本的防治自殺之途逕。」〔註20〕另筆者以為，如將《論語》、《孟子》所論的仁、義…等概念與以抽離，僅留其思考進路，此或許能為今人的生活，提供另種省思與刺激，亦即關乎著「志在何方」的問題思考，表現為對生命或生活「出路」之探詢。

總的來說，孔、孟首先應是以「社會」為對象，而後才進入「個人」之思考，但此並非代表或意謂著此二人之思想／學說，對於個人是有所不重視或價值貶抑的，筆者以為，其應當是以一種「社會責任」的視角來談論「個人之存在性」，也就是說，「社會」是由「個人」所構成，但「人從來不是孤

〔註16〕潘小慧：〈邁向整全的人：儒家的人觀〉，《應用心理研究》，第 9 期，台北：應用心理研究雜誌社，2001 年 03 月，頁 115～135。

〔註17〕許又新：〈孔子和老子的思想：在心理治療中應用的可能〉，曾文星編，《華人的心理與治療》，台北市：桂冠，1996，頁 379～380。

〔註18〕劉翔平：《尋找生命的意義——弗蘭克的意義治療學說》，台北市：貓頭鷹出版社，2001，頁 45、213。

〔註19〕林翠蓮、王秋文：〈自殺防治應從生命教育出發〉，《台灣教育評論月刊》，第 4 卷第 8 期，台北市：臺灣教育評論學會，2015 年 05 月，頁 132～134。

〔註20〕張淑美：《「生命教育」研究、論述與實踐：生死教育取向》，高雄市：復文圖書出版社，2005，頁 182。

立的存有」〔註21〕，「個人」始終存在於「社會」當中，以致雖以「社會為重」，但其亦標示著對於「個人」的關懷，據此，以致所謂思考進路或「立志」之問題思考，筆者以為應可藉兩個連續性問題予以歸結，即吾人可先自問「你想留下一個什麼樣的社會給後世？」，並在此問題後再接續自省「你要成為什麼樣的人？」。

〔註21〕潘小慧：〈從中西思想談人與自然的和諧之道〉，《哲學與文化》，第 41 卷第 7
期，臺北：哲學與文化月刊雜誌社，2014 年 07 月，頁 23～36。

參考文獻

原典古籍（含注譯本）：

1. 〔周〕周公旦著，國立臺灣師範大學出版中心編輯：《周禮》，台北市：師大出版中心，2012。

2. 〔戰國〕荀況著，〔唐〕楊倞注：《荀子》，上海：上海古籍出版社，1991。

3. 〔漢〕王符撰，〔清〕汪繼培箋：《潛夫論箋》，台北縣：漢京文化，2004。

4. 〔漢〕司馬遷：《史記》，「中國哲學書電子化計劃」網站，網址：https://ctext.org/shiji/zh。

5. 〔漢〕班固：《漢書》，「中國哲學書電子化計劃」網站，網址：http://ctext.org/han-shu/zh。

6. 〔漢〕班固撰，〔唐〕顏師古注：《漢書（一）》台北：明倫出版社，1972。

7. 〔漢〕許慎著，〔清〕段玉裁注：《說文解字注》，「說文解字」網站，網址：http://www.shuowen.org/。

8. 〔漢〕趙岐注，〔宋〕孫奭疏，李學勤主編：《孟子注疏》，台北市：台灣古籍，2001。

9. 〔漢〕鄭玄注，〔唐〕孔穎達疏：《禮記正義》，台北市：廣文書局，1971。

10. 〔漢〕應劭，王利器校注：《風俗通義校注》，北京：中華書局，2010。

11. 〔魏〕何晏注，〔宋〕邢昺疏，朱漢民整理：《論語注疏》，台北市：台灣古籍，2001。

12. 〔晉〕張華，祝鴻杰譯注：《博物志新譯》，上海：上海大學出版社，2010。

13. 〔唐〕韓愈著，劉真倫、岳珍校注：《韓愈文集彙校箋注》，北京：中華書局，2010。

14. 〔唐〕魏徵：《隋書》，台北市：宏業書局，1974。

15. 〔宋〕朱熹：《四書章句集注》，北京：中華書局，2011。

16. 〔宋〕黎靖德編：《朱子語類》，北京：中華書局，1986。

17. 〔明〕王守仁撰、王雲五主編：《王文成公全書》，台北市：台灣商務，1979。

18. 〔清〕李光地等撰：《性理精義》，台北市：中華書局，1971。

19. 〔清〕焦循撰，沈文倬點校：《孟子正義》，北京：中華書局，1987。

20. 〔清〕劉鶚著，國立臺灣師範大學出版中心編輯：《文心雕龍》，台北市：師大出版中心，2012。

21. 〔清〕錢大昕撰，王雲五主編：《潛研堂文集》，臺北市：臺灣商務，1979。

22. 〔清〕劉寶楠：《論語正義》，台北市：文史哲，1990。

23. 王邦雄、曾昭旭、楊祖漢：《孟子義理疏解》，台北市：鵝湖出版社，1982。

24. 王忠林注譯：《新譯荀子讀本》，台北市：三民，2009。

25. 王雲五主編：《四庫全書珍本》，台北市：商務，1981。

26. 史次耘：《孟子今註今譯》，台北市：台灣商務，2009。

27. 傅佩榮解讀：《論語》，台北縣：立緒文化，1999。

28. 傅佩榮解讀：《孟子解讀：新世紀繼往開來的思想經典》，新北市：立緒文化，2013。

29. 梁啓雄：《荀子簡釋》，北京：中華書局，1983。

30. 楊伯峻：《孟子譯注》，北京：中華書局，2011。

31. 錢遜：《孟子讀本》，北京：中華書局，2010。

32. 錢穆：《論語新解》，台北市：東大圖書，2011。

專書著作：

1. 〔法〕Jacques Maritain, Education at the Crossroads, New Haven: Yale University, 1943.

2. 〔法〕馬里旦著，簡成熙譯：《十字路口的教育：通識教育的理論基礎》，台北市：五南，1996。

3. 〔義〕卡爾維諾（Italo Calvino）著，李桂蜜譯：《爲什麼讀經典》，台北市：時報文化，2005。

4. 中國蔡元培研究會編：《蔡元培全集》，杭州：浙江教育，1997。

5. 尤煌傑、潘小慧：《哲學概論：PBL 指定教材》，台北市：哲學與文化月刊社，2015。

6. 王財貴：《兒童讀經教育說明手冊》，國立台中師範學院語文教學研究中心、全球讀經教育基金會、華山書院聯合出版，2005 年第 33 版（1995年 5 月初版）。

7. 王財貴等著：《讀經教育理論與實務》，台北市：洪葉文化，2015。

8. 任繼愈：《中國哲學發展史‧第一冊》，北京：人民出版社，1963。

9. 朱有瓛主編：《中國近代學制史料》，上海：華東師範大學，1990。

10. 朱自清：《經典常談》，台北市：國際少年村，2001。

11. 牟宗三：《中國哲學十九講》，上海：上海古籍出版社，2005。

12. 牟宗三：《中國哲學的特質》，台北市：台灣學生，1994。

13. 牟宗三著、沙淑芬編：《牟宗三先生全集 05‧心體與性體（第一冊）》，台北：聯經，2003。

14. 牟宗三著、沙淑芬編：《牟宗三先生全集 07‧心體與性體（第三冊）》，台北：聯經，2003。

15. 牟宗三著、沙淑芬編：《牟宗三先生全集 22‧圓善論》，台北：聯經，2003。

16. 竹立家：《道德價值論》，北京：中國人民大學出版社，1998。

17. 吳汝鈞：《儒家哲學》，台北市：台灣商務，1995。

18. 李凱：《孟子詮釋思想研究》，台北市：萬卷樓，2012。

19. 李澤厚：《中國古代思想史論》北京：三聯書店，2008。

20. 杜維明：《詮釋《論語》「克己復禮爲仁」章方法的反思》，台北市：中研院文哲所，2013。

21. 沈清松：《追尋人生的意義：自我、社會與價值觀》，台北：台灣書店，1996。

22. 金春峰：《哲學：理性與信仰》，台北市：東大，1997。

23. 南懷瑾：《亦新亦舊的一代》，上海：復旦大學出版社，1995。

24. 姜廣輝：《義理與考據：思想史研究中的價值觀懷與實證方法》，北京：中華書局，2010。

25. 洪漢鼎：《當代哲學詮釋學導論》，台北市：五南圖書出版社，2008。

26. 胡曉明編：《讀經：啓蒙還是蒙昧？──來自民間的聲音》，上海：華東師範大學出版社，2005。

27. 唐君毅：《中國文化之精神價值》，桂林：廣西師範大學出版社，2005。

28. 唐君毅：《中國哲學原論‧原性篇》，台北市：臺灣學生，1991。

29. 唐君毅：《中國哲學原論‧原道篇（一）》，台北市：台北學生書局，1976。

30. 唐君毅：《文化意識與道德理性》，北京：中國社會出版社，2005。

31. 唐君毅：《生命存在與心靈境界》，北京：中國社會科學出版社，2006。

32. 徐復觀：《中國人性論史‧先秦篇》，台北市：台灣商務，1969。

33. 徐復觀：《中國經學史的基礎》，台北市：台灣學生，1982。

34. 柴松林：《讀聖賢書所學何事》，臺北市：台灣省訓練團，1988。

35. 馬信行：《行爲改變的理論與技術》，台北市：桂冠圖書，1996。

36. 張立文：《中國哲學範疇發展史・人道篇》，台北市：五南，1997。

37. 張立文：《心》，台北市：七略，1996。

38. 張立文：《性》，台北市：七略，1997。

39. 張岱年：《中國古典哲學概念範疇要論》，北京：中國社會科學出版社，1987。

40. 張岱年：《中國倫理思想研究》，南京：江蘇教育出版社，2005。

41. 張岱年：《中國哲學大綱》，台北市：藍燈文化，1992。

42. 張淑娟、易博士編輯部：《圖解教育學》，台北市：易博士文化，2012。

43. 教宗若望保祿二世：《天主教大學憲章（精簡版)》，台北縣：輔仁大學出版社，1998。

44. 梁啓超：《中國古代學術流變研究》，山西：山西人民出版社，2014。

45. 梁啓超：《中國近三百年學術史》，北京：中國書店，1985。

46. 郭齊勇：《中國儒學之精神》，上海：復旦大學出版社，2009。

47. 陳大齊：《孟子待解錄》，台北市：台灣商務，1980。

48. 陳福濱：《中國哲學史講義》，台北市：至潔有限公司，2014。

49. 陳鐵凡：《孝經學源流》，台北市：國立編譯館，1986。

50. 傅佩榮：《儒家哲學新論》，台北市：業強，1993。

51. 傅佩榮：《儒道天論發微》，台北市：台灣學生書局，1985。

52. 傅佩榮主編：《孔子辭典》，台北市：聯經，2013。

53. 傅偉勳：《學問的生命與生命的學問》，台北市：正中，1993。

54. 勞思光：《新編中國哲學史（一)》，台北市：三民書局，2001。

55. 景海峰：《中國哲學的現代詮釋》，北京：人民出版社，2004。

56. 曾文星編，《華人的心理與治療》，台北市：桂冠，1996。

57. 曾春海：《中國近當代哲學史》，台北市：五南，2018。

58. 曾春海：《先秦哲學史》，台北市：五南圖書，2010。

59. 程繼松：《義——照亮歷史的道德之光》，廣西：廣西人民出版社，1996。

60. 項退結：《中國哲學之路》，台北市：東大出版，1991。

61. 馮友蘭：《中國哲學史新編・上卷》，北京：人民出版社，2001。

62. 馮友蘭：《中國哲學史・增訂本上冊》，臺北市：臺灣商務，1993。

63. 黃俊傑：《孟學思想史論》，台北市：東大出版，1991。

64. 黃政傑編：《新品格教育——人性是什麼？》，台北市：五南圖書，2008。

65. 葉至誠、葉立誠：《研究方法與論文寫作》，台北市：商鼎，2011。

66. 葉海煙：《中國哲學的倫理觀》，台北市：五南，2001。

67. 董洪利：《孟子研究》，江蘇：江蘇古籍出版社，1997。

68. 賈馥茗：《教育的本質》，台北市：五南圖書，1998。

69. 熊十力：《讀經示要·上冊》，台北市：明文書局，1984。

70. 蒙培元：《中國心性論》，台北市：台灣學生，1990。

71. 蒙培元：《中國哲學主體思維》，北京：東方出版社，1993。

72. 蒙培元：《蒙培元講孟子》，北京：北京大學，2006。

73. 劉曉成、顧久幸：《仁——爲人爲政之道》，廣西：廣西人民出版社，1996。

74. 歐陽教：《道德判斷與道德教學》，台北市：文景書局，1996。

75. 潘小慧：《四德行論——以多瑪斯哲學與儒家哲學爲對比的探究》，台北：哲學與文化月刊雜誌社，2007。

76. 潘小慧：《倫理的理論與實踐》，台北市：文史哲，2005。

77. 潘德榮：《西方詮釋學史》，台北市：五南圖書出版社，2015。

78. 蔡仁厚：《中國哲學史·上冊》，台北市：台灣學生，2009。

79. 蔡仁厚：《孔孟荀哲學》，台北市：台灣學生，1984。

80. 蔡仁厚：《哲學史與儒學論評：世紀之交的回顧與前瞻》，台北市：台灣學生，2001。

81. 謝青龍、林明炤主編：《精粹中的博雅：經典、教育與經典教育》，台北市：麗文文化，2010。

82. 韓鍾文：《先秦儒家教育哲學思想研究》，濟南：齊魯書社，2003。

83. 魏元珪：《孟荀道德哲學》，台北市：海天出版社，1980。

84. 羅光：《儒家生命哲學》，台北：台灣學生書局，1995。

85. 羅光：《羅光全書·冊二之一·生命哲學訂定版》，臺北市：臺灣學生書局，1996。

86. 羅光：《羅光全書·冊五·中國哲學大綱》，臺北市：臺灣學生書局，1996。

87. 羅光：《羅光全書·冊六·中國哲學思想史——先秦篇》，臺北市：臺灣學生書局，1996。

88. 羅惠齡：《當代《孟子》人性論的省察——以漢學家的詮釋所展開的反思》，台北市：秀威資訊，2019。

89. 譚宇權：《孟子學術思想評論》，台北市：文津，1995。

90. 譚家哲：《孟子平解》，台北市：唐山出版社，2010。

91. 邊家珍：《經學傳統與中國古代學術文化形態》，北京：人民出版社，2010。

92. 蘇新鋈：《先秦儒學論集》，台北市：文津出版社，1992。

研究論文（含學位論文）：

1. 于斌：〈輔仁大學哲學研究對中國社會的責任〉，《哲學論集》，第 7 期，台北縣：輔仁大學出版社，1976 年 06 月，頁 1～11。

2. 中國文物保護基金會：〈海昏侯墓出土竹書「論語」或爲失傳 1800 年「齊論」〉，「中國文物保護基金會」網站，網址：ttps://goo.gl/G79hz1。

3. 尤煌傑：〈人與世界：從中國的人性論談起〉，《哲學與文化》，第 19 卷第 4 期，台北：哲學與文化月刊雜誌社，1992 年 04 月，頁 344～351。

4. 方克立：〈甲申之年的文化反思——評大陸新儒學「浮出水面」和保守主義「儒化」論〉，《中山大學學報〔社會科學版〕》，2005 年第 6 期，廣州：中山大學，2005 年 11 月，頁 1～5。

5. 方克立：〈關於當前大陸新儒學問題的三封信〉，《學術探索》，2006 年第 2 期，雲南：雲南省社會科學界聯合會，2006 年 04 月，頁 4～10。

6. 王法強：〈孟子仁義實踐論辨正〉，《齊魯學刊》，2018 年第 03 期，山東：山東曲阜師範大學，2018 年 08 月，頁 18～23。

7. 王財貴：〈語文教育改良芻議〉，《鵝湖月刊》，260 期，台北市：鵝湖月刊社，1997 年 02 月，頁 1～2。

8. 王財貴：〈讀經教育之基本理論（一）〉，《鵝湖月刊》，第 30 卷第 7 期總號第 355 期，台北市：鵝湖月刊社，2005 年 01 月，頁 52。

9. 王財貴：〈讀經通訊發刊辭——謹獻給第三屆當代新儒學國際學術會議〉，《鵝湖月刊》，第 20 卷第 6 期總號第 234 期，台北市：鵝湖月刊社，1994 年 12 月，頁 54～56。

10. 何信全：〈儒學也能推導出現代法治原則嗎？以「道德自主性」爲中心的探討〉，《思與言：人文與社會科學雜誌》，第 49 卷第 2 期，台北：思與言雜誌社，2011 年 06 月，頁 165～195。

11. 吳忠偉：〈「義」與早期中國的「邦邑」共同體〉，《哲學與文化》，第 44 卷第 2 期，臺北：哲學與文化月刊雜誌社，2017 年 02 月，頁 103～117。

12. 吳秋槿：〈從語錄體來談《論語》的價值〉，《東吳中文線上學術論文》，第 35 期，台北市：東吳大學，2016 年 09 月，頁 1～18。

13. 李明輝：〈當前儒家之實踐問題〉，《台灣社會研究季刊》，第 2 卷第 2 期，台北市：臺灣社會研究雜誌社，1990 年 10 月，頁 107～126。

14. 李彥儀：〈從杜威《民主與教育》所揭示的教育理念與教育目的反思當代讀經教育運動〉，《慈濟大學人文社會科學學刊》，第 23 期，花蓮：慈濟學校財團法人慈濟大學，2019 年 04 月，頁 66～90。

15. 李瑞全：〈荀子哲學之價值規範根源問題：兼論孟荀之孔門承傳之取向〉，《中央大學人文學報》，第 50 期，桃園：國立中央大學文學院，2012 年 04 月，頁 23～49。

16. 李賢中：〈中國哲學人文精神的直覺方法〉，《中西哲學的人文意蘊學術研討會會議論文集》，新北市：輔大書坊，2013 年 11 月，頁 73～99。

17. 李賢中：〈中國哲學研究方法之省思〉，《哲學與文化》，第 34 卷第 4 期，臺北：哲學與文化月刊雜誌社，2007 年 04 月，頁 7～24。

18. 李賢中：〈孟子人性論之價值〉，《哲學與文化》，第 21 卷第 9 期，臺北：哲學與文化月刊雜誌社，1994 年 09 月，頁 823～829。

19. 李賢中：〈從「志」「功」關系看儒、墨兩家的理想與實踐〉，《職大學報》，2010 年 03 期，蒙古：中華全國總工會宣傳部高教專委會聯合委托包頭職大，2010 年 09 月，頁 4～8。

20. 杜保瑞：〈中國哲學的基本哲學問題與概念範疇〉，《文史哲》，2009 年第 4 期，山東：山東大學，2009 年 07 月，頁 49～58。

21. 汪聚應：〈儒「義」考論〉，《蘭州大學學報》，2004 年第 03 期，甘肅：蘭州大學，2004 年 05 月，頁 27～31。

22. 沈清松：〈從「方法」到「路」──項退結與中國哲學的方法論問題〉，《哲學與文化》，第 32 卷第 9 期，台北市：哲學與文化月刊雜誌社，2005 年 09 月，頁 61～78。

23. 周克勤：〈自我肯定與自我否定──儒家與天主教倫理的比較〉，《現代學苑》，第 7 卷第 1 期，臺北：哲學與文化月刊雜誌社，1970 年 01 月，頁 17～26

24. 周海春、榮光漢：〈論孟子之「義」〉，《哲學研究》，2018 年第 8 期，北京：中國社會科學院哲學研究所，2018 年 08 月，頁 44～51、60。

25. 林文琪：〈寓教於祭的倫理教育劇場──儒家祭祀禮典儀式中展開的典範學習活動析論〉，《漢學研究集刊》，第 25 期，雲林：國立雲林科技大學漢學資料整理研究所，2017 年 12 月，頁 117～155

26. 林啓屏：〈經典之現代意義與應用〉，《T&D 飛訊》電子月刊，第 128 期，台北市：國家文官學院，2011 年 10 月，頁 1～16。

27. 林翠蓮、王秋文：〈自殺防治應從生命教育出發〉，《台灣教育評論月刊》，第 4 卷第 8 期，台北市：臺灣教育評論學會，2015 年 05 月，頁 132～134。

28. 邵鐵峰：〈《孟子》中的羞惡之心：關於羞恥的比較研究〉，《哲學與文化》，第 45 卷第 12 期，臺北：哲學與文化月刊雜誌社，2018 年 12 月，頁 115～129。

29. 柯小剛：〈當代社會的儒學教育──以國學熱和讀經運動爲反思案例〉，《湖南師範大學教育科學學報》，2016 年第 4 期，湖南：湖南師範大學，2016 年 07 月，頁 34～40。

30. 洪博昇：〈從段玉裁對「讀」字的訓解，談孔安國以今文字讀《古文尚書》的相關問題〉，《世新中文研究集刊》，第 6 期，臺北市：世新大學中國文

學系，2010 年 07 月，頁 195～226。

31. 胡博越：〈《孟子》的譬喻探析〉，《黑龍江史志》，2014 年第 12 期，黑龍江：黑龍江省地方志辦公室，2014 年 06 月，頁 51～52。

32. 苑舉正：〈經典之現代意義與應用〉，《T&D 飛訊》電子月刊，第 129 期，台北市：國家文官學院，2011 年 10 月，頁 1～18。

33. 英冠球：〈《孟子》反映的倫理學型態——從德性倫理學的觀點看〉，《哲學與文化》，第 37 卷第 5 期，臺北：哲學與文化月刊雜誌社，2010 年 05 月，頁 19～40。

34. 唐君毅：〈生命存在之三向與心靈九境〉，《鵝湖月刊》，第 26 期，新北市：鵝湖月刊社，1977 年 08 月，頁 2～16。

35. 孫昕：〈讓「傳統文化教育」成爲教育——北京師範大學徐梓教授談傳統文化教育熱點問題〉，《中國教師》，2016 年第 21 期，北京：北京師範大學，2016 年 11 月，頁 19～23。

36. 孫效智：〈生命教育之推動困境與内涵建構策略〉，《教育資料集刊》，第 27 輯，台北市：國立教育資料館，2002 年 12 月，頁 283～301。

37. 徐梓：〈兒童讀經與道德建設〉，《中國德育》，2013 年第 11 期，北京：中央教育科學研究院，2013 年 06 月，頁 38～41。

38. 徐舜彦：〈先秦儒家思想中的社會侷限——社會道德規範〉，《哲學與文化》，第 32 卷第 6 期，臺北：哲學與文化月刊雜誌社，2005 年 06 月，頁 53～67。

39. 涂可國：〈儒家之「義」的責任倫理意蘊〉，《孔子研究》，2017 年第 5 期，山東：中國孔子基金會，2017 年 09 月，頁 5～15。

40. 袁保新：〈人性與歷史——從當代儒學的詮釋爭議到孟子人性論的新試探〉，《宗教哲學》，第 82 期，新北市：中華民國宗教哲學研究社，2017 年 12 月，頁 95～117。

41. 高立梅：〈孟子「仁義内在」説淺析〉，《華中科技大學學報（社會科學版）》，第 20 卷 02 期，湖北：華中科技大學，2006 年 03 月，頁 27～30。

42. 高瑋謙：〈論讀經教育的時代意義〉，《鵝湖月刊》，第 37 卷第 11 期總號第 443 期，新北市：鵝湖月刊社，2012 年 05 月，頁 56～64。

43. 張玉棉：〈比喻在孟子散文中的運用〉，《邢臺師專學報》，1994 年第 1 期，河北：邢臺學院，1994 年 02 月，頁 54～58。

44. 張汝倫：〈中國哲學與當代世界〉，《哲學研究》，2017 年第 1 期，北京：中國社會科學院哲學研究所，2017 年 01 月，頁 91～100。

45. 張定浩：〈《孟子》的讀法〉，《名作欣賞》，2018 年第 1 期，山西：三晉報刊，2018 年 01 月，頁 122～124。

46. 張鼎國：〈「較好地」還是「不同地」理解：從詮釋學論爭看經典註疏中

的詮釋定位與取向問題〉,《中國文哲研究通訊》,第 9 卷第 3 期,台北市:中央研究院中國文哲研究所,1999 年 09 月,頁 87～109。

47. 張禮永:〈讀經之史、讀經之實、讀經之死——對 1904 年至 1949 年歷次讀經爭議的考察〉,《華東師範大學學報(教育科學版)》,2009 年第 2 期,上海:華東師範大學,2009 年 06 月,頁 83～89。

48. 曹喜博、關健英:〈孟子「人禽之別」命題中關於人存在的三個維度〉,《倫理學研究》,2018 年第 3 期,湖南:湖南師范大學倫理學研究所,2018 年 05 月,頁 54～57。

49. 許宗興:〈「孟子性善論」解析〉,《華梵人文學報》,第 4 期,新北市:華梵大學,2005 年 01 月,頁 31～71。

50. 許朝陽:〈告子對比下的孟子「義」之可能義蘊〉,《淡江中文學報》,第 28 期,新北市:淡江大學中國文學學系,2013 年 06 月,頁 1～28。

51. 郭秋媛:〈論段玉裁《說文解字注》中的「淺人」說〉,「復旦大學出土文獻與古文字研究中心」網站,網址:https://goo.gl/zXnEe8,2013 年 07 月。

52. 郭齊勇:〈孔孟道德哲學平議〉,《中國哲學與倫理學·下冊》,台北縣:輔仁大學,1997,頁 401～416。

53. 郭齊勇:〈現代社會為什麼需要國學經典〉,《人民論壇》,2016 年第 24 期,北京:人民日報社,2016 年 08 月,頁 124～125。

54. 郭齊家:〈少兒讀經與文化傳承〉,《湖南科技學院學報》,第 26 卷第 1 期,湖南:湖南科技學院,2005 年 01 月,頁 49～52。

55. 陳士誠:〈孟子論作惡者——一個倫理學之比較研究〉,《清華學報》,第 48 卷第 4 期,新竹:國立清華大學出版社,2018 年 12 月,頁 691～723。

56. 陳大齊:〈孟子「浩然之氣」淺釋〉,《國立政治大學學報》,第 09 期,臺北市:國立政治大學,1964 年 05 月,頁 1～7。

57. 陳大齊:〈孟子學說中的仁與義〉,《國立政治大學學報》,第 04 期,臺北市:國立政治大學,1961 年 12 月,頁 1～20。

58. 陳來:〈孟子的德性論〉,《哲學研究》,2010 年 05 期,北京:中國社會科學院哲學研究所,2010 年 05 月,頁 38～48。

59. 陳敏華:〈探討《論語》作為香港中、小學德育課題的可行性〉,《鵝湖月刊》,第 500 期,新北市:鵝湖月刊社,2017 年 02 月,頁 24～31。

60. 陸胤:〈從書院治經到學堂讀經——孫雄與近代中國學術轉型〉,《學術月刊》,2017 年第 2 期,上海:上海市社會科學界聯合會,2017 年 02 月,頁 163～178。

61. 陸費逵:〈論中央教育會〉,《教育雜誌》,第三年第 8 期,上海:商務印書館,1911 年(宣統三年)08 月,頁 69～74。

62. 傅佩榮:〈經典之現代意義與應用〉,《T&D 飛訊》電子月刊,第 128 期,

台北市：國家文官學院，2011 年 10 月，頁 1～13。

63. 傅佩榮：〈解析孔子的價值觀〉，《哲學與文化》，第 26 卷第 6 期，臺北：哲學與文化月刊雜誌社，1999 年 06 月，頁 506～517。

64. 傅建增：〈孟子教育理論初探〉，《南開學報》，1994 年 01 期，天津：南開大學，1994 年 01 月，頁 47～53。

65. 傅偉勳：〈創造的詮釋學及其應用——中國哲學方法論建構試論一〉，《從創造的詮釋學到大乘佛教：「哲學與宗教」四集》，台北市：東大出版，1990 年，頁 1～46。

66. 曾守仁：〈經典、去經典、重讀經典——大學通識教育中經典教育的若干思考〉，《鵝湖月刊》，第 33 卷第 3 期總號第 387 期，新北市：鵝湖月刊社，2007 年 09 月，頁 51～64。

67. 曾春海：〈由論語、孟子看「仁」的自覺〉，《鵝湖月刊》，第 14 期，新北市：鵝湖月刊社，1976 年 08 月，頁 43～44。

68. 項退結：〈中國古代的「義」、「均」、「分」與多瑪斯的正義觀〉，《哲學與文化》，第 20 卷第 4 期，臺北：哲學與文化月刊雜誌社，1993 年 04 月，頁 360～368。

69. 馮耀明：〈論語中仁與禮關係新詮〉，《政治大學哲學學報》，第 21 期，台北：政治大學哲學系，2009 年 01 月，頁 129～158。

70. 黃俊傑：〈傳統中國的思維方式及其價值觀〉，《本土心理學研究》，第 11 期，台北市：臺灣大學心理學系本土心理學研究室，1999 年 06 月，頁 129～152。

71. 黃俊傑：〈論東亞儒家經典詮釋傳統中的兩種張力〉，《臺大歷史學報》，第 28 期，台北：臺灣大學歷史學系，2001 年 12 月，頁 1～22。

72. 黃桂嬋：〈論孟子的辯論藝術〉，《廣西教育學院學報》，2002 年第 6 期，廣西：廣西教育學院，2002 年 12 月，頁 101～104。

73. 黃淑汝：〈段玉裁《說文解字注》「淺人說」探析〉，台南：國立成功大學中國文學系碩士學位論文，2001。

74. 楊軍、王楚寧、徐長青：〈西漢海昏侯劉賀墓出土《論語·知道》簡初探〉，《文物》，2016 年第 12 期，北京：文物出版社，2016 年 12 月，頁 72～75。

75. 楊祖漢：〈中華經典的易讀與難讀〉，《鵝湖月刊》，第 41 卷第 11 期總號第 491 期，新北市：鵝湖月刊社，2016 年 06 月，頁 9～17。

76. 楊祖漢：〈孟子告子之辯的再探討〉，《鵝湖學誌》，第 60 期，新北市：鵝湖月刊社，2018 年 06 月，頁 83～116。

77. 楊儒賓：〈穿透「主體性」與「群體性」的「仁學」〉，《通識教育季刊》，第 11 卷第 4 期，台北：中華民國通識教育學會，2004 年 12 月，頁 97～106。

78. 董慶保：〈孟子「好辯」散論〉，《廣西教育學院學報》，2002 年第 6 期，廣西：廣西教育學院，2002 年 12 月，頁 105～108。

79. 蒙培元：〈中國哲學的方法論問題〉，《哲學動態》，2003 年第 10 期，北京：中國社會科學院哲學研究所，2003 年 10 月，頁 3～8。

80. 趙宇：〈儒家「亞聖」名號變遷考——關於宋元政治與理學道統論之互動研究〉，《歷史研究》，2017 年第 04 期，北京：中國社會雜誌社，2017 年 08 月，頁 43～61。

81. 劉述先：〈孟子心性論的再反思〉，《中國文哲研究通訊》，第 4 卷第 2 期，台北：中央研究院中國文哲研究所，1994 年 06 月，頁 1～14。

82. 劉海波：〈再辯讀經〉，「中國法學網」網站，網址：https://goo.gl/Mo2qo2。

83. 劉海波：〈蒙昧的教育理念與傳統觀——評薛涌先生的反讀經觀點〉，「中國法學網」網站，網址：https://goo.gl/VSd7e3。

84. 劉清平：〈孟子何以「亞聖」？〉，《人文雜誌》，2014 年第 10 期，陝西：陝西省社會科學院，2014 年 10 月，頁 1～5。

85. 劉雪河：〈「義」之起源易禮新探〉，《四川師範學院學報（哲學社會科學版）》，2003 年第 4 期，四川：西華師範大學，2003 年 07 月，頁 70～72。

86. 劉雪河：〈談禮、義、仁之間的關係〉，《史學月刊》，2003 年第 7 期，河南：河南大學，2003 年 07 月，頁 119～120。

87. 劉瑾輝：〈《孟子正義》：新疏家模範作品〉，《揚州大學學報（人文社會科學版）》，2006 年第 3 期，江蘇：江蘇師範大學，2006 年 05 月，頁 30～35。

88. 劉瑾輝：〈焦循《孟子正義》的疏証特色〉，《江蘇師範大學學報（哲學社會科學版）》，2007 年第 2 期，江蘇：江蘇師範大學，2007 年 05 月，頁 70～75。

89. 劉曉東：〈「兒童讀經運動」質疑——與南懷瑾先生商榷〉，《南京師大學報〔社會科學版〕》，2004 年第 3 期，江蘇：南京師範大學，2004 年 05 月，頁 63～70。

90. 劉曉東：〈「蒙昧的教育理念與傳統觀」——評劉海波對「兒童讀經」的辯護〉，《幼兒教育〔教育科學版〕》，2008 年第 10 期，浙江：浙江教育報刊總社，2008 年 10 月，頁 7～11。

91. 劉曉東：〈兒童讀經就是「蒙以養正」——與郭齊家先生商榷〉，《南京師大學報〔社會科學版〕》，2006 年第 6 期，江蘇：南京師範大學，2006 年 11 月，頁 74～79。

92. 潘小慧：〈從中西思想談人與自然的和諧之道〉，《哲學與文化》，第 41 卷第 7 期，臺北：哲學與文化月刊雜誌社，2014 年 07 月，頁 23～36。

93. 潘小慧：〈邁向整全的人：儒家的人觀〉，《應用心理研究》，第 9 期，台北：應用心理研究雜誌社，2001 年 03 月，頁 115～135。

94. 蔣慶:〈讀經:中國文化復興的始與望〉,《山西青年》,2013 年第 19 期, 山西:山西青少年報刊社,2013 年 10 月,頁 24～26。

95. 冀劍制:〈服務學習的精神與實踐——以華梵大學「覺之教育」爲基礎〉, 《實踐博雅學報》,第 9 期,台北市:實踐大學博雅學部,2008 年 01 月, 頁 103～125。

96. 蕭振聲:〈唐君毅論仁義禮智〉,《中正漢學研究》,第 31 期,嘉義:中正 大學中國文學系,2018 年 06 月,頁 79～114。

97. 蕭敏如:〈文化轉型的焦慮:蔡元培的「廢讀經」與「中西合會」思想〉, 《文與哲》,第十八期,高雄:國立中山大學中國文學系,2011 年 06 月, 頁 617～654。

98. 霍國棟:〈孟子「義」德思想析論〉,《深圳大學學報(人文社會科學版)》, 2007 年第 06 期,廣東:深圳大學,2007 年 11 月,頁 48～52。

99. 謝君讚:〈從康德到海德格——試論當代學者於孟子詮釋上的一項爭 議〉,《當代儒學研究》,第 10 期,桃園:國立中央大學文學院儒學研究 中心,2011 年 06 月,頁 241～271。

100. 瞿駿:〈宣統三年的讀經「攻防戰」〉,《文匯學人》,第 223 期,上海:文 匯報社,2015 年 12 月,頁 11～12。

101. 顏世安:〈析論《論語》中禮與仁的關係〉,《臺灣東亞文明研究學刊》, 第 7 卷第 2 期,台北:國立臺灣師範大學東亞系,2010 年 12 月,頁 345 ～359。

102. 譚世保:〈《論語》第 2．7 章的「孝」、「養」、「敬」疑義索解——兼評孫 隆基的《中國文化的「深層結構」》〉,《鵝湖學誌》,第 10 期,新北市: 鵝湖月刊社,1993 年 06 月,頁 145～150。

103. 譚立忠:〈辯孟子不言利〉,《輔仁國文學報》,第 40 期,新北市:輔仁大 學中國文學系,2015 年 04 月,頁 1～16。

104. 關健英:〈儒家道德形上學的論述元點、價值依據及對其的追問〉,《哲學 研究》,2010 年第 3 期,北京:中國社會科學院哲學研究所,2010 年 03 月,頁 42～46。

其他:

1. 《重編國語辭典修訂本》網路版,網址:https://goo.gl/XY1n2o。

2. 《國語辭典簡編本》,網址:https://goo.gl/DnBCXX。

附錄：與讀經相關之學位論文列表（105 至 100 學年度）

畢業年度	機構	作者	學位別	論文名稱
105	國立臺北教育大學	陳億穎	碩士	國小學童經典閱讀課程推動現況之個案研究
	一貫道天皇學院	林鑾培	碩士	兒童讀經教師教學信念與學習成效之研究——以寶光建德天一宮讀經班為例
	嘉南藥理大學	李相慧	碩士	讀經教學對學童國語文識字量學習成效之研究
	國立政治大學	袁光譽	碩士	台北孔廟中的各種儒家實踐
	華梵大學	高小芬	碩士	《論語》在國小品德教育的實踐
	國立臺中教育大學	黃愛智	碩士	中英文讀經影響英語學習成效之個案研究
	南華大學	林宗賜	碩士	中華文化涵養教育在台發展現況——以台灣讀經班為例
104	中臺科技大學	賴秀宜	碩士	讀經教學對國小學生行為表現與學習能力影響之研究——以「崇正基金會」推廣親子讀經班為例
	台灣首府大學	高鈺茹	碩士	弱勢學童讀經融入品德教育之行動研究
	中華大學	陳錦慧	碩士	「兒童讀經」對識字力提升及專注力、品格力與行為改變之探討——以新北市某國小一年級為例
	南華大學	林雪菁	碩士	彰化地區學童參加讀經班的動機、涉入程度與經典會考之研究

	國立中正大學	李信男	碩士	應用讀經課程進行國小六年級學生品德教育之行動研究
	聖約翰科技大學	葉美伶	碩士	讀經教育對國小學童認字能力及學習成效之研究
	國立高雄師範大學	廖乃嫺	碩士	國中國文經典教學設計及其成效分析研究──以高雄市私立天主教道明中學爲對象
103	嘉南藥理大學	李文智	碩士	兒童讀經之課程及教學效果研究
	聖約翰科技大學	廖芳翎	碩士	讀經與親子互動資訊相關性之研究
	國立臺中教育大學	鄭雅云	碩士	讀經在家教育之個案研究
	國立臺灣師範大學	林佩環	碩士	馬來西亞讀經教育的推廣與影響──以柔佛崇德文教會爲例
	玄奘大學	沈妙珊	碩士	社區兒童讀經班教師教學信念、心理資本與班級經營效能之關係
	國立暨南國際大學	吳俊誼	碩士	讀經教育對宗教型非營利組織道務經營之影響──以一貫道天慈佛院爲例
103	國立臺中教育大學	曾婉菱	碩士	情境式互動遊戲教材輔助國小學生讀經學習成效之研究──以百孝經爲例
	玄奘大學	陳憶萱	碩士	兒童讀經學習投入與品格表現之關係
	元智大學	李惠美	碩士	運用兒童讀經實施孝順與禮貌品德教育之研究──以《弟子規》教學爲例
	臺北市立大學	吳惜華	碩士	多元智能融入《弟子規》教學之研究
	國立臺中教育大學	鄭育玲	碩士	實施《弟子規》教學對國小四年級學童品德表現影響之行動研究
	國立臺中教育大學	許珮鈴	碩士	誦讀《蒙求》對國小二年級學生識字量提升之影響
	國立臺中教育大學	邱文華	碩士	《聲律啓蒙》對一年級學童識字量提升之影響
102	國立臺東大學	黃意惠	碩士	三、六年級讀經學童與對照學童在閱讀相關變項的差異研究
	國立屏東科技大學	楊純	碩士	讀經班家長教養態度及兒童讀經學習行爲之探究──以高屏社區讀經班爲例
	國立成功大學	湯淳安	*博士	國小兒童讀經教育之研究

中華大學	張徐庭芝	碩士	兒童讀經教育對學習力與品德教育之研究——探討小學兒童讀經教學成效
國立臺中教育大學	黃怡端	碩士	國小六年級學童英文讀經教學之行動研究
國立嘉義大學	施嵐甄	碩士	幼兒園實施讀經教育現況之探討——以嘉義市某幼兒園爲例
國立臺中教育大學	施和伸	碩士	讀經教學對於國中一年級學生閱讀理解能力提升之影響
玄奘大學	嚴靖晴	碩士	讀經教育成效之探討——以一貫道在頭份鎮推廣讀經教育爲例
國立勤益科技大學	賴淑敏	碩士	國內讀經教育志工參與動機、組織承諾與工作滿意度之研究
國立嘉義大學	施沐琦	碩士	一位社區教師實施讀經教育之個案研究
國立東華大學	林志豪	碩士	提高學習保留的策略探討：以讀經教育爲例
國立東華大學	方美莉	碩士	一位母親引發女兒讀經興趣之行動研究
國立高雄師範大學	林欣怡	碩士	讀經教育對偏遠地區小學教學成效之分析——以花蓮縣學田國小爲例
育達科技大學	何淑玲	碩士	假日弟子規教師讀經班學習成效
國立中正大學	李宛純	碩士	國小教師實施讀經教學對低年級學童注意力改善成效之研究
國立臺中教育大學	涂一園	碩士	兒童讀經教材與國小低年級教科書生字之比較研究
101	玄奘大學	張郡毓	碩士	苗栗縣一貫道發一崇德親子讀經教育研究
	慈濟大學	張麟玉	碩士	花蓮縣推動讀經教育現況及對四年級學童的教育成效之研究
	明道大學	陳建利	碩士	新住民子女讀經教育學習成效之研究
	聖約翰科技大學	顏秀芬	碩士	兒童讀經活動對國小學童記憶力影響之研究——以新北市淡水區某國小爲例
	國立臺南大學	陳鳳珠	碩士	《百孝經》之品德教育研究
	輔仁大學	許淑貞	碩士	一貫道《百孝經》的孝道推廣與實踐
	國立屏東教育大學	林麗貞	碩士	《弟子規》及其傳承與運用之研究

	國立臺中教育大學	林姵辰	碩士	讀誦《千字文》對國小一年級學童識字量提升之影響
	玄奘大學	陳雯萍	碩士	《三字經》之啓蒙價值及其運用
	華梵大學	陳君平	碩士	《弟子規》對國小高年級學童品德表現的影響
	明道大學	蔡玄興	碩士	國民小學校長領導對學校讀經教育發展影響因素之探討
100	臺北市立教育大學	林敏雅	碩士	運用讀報進行弟子規讀經教育之行動研究
	國立臺中教育大學	岩青燕	碩士	臺中市正典國小實施兒童讀經教育之個案研究
	玄奘大學	何宜珍	碩士	《弟子規》之佛儒倫理與苗栗縣幼兒班級讀經教育之成效
	華梵大學	王昭月	碩士	探討讀經教材如何融入國中品德教育
	國立高雄師範大學	王靜華	碩士	預約幸福——國民小學低年級弟子規教學之行動研究
	明道大學	張宏儒	碩士	經典教育學習歷程～探索文化基本教材實施策略